MARCO POLO

SÜDSEE

Fünf Symbole sollen Ihnen
die Orientierung in diesem Führer erleichtern:

★

für Marco Polo Tips – die besten in jeder Kategorie

für alle Objekte, bei denen Sie auch eine schöne Aussicht haben

für Plätze, wo Sie bestimmt viele Einheimische treffen

für Treffpunkte für junge Leute

(164/A1)
Seitenzahlen und Koordinaten für den Reiseatlas Südsee
(O) *außerhalb des Kartenausschnitts*

Diesen Führer schrieben Bruni Gebauer und Stefan Huy.
Die TV-Journalisten mit Zweitwohnsitz im neuseeländischen Christchurch
haben sich seit Jahren in ihrer Berichterstattung
auf den südpazifischen Raum spezialisiert.

Die Marco Polo Reihe wird herausgegeben
von Ferdinand Ranft.

MAIRS GEOGRAPHISCHER VERLAG

MARCO POLO

Für Ihre nächste Reise gibt es folgende Titel dieser Reihe:

Ägypten • Alaska • Algarve • Allgäu • Amrum/Föhr • Amsterdam • Andalusien • Antarktis • Argentinien/Buenos Aires • Athen • Australien • Azoren • Bahamas • Bali/Lombok • Baltikum • Bangkok • Barbados • Barcelona • Bayerischer Wald • Berlin • Berner Oberland • Bodensee • Bornholm • Brasilien/Rio • Bretagne • Brüssel • Budapest • Bulgarien • Burgenland • Burgund • Capri • Chalkidiki • Chiemgau/Berchtesgaden • Chile • China • Costa Blanca • Costa Brava • Costa del Sol/Granada • Costa Rica • Côte d'Azur • Dalmatinische Küste • Dänemark • Disneyland Paris • Dolomiten • Dominikanische Republik • Dresden • Dubai/Emirate/Oman • Düsseldorf • Ecuador/Galapagos • Eifel • Elba • Elsaß • Emilia-Romagna • England • Erzgebirge/Vogtland • Feuerland/Patagonien • Finnland • Flandern • Florenz • Florida • Franken • Frankfurt • Frankreich • Französische Atlantikküste • Fuerteventura • Galicien/Nordwest-Spanien • Gardasee • Golf von Neapel • Gran Canaria • Griechenland • Griechische Inseln/Ägäis • Hamburg • Harz • Hawaii • Heidelberg • Holland • Holländische Küste • Hongkong • Ibiza/Formentera • Indien • Ionische Inseln • Irland • Ischia • Island • Israel • Istanbul • Istrien • Italien • Italien Nord • Italien Süd • Ital. Adria • Ital. Riviera • Jamaika • Japan • Java/Sumatra • Jemen • Jerusalem • Jordanien • Kalifornien • Kanada • Kanada Ost • Kanada West • Kanalinseln • Karibik I • Karibik II • Kärnten • Kenia • Köln • Königsberg/Ostpreußen Nord • Kopenhagen • Korsika • Kos • Kreta • Krim/Schwarzmeerküste • Kuba • Languedoc-Roussillon • Lanzarote • La Palma • Leipzig • Libanon • Lissabon • Lofoten • Loire-Tal • London • Lüneburger Heide • Luxemburg • Macau • Madagaskar • Madeira • Madrid • Mailand/Lombardei • Malaysia • Malediven • Mallorca • Malta • Mark Brandenburg • Marokko • Masurische Seen • Mauritius • Mecklenburger Seenplatte • Menorca • Mexiko • Mosel • Moskau • München • Namibia • Nepal • Neuseeland • New York • Nordseeküste: Schleswig-Holstein • Normandie • Norwegen • Oberbayern • Oberitalienische Seen • Oberschwaben • Österreich • Ostfriesische Inseln • Ostseeküste: Mecklenburg-Vorpommern • Ostseeküste: Schleswig-Holstein • Paris • Peking • Peloponnes • Peru/Bolivien • Pfalz • Philippinen • Phuket • Piemont/Turin • Polen • Portugal • Potsdam • Prag • Provence • Rhodos • Riesengebirge • Rocky Mountains • Rom • Rügen • Rumänien • Rußland • Salzburg/Salzkammergut • Samos • San Francisco • Sardinien • Schottland • Schwarzwald • Schweden • Schweiz • Seychellen • Singapur • Sizilien • Slowakei • Spanien • Spreewald/Lausitz • Sri Lanka • Steiermark • Sankt Petersburg • Südafrika • Südamerika • Südengland • Südkorea • Südsee • Südtirol • Sylt • Syrien • Taiwan • Teneriffa • Tessin • Thailand • Thüringen • Tirol • Tokio • Toskana • Tschechien • Tunesien • Türkei • Türkische Mittelmeerküste • Umbrien • Ungarn • USA • USA: Neuengland • USA Ost • USA Südstaaten • USA Südwest • USA West • Usedom • Venedig • Venetien/Friaul • Venezuela • Vietnam • Wales • Die Wartburg/Eisenach und Umgebung • Weimar • Wien • Zürich • Zypern • Die besten Weine in Deutschland • Die 30 tollsten Ziele in Europa • Die tollsten Hotels in Deutschland • Die tollsten Musicals in Deutschland • Die tollsten Restaurants in Deutschland

Die Marco Polo Redaktion freut sich, wenn Sie ihr schreiben: Marco Polo Redaktion, Mairs Geographischer Verlag, Postfach 31 51, D-73751 Ostfildern

Unsere Autoren haben nach bestem Wissen recherchiert. Trotzdem schleichen sich manchmal Fehler ein, für die der Verlag keine Haftung übernehmen kann.

Titelbild: Französisch-Polynesien, Insel Rangiroa (Schuster: Tanqueur)
Fotos: Autor (28, 33, 36, 38, 43, 45, 48, 63, 66, 72, 79, 82, 98, 101, 108, 132, 135, 137, 139); HB Verlag (30, 94, 104); D. Heckmann (127); G. Jung (4, 102, 86, 89, 91, 92, 96, 140); Lade: BIM (21), Röhrich (16); H. Leue (113, 117); Mauritius: Fritz (50), Hubatka (163), Torino (46, 114), Reisel (59), Vidler (61, 75); Schapowalow: Heaton (24, 70), Neuner (123), Ponzio (110), Pratt-Pries (118, 124); Schuster: Explorer (12), Scholz (34), Tanqueur (6); Transglobe: Kay (10)

Chefredakteurin: Marion Zorn
Lektorat: Jochen Schürmann
Gestaltung: Thienhaus/Wippermann (Büro Hamburg)
Kartographie: © Haupka Verlag, Bad Soden
Sprachführer in Zusammenarbeit mit dem Ernst Klett Verlag für Wissen und Bildung GmbH, Redaktion PONS Wörterbücher

Printed in Germany
Gedruckt auf 100% chlorfrei gebleichtem Papier

INHALT

Entdecken Sie die Südsee!

Jede Insel im Südpazifik erfüllt Südseeträume auf ihre Art

Auf dem Weg zur Südhalbkugel, jenseits des Äquators, verändert sich für jeden Reisenden deutlich der nächtliche Sternenhimmel. Das als »Crux« oder »Kreuz des Südens« bekannte Sternbild der südlichen Hemisphäre leuchtet jetzt am Firmament auf. Auch Nichtastronomen können das Sternbild dieser so intensiv leuchtenden Himmelskörper in klaren Nächten leicht ausmachen. Allerdings wandert sein Standort um den Himmelspol, in Jahreszeitenfolge zunächst von Ost nach West und dann umgekehrt.

Vier einzelne Sternansammlungen der Milchstraße, die aufgrund der großen Entfernungen als jeweils ein Punkt leuchten, formieren sich zu diesem Kreuz, dessen Längsachse in der fünffachen Verlängerung den südlichen Himmelspol erreichen würde. Die senkrechte Verbindung von dort zum Horizont zeigt die Himmelsrichtung an: Süden.

Sienies Beach auf der samoanischen Insel Upolu ist nur einer von vielen palmengesäumten Südsee-Traumstränden, die zum Baden einladen

Für die alten Südsee-Völker war das »Kreuz des Südens« eine naturgegebene, lebensnotwendige Navigationshilfe, im wahrsten Sinne des Wortes ein Geschenk des Himmels. Schon vor mehreren tausend Jahren wies es den einfachen hölzernen Kanus in der Weite des Ozeans die Richtung. Heute leuchtet das Sternbild in klaren Nächten über den romantischen Südseeträumen der Reisenden.

Südseeträume von schneeweißen, feinsandigen Stränden, durchsichtig blauen Lagunen, sonnendurchfluteten Palmenhainen und bildschönen Mädchen, die sich verführerisch beim Tanz in den Hüften wiegen. Dabei gibt es »die Südsee« geographisch gar nicht. Schuld an der falschen Namensgebung ist der spanische Seefahrer Vasco Núñez de Balboa, der als erster Weißer im Jahre 1513 pazifische Gewässer zu Gesicht bekam und das fremde Meer »Mar del Sur« (Südsee) nannte. Aus dieser Bezeichnung ist letztendlich ein Mythos geworden. Offiziell heißt diese Region, die wie keine andere auf der Welt bis auf den heutigen Tag romantisch verklärt ist, Ozeanien.

Von den Europäern wurden die meisten Inseln des Südpazifik erst in der zweiten Hälfte des 18. Jahrhunderts entdeckt, als in Europa die Theorie aufkam, daß irgendwo in der südlichen Hemisphäre ein weiterer Kontinent existieren müsse, eine »terra australis incognita«. Es mußte dieses Land geben, so die Theorie, wie sonst hätte die Erde das Gleichgewicht halten können? Die Landmassen in der südlichen Hemisphäre, davon war man überzeugt, bildeten das notwendige Gegengewicht zu den Gebieten der nördlichen Hemisphäre. Besonders Englands König George III. erwärmte sich für diese Theorie und startete eine Reihe von Schiffsexpeditionen, um dieses unbekannte Land für die englische Krone zu sichern. 1764 schickte er Kapitän John Byron, den Großvater des berühmten Dichters, mit dem Segelschiff »Dolphin« auf die Reise. Byron verfolgte einen nördlichen Kurs über den Pazifik und entdeckte aber lediglich Tokelau. Seine Suche nach dem mysteriösen Kontinent blieb erfolglos. George III. schickte nach Byrons Rückkehr den Kapitän Samuel Wallis noch einmal mit der »Dolphin« auf Entdeckungsreise in die Südsee. Zwar konnte auch Wallis den unbekannten Kontinent nicht finden, aber auf seiner Suche »stolperte« er 1767 über Tahiti. Nur ein Jahr später erreichte auch der französische Entdecker Louis Antoine de Bougainville Tahiti. Die Eingeborenen erzählten nichts von dem vorangegangenen Besuch Wallis', und so beanspruchte de Bougainville Tahiti für Frankreich. Er segelte anschließend weiter nach Westen, wo er einige der samoanischen Inseln entdeckte und schließlich die Salomon-Inseln erforschte.

Das Grab des französischen Malers Gauguin auf der Marquesas-Insel Hiva Oa

Als erster Franzose hatte er bei seiner Rückkehr 1769 die Welt umsegelt. Zu dieser Zeit hatte auch England erneut einen Kapitän in die Südsee entsandt. Er sollte den Weg der Venus beobachten und vor allem in geheimer Mission weiter nach dem immer noch unbekannten Kontinent suchen. Seine drei Entdeckungsreisen sollten diesen Kapitän zu dem berühmtesten aller Südsee-Entdecker werden lassen: Es war Kapitän James Cook. Cook war ein typischer Vertreter seiner Zeit, der Aufklärung. Er war nicht nur ein hervorragender Navigator, sondern auch Mathematiker, Astronom und Mediziner. Er entdeckte die Gesellschaftsinseln, die Austral-Inseln, einige der Fidschi-Inseln, die nach ihm benannten Cook-Inseln, Niue, Neukaledonien, Norfolk und besuchte auch das Königreich Tonga. Seine Reisen führten Cook kreuz und quer durch eine friedliche und freundliche Südsee.

In den Köpfen der Europäer ist diese Region seit ihrer Entdeckung der Inbegriff ungezwungenen, unbeschwerten Lebens mit all seinen Verlockungen. Neugierig geworden, ließ sich Ende des 18. Jahrhunderts zum Beispiel der österreichische Kaiser von dem deutschen Pazifikforscher Georg Forster über die Südsee unterrichten, Dichter wie Matthias Claudius, Friedrich Klopstock und Goethe schwärmten aus der Ferne von den Inseln. Im 19. Jahrhundert lockte es den englischen Forscher Charles Darwin in die exotische Welt. Und der Maler Paul Gauguin bannte die nur leicht verhüllte Schönheit polynesischer Frauen für die Nachwelt auf Leinwand.

Wie immer liegt der Dichtung auch Wahrheit zu Grunde. Es gibt sie tatsächlich, die schönen Menschen in der Südsee, die anmutig über den schneeweißen Strand schreiten. Im Wind sich wiegende Palmen säumen blauschimmernde Lagunen mit Schwärmen bunt schillernder Fische. Hier zu baden, in dem klaren, weichen, wohltemperierten Wasser, wird ein unvergeßliches Erlebnis bleiben ebenso wie der Sonnenuntergang hinter einem *Motu,* wie die oft kreisrunden, palmenbewachsenen Koralleninseln heißen. Die Werbung der Tourismusindustrie hat hier leichtes Spiel: Die Klischees in puncto Südsee sind vielfach Wirklichkeit.

Doch im Alltag der Inselbewohner hat die Realität die Romantik lange überholt. Wirtschaftliche Probleme machen den Inselstaaten zu schaffen, Naturkatastrophen wie Zyklone vernichten immer wieder die Aufbauarbeit von Jahren, und neuzeitliche Errungenschaften, wie Düngung und Schädlingsbekämpfungsmittel, entpuppen sich als verheerende Umweltzerstörer, die schnell den relativ kleinen Lebensraum »Insel« vernichten können.

In den meisten Fällen von heute auf morgen von den deutschen, britischen und französischen Kolonialherren in die Selbständigkeit entlassen, mangelt es vielen Inselregierungen an Know-how, um wirtschaftlich zu überleben. Das Fehlen von Bodenschätzen und Industrie sowie unzureichende landwirtschaftlich nutzbare Flächen lösen vielfach einen Teufelskreis aus, bei dem die Abhängigkeit von

Importen zu immer höherer Verschuldung führt. Gerade die ganz kleinen Inseln halten daher verzweifelt an politischen und wirtschaftlichen Beziehungen zum ehemaligen Mutterland fest.

Mit Unterstützung der »großen« Nachbarn Neuseeland und Australien wurden in den letzten Jahren Organisationen zur Selbsthilfe wie etwa das Südpazifik-Forum gegründet, die sich vor allem der Umwelt-, Wirtschafts- und Verkehrsprobleme dieser über Tausende von Kilometern verstreuten Inselwelt annehmen. Große Sorgen macht der sogenannte Treibhauseffekt, die von den Industrienationen verursachte zunehmende Erwärmung der Erde. Heute schon spürbar ist der kontinuierliche Anstieg des Meeresspiegels, hervorgerufen durch das Schmelzen der Eismassen an den Polen.

Mit 166 Millionen Quadratkilometern bedeckt der Pazifische Ozean mehr als ein Drittel der Erdoberfläche. Er erstreckt sich von der Beringstraße im Norden bis zur Antarktis im Süden. Im Westen wird der Ozean von Australien und Asien, im Osten vom amerikanischen Doppelkontinent begrenzt. Der Anteil Ozeaniens umfaßt etwa 70 Millionen Quadratkilometer zwischen dem nördlichen und südlichen Wendekreis. Die Gesamtfläche der Inseln Ozeaniens beträgt lediglich rund eine Million Quadratkilometer, wobei die Landmasse Neuguineas (mit Papua-Neuguinea) allein annähernd 780 000 Quadratkilometer einnimmt. 5,3 Millionen Menschen leben auf den in diesem Führer erwähnten Inseln, davon fast 70 Prozent in Papua-Neuguinea.

Mitunter läßt sich nur schwer unterscheiden, ob es sich lediglich um ein Korallenriff oder bereits um eine Insel handelt, so daß Schätzungen über die Gesamtzahl der Inseln zwischen 7500 und 10 000 schwanken. Großräumig gliedern sie sich in drei Inselwelten: Melanesien, Mikronesien und Polynesien.

Melanesien, was übersetzt soviel heißt wie »schwarze Inseln« (wegen der dunkelhäutigen Bewohner), erstreckt sich im Westen und ist der wildeste, abenteuerlichste Teil der Südsee. Dazu gehören Fidschi, Papua-Neuguinea, die Solomon-Inseln, Vanuatu und Neukaledonien. Mit einer Gesamtfläche von fast 600 000 Quadratkilometern hat Melanesien den größten Anteil an der pazifischen Inselwelt. Kultur und Sprache sind regional oft sehr verschieden, haben sich vor allen Dingen unterschiedlich schnell entwickelt. Einzelne abgeschiedene Kulturen befinden sich heute noch auf Steinzeitniveau.

Mikronesien, das »Kleininselgebiet« im Nordwesten, östlich der Philippinen und nördlich des Äquators, umfaßt rund 2100 Inseln mit einer Gesamtfläche von nur 2000 Quadratkilometern. Dazu zählen Kiribati, Guam, die Föderierten Staaten von Mikronesien, Palau (Belau), die Marshall-Inseln, Nauru und die Nördlichen Marianen.

Polynesien, die »vielen Inseln«, erstreckt sich in einem Dreieck von Neuseeland im Südwesten über die Inseln im Südosten bis Hawaii im Norden. Aus dieser gewaltigen Meeresfläche ragen, weit verstreut, mehrere tausend Inseln, die insgesamt nur 26 000

Geschichtstabelle

2000 v. Chr.
Der größte Teil Mikronesiens ist besiedelt

1300–80 v. Chr.
Die ersten Menschen lassen sich auf Fidschi nieder. Die Besiedlungswelle hat Tonga und schließlich auch Samoa erreicht. 80 v. Chr. ist die Erstbesiedlung der Südseeinseln abgeschlossen

1520–1521
Der Portugiese Fernão de Magalhães (Ferdinand Magellan) durchquert als erster Weißer den Pazifik

1642–1643
Der Holländer Abel Janszoon Tasman entdeckt Tonga, einen Teil Fidschis und Neuseeland

1767
Der Brite Samuel Wallis entdeckt einige Tuamotu-Atolls und Tahiti, Philip Carteret, ebenfalls Brite, findet die Pitcairn-Insel

1769–1778
Die drei Seereisen des Engländers James Cook, auf denen er den Pazifik erforscht und Neuland entdeckt, dazu zahlreiche Cook- und Gesellschafts-Inseln, Niue und Neukaledonien

1842
Die Franzosen annektieren Tahiti und die Marquesas

1874
Fidschi ergibt sich England

1888
Die Cook-Inseln werden britisches Protektorat

1899
West-Samoa wird deutsche Kolonie, Ost-Samoa kommt unter US-Herrschaft

1919–1920
Nach dem Ersten Weltkrieg verliert Deutschland die bereits besetzten Kolonien, West-Samoa wird von Neuseeland verwaltet

1941–1945
Krieg im Pazifik zwischen Japan und den USA, einige Inseln werden von den Japanern besetzt

1958
Die französischen Territorien sprechen sich mehrheitlich dafür aus, weiterhin unter dem Schutz Frankreichs zu stehen

1962
West-Samoa wird unabhängig

1965
Unter dem Schutz Neuseelands erhalten die Cook-Inseln ihre eigene Regierung

1970
Fidschi wird unabhängig, und Tonga, zuvor britisches Protektorat, erhält die völlige Unabhängigkeit

1987
Fidschi erlebt einen Militärputsch und wird zur Republik

1997
Frankreich, Großbritannien und die USA erklären die Südsee per Vertrag zur nuklearwaffenfreien Zone

Quadratkilometer Land ausmachen. Die bedeutenderen sind Samoa und Amerikanisch-Samoa, die Cook-Inseln, Tonga und Französisch-Polynesien. Daneben gibt es noch Norfolk, Tokelau, Tuvalu, Wallis und Futuna, Niue, Pitcairn und die Osterinsel.

Den »Mythos Südsee« schufen schon vor mehr als 200 Jahren Matrosen, die nach langen, entbehrungsreichen, von Unwettern verfolgten Seereisen die exotischen Inselwelten mit meist friedlichen und freundlich gesinnten Menschen als kleine Gärten Eden erlebten. In der europäischen Heimat bekamen Geschichten vom Paradies auf der anderen Seite der Erdkugel durch diese Begegnungen immer neue Nahrung. Besonderes Objekt der Faszination wurde die Südsee-Frau, speziell im späteren Französisch-Polynesien. Nacktheit galt dort als etwas ganz Natürliches, sie wurde mit Blüten und Blättern aufreizend geschmückt. Der ekstatische Hüftschwung beim Tanz signalisierte Ver-

Luxus und Romantik in den Bungalows des Moana Beach Hotels, Bora Bora

Die Marco Polo Bitte

Marco Polo war der erste Weltreisende. Er reiste in friedlicher Absicht, verband Ost und West. Er wollte die Welt entdecken, fremde Kulturen kennenlernen, nicht zerstören. Könnte er für uns Reisende des 20. Jahrhunderts nicht Vorbild sein? Aufgeschlossen und friedlich sollte unsere Haltung auf Reisen sein. Dazu gehören auch Respekt vor Mensch und Tier und die Bewahrung der Umwelt.

führung. Und was im christlichen, teilweise puritanischen Europa keiner anständigen Frau erlaubt war, in der polynesischen Gesellschaft entsprach es dem Moralkodex: Die Insulanerinnen praktizierten so etwas wie »freie Liebe«, hatten Beziehungen zu mehreren, frei gewählten Sexualpartnern.

Mit Beginn des 19. Jahrhunderts bemühten sich eifrige Missionare aus Europa auf den Südseeinseln nicht nur heidnische Götter zu vertreiben, sondern auch der »Sittenlosigkeit und Unmoral« Herr zu werden. Meist mit Erfolg, auf vielen Inseln ist die Bevölkerung bis heute bibelfest, stolz auf ihre unzähligen Kirchen und sonntags fast vollzählig und andächtig beim Gottesdienst versammelt. Züchtig hüllen sich die Frauen dann in hochgeschlossene, weite und lange Baumwollkleider und bedecken ihre Häupter mit großkrempigen Hüten. Zeitweise wurden im Zuge der Christianisierung sogar traditionelle Musik und Instrumente untersagt, Tänze als Teufelswerk verdammt. Viel ging damals für immer verloren an kultureller Identität, an Überlieferungen auch von Kunsthandwerk und Naturmedizin.

Doch trotz ausbeuterischer Kolonialzeit, blutiger Besetzungen während der Weltkriege und des zunehmenden Tourismus' haben sich die Einheimischen ihre Lebensfreude, Freundlichkeit und vor allem die traditionelle Gastfreundschaft weitgehend erhalten. In den kleinen Dörfern auf einigen abgelegeneren Inseln halten die Bewohner noch stark an alten Sitten und Gebräuchen fest. Hier sind Besucher gut beraten, sich an die jeweiligen, Europäer oft erstaunenden und sogar befremdenden Verhaltensregeln zu halten und die manchmal uneingeschränkte Gastfreundschaft nicht zu sehr zu strapazieren.

Ausnahmen bilden touristische Zentren in Französisch-Polynesien, wie Bora Bora, wo der spontane, herzliche Umgang mit den Fremden dem geschulten Service im Fremdenverkehr gewichen ist.

Auch dort werden den Besuchern noch intensiv duftende Blütenketten als Willkommensgruß um den Hals gelegt, oft gleich bei der Ankunft am Flughafen. Wer abreist, ohne mit Blumen- oder Muschelschmuck verabschiedet worden zu sein, hat keine Freunde gefunden, sagt man in der Südsee. Die meisten Besucher tragen ihn.

Von Besiedlung bis Zyklone

Informationen über die Kokosnuß und andere Südsee-Besonderheiten

Besiedlung
Die Südseeinseln gehören zu den letzten Gebieten der Erde, die von Menschen besiedelt wurden. Woher die Siedler kamen, ist bis heute ungewiß geblieben. Schriftliche Überlieferungen existieren nicht, und die mündlichen sind weitgehend eingebunden in die Mythologie, in märchenhafte Legenden, die kaum als historische Quellen dienen können. Eine ungefähre zeitliche Einordnung wurde möglich durch radiologische Messungen, die z.B. anhand ausgegrabener Tonscherben eine erste Besiedlung der östlichen Südseeinseln auf 3500 v.Chr datierten. Tonga wurde später als Fidschi, Samoa erst 500 vor und die noch weiter im Osten gelegene Osterinsel schließlich 400 Jahre nach Christi Geburt von Menschen betreten. Es muß in zeitlichen Abständen verschiedene Besiedlungswellen gegeben haben.

Vor allen Dingen die ethnischen Unterschiede zwischen den Inselbewohnern der Südsee lassen auf verschiedene Herkunftsgebiete schließen. So haben die Mikronesier einen asiatischen Einschlag und sind vermutlich lange vor Christi Geburt von Osten her in den Pazifik gewandert. Die dunkelhäutigen Melanesier besitzen negroide Züge und sollen wissenschaftlichen Theorien zufolge vom afrikanischen Kontinent abstammen. Im Gegensatz zu den fast hellhäutigen Polynesiern, deren Urheimat wahrscheinlich im heutigen Indonesien, möglicherweise aber auch in Südamerika lag.

Letzteres wollte der norwegische Forscher Thor Heyerdahl beweisen, als er im Jahr 1947 mit seinem aus Balsaholz gebauten Floß »Kon-Tiki« ohne jegliche moderne Navigationsgeräte in 97 Tagen den Pazifik von Calao in Peru nach Tahiti überquerte. Trotz dieser Meisterleistung gilt seine Theorie aber weiterhin als umstritten.

Die frühere These, nach der die Südsee-Inseln von den ersten Menschen mehr durch Zufall erreicht wurden, abgetrieben von Wind und Wellen, teilen die Fachleute heute nicht mehr. Auf-

Traditionelle Gesichtsbemalung einer Frau in Papua-Neuguinea

grund computergestützter Untersuchungen behaupten neuseeländische Wissenschaftler, die Steinzeitmenschen seien damals mit dem Ziel, Land zu entdecken, bewußt nach Osten gegen den Wind gesegelt – um im Falle eines Scheiterns leichter, mit dem Wind, nach Hause zurückkehren zu können.

In den geräumigen Kanus war Platz für ausreichend Kokosnüsse, deren Milch auch den Durst löschte, für Setzlinge, die in der neuen Heimat angepflanzt werden sollten, und für Haustiere wie Schweine und Hühner. Derart ausgerüstet, war die wirtschaftliche Grundlage für einen Neuanfang auf einem entdeckten Eiland gegeben, wo die Riffgewässer mit ihrem Fischreichtum zusätzlich den Nahrungsbedarf sicherten.

Der Expedition des Portugiesen Ferdinand Magellan gelang 1519 bis 1521 die erste Weltumsegelung und damit auch die Durchquerung des Pazifiks, allerdings ohne daß dabei Neuland gesichtet wurde. Holländische Seefahrer, vor allem Abel Janszoon Tasman, machten sich später als Entdecker einen Namen. Im 18. Jahrhundert erkundeten verstärkt Engländer und Franzosen die Südsee. Am erfolgreichsten war der Brite James Cook, der gleich dreimal die Südsee durchkreuzte, dabei Natur und Bewohner erforschte, wissenschaftliche Abhandlungen verfaßte und erste brauchbare Karten anlegte.

Auf den meisten Inseln wurden die ersten Europäer von den Einheimischen neugierig und friedlich begrüßt. Aber es kam auch zu kriegerischen Begegnungen, besonders in Melanesien, wo einige Matrosen während ihrer Landbesuche hinterrücks niedergemetzelt wurden; aber auch die Weißen schossen feindliche Insulaner rigoros nieder.

Im 19. Jahrhundert wurden die noch ursprünglichen Inselwelten interessante Ziele für mehr oder weniger ehrenhafte Kaufleute, rauhbeinige Walfänger, auf jeden Fall für Abenteurer, aber auch für Missionare, die den Insulanern nicht nur das Christentum, sondern auch die damals dazugehörenden strengen Moralvorschriften aufzwingen wollten.

Ende des 19. Jahrhunderts entdeckten die europäischen Mächte die Südseeinseln als Kolonialgebiete. England, aber auch Frankreich und Deutschland erhoben Anspruch auf die Inseln der Südsee. Mit den Engländern kamen – als Arbeitskräfte der britischen Kolonialherren – auch zahlreiche Inder nach Fidschi, wo sie noch heute einen großen Teil der Bevölkerung stellen.

Fauna

Die Tierwelt in der Südsee außerhalb des Meeres ist recht artenarm. Es dominieren Seevögel, einige Zugvögel lassen sich periodisch nieder, und mancherorts sind inzwischen auch reine Landvögel wie z.B. Papageien heimisch. Fast überall sieht man die schwarze Molukken-Amsel, die einst vom Menschen zur Bekämpfung von schädlichen Insekten eingeführt wurde, sich aber im Laufe der Jahre mangels natürlicher Feinde zu stark vermehrt hat.

Unter den Säugetieren sind Fledermausarten ursprünglich heimisch und heute noch zahlreich vertreten. Schon bei der Besiedlung landeten Ratten auf den Inseln, die sich schnell vermehrten. Sie sind ganz wild auf grüne, noch ganz junge und leicht zu knackende Kokosnüsse. Damit die Schädlinge nicht die Kokospalmen hinaufklettern, sind auf einigen Inseln die Stämme mit breiten Metallbändern versehen.

Ebenfalls vom Menschen eingeführt wurden Mäuse, die heute überall streunenden Hunde und Nutztiere wie z.B. Schweine, die leider immer reichlich Fliegen anziehen. Schmerzhafte Stiche und Bisse verursachen Skorpione und Tausendfüßler. Deshalb sollte man den Gecko, ein überall präsentes kleines Echsentier, liebgewinnen. Er frißt Insekten und ist harmlos. Keine Angst – außerhalb von Papua-Neuguinea ist die Tierwelt der Inseln in der Südsee eher friedlich, zumindest gibt es keine für den Menschen gefährlichen Raubtiere.

Ausgesprochen artenreich ist die maritime Fauna. Fische in allen Größen und Farben bevölkern den Pazifik. Ganze Schwärme ziehen durch die Korallenwelt. Im klaren Wasser der Lagunen fällt die Farbenpracht der Fische besonders ins Auge. Ungefährlich ist die Unterwasserwelt nicht. Mit Haien muß man im tiefen Meer jenseits des Riffs rechnen. Bis zu zwei Meter lange, giftige Seeschlangen, deren Biß tödlich ist, leben zwischen den Korallen, kriechen nachts aber auch schon einmal an den Strand. Rund 250 giftige Fischarten können unvorsichtigen Tauchern im Pazifik, auch im Lagunenwasser, gefährlich werden: Der Stich des Stachelrochen ist sehr schmerzhaft, aber nicht tödlich. Anders der stachelige Steinfisch (Skorpionfisch), ein wahrer Tarnkünstler, dessen Gift zum Tode führen kann.

Besonders bizarr sind viele Muschelarten, wie die riesige Clam-Muschel *(Paua)*, die bei den Polynesiern roh als Delikatesse gilt, aber inzwischen unter Naturschutz steht. Es gibt Kegelschnecken (Conus-Schnecken), die winzige, tödliche Giftpfeile abschießen, wenn ihnen Taucher zu nahe kommen. Leider liegen Seeigel mit manchmal giftigen, aber immer schmerzhaft stechenden Stacheln auch im seichten Wasser in Strandnähe auf dem Meeresboden. Und auf dem Grund der Lagunen sind harmlose Seegurken zu Hause.

Flora

Abgesehen von den großen kontinentalen Inseln Fidschis und Papua-Neuguineas ist die Pflanzenwelt im restlichen Südseeraum, besonders auf den Korallen-Inseln, relativ artenarm, dafür farbenreich. Ursprungsland der Pflanzen dürfte Malaysia sein. Wind, Vögel und Meeresströmungen haben Samen auf die Inseln transportiert. So konnte sich in der Bergwelt der hohen Vulkaninseln auch tropischer Regenwald ausbreiten, wurden die Flußmündungen vom Mangrovendickicht versumpft. Dazwischen, in den Niederungen, dominieren Bambus, Akazien, Feigen- und Papiermaulbeerbäume *(Pandanus)*.

Die Südseevegetation ist blüten- und farbenreich, und das von Januar bis Dezember. Entsprechend verschwenderisch gehen die Insulaner mit der schnell welkenden Pracht um, reihen die

Gardenien: die Blüten Tahitis

Blüten zu bunten Ketten und Girlanden auf, stecken sie sich als Haarschmuck hinters Ohr und legen sie als Dekoration auf das gemachte Hotelbett.

Neben zahlreichen Orchideenarten blühen weiße Gardenien (in Tahiti die Nationalblume) und Hibiskus in den Farben Weiß, Gelb und Rosa. Feurig rot strahlen die Blüten des *Flametree* (auch Flamboyant), allerdings nur von Dezember bis März. Von tiefroter Farbe sind die großen Blüten des Tulpenbaums.

Dort wo die Böden aus verwittertem Vulkangestein bestehen, findet auch die Landwirtschaft eine fruchtbare Krume vor. Hier werden vom Menschen eingeführte Kulturpflanzen angebaut: die mit der Kartoffel nicht verwandte Süßkartoffel (auch *Batate*), *Taro, Yams, Maniok* (auch *Tapioka* oder *Cassava* genannt), Pfeilwurz und der Brotfruchtbaum (auch *Uru*), dessen kohlehydratreichen Früchte bis zu drei Kilogramm schwer werden. Auf Plantagen gedeihen tropische Früchte wie verschiedene Bananensorten, Ananas, Mango und besonders üppig die gelbgrünen Papayas *(pawpaw)*. Bereits ein Jahr nach seiner Pflanzung trägt dieser Baum erste Früchte.

Folklore

Dem Tanz und Gesang kann sich kein Tourist in der Südsee entziehen. Mindestens einmal in der Woche veranstalten größere Hotels einen Folkloreabend, bei dem alle Gäste aktiv miteinbezogen werden, so gebietet es die traditionelle Gastfreundschaft. Regional unterschiedlich gibt es festgelegte Formationen, bei denen Männer und Frauen immer den für sie bestimmten Part einnehmen. Die Bewegungen der Frauen sind weich, schwungvoll in der Hüfte, mit zierlichen Schritten und verspielten Gesten. Dabei sind die Tänze in der östlichen Südsee, schon auf den Cook-Inseln, deutlich erotischer als z.B. in Fidschi.

Je nach Rhythmus und Anfeuerung durch das Publikum kann sich auf Tahiti der Hüftschwung bis ins Ekstatische steigern. Den Tanzstil der Männer machen Kraft und Imponiergehabe aus. Beim Kriegstanz mit entsprechenden Waffen nehmen die Bewegungen geradezu bedrohliche Formen an. Tanzvorführungen sind immer »verpackt« in mehr oder weniger traditionelle Kostüme, die stets blütenreich und farbenfroh sind und in Französisch-Polynesien mehr enthüllen als in Fidschi.

Die Lieder sind ausgesprochen melodiös, die Rhythmen werden vorgegeben durch einfache Schlaginstrumente, wie mit Haifischhaut bespannte Trommeln oder ausgehöhlte Hölzer. Für helle Töne sorgt die Ukulele, ein simples Saiteninstrument, dem schon eine bespannte halbe Kokosnußschale als Klangkörper dient.

Kokospalme

Der wichtigsten Pflanze in der Südsee hat die Mythologie das Märchen von Sina und dem Aal gewidmet: In Sina, das schönste Mädchen weit und breit, verliebte sich der Prinz von Fidschi. Um ihr näher sein zu können, verwandelte sich der Prinz in einen Aal und tauchte ab in das Wasserloch, in dem Sina täglich ihr Bad nahm. Der Schönen wurde der anhängliche Aal nach einiger Zeit lästig, und sie beschloß, dem Tier den Kopf abschlagen zu lassen. Da gestand der Aal seine Liebe und machte Sina ein letztes Geschenk: »Damit du dich immer an mich erinnerst, wird dort, wo du meinen Kopf begräbst, eine Palme wachsen. Sie wird dir Schatten spenden, der Saft ihrer Nüsse wird deinen Durst, das Fleisch deinen Hunger stillen.« Und so geschah es. Die erste Kokospalme trug ihre Früchte. Und wer eine Kokosnuß ganz genau betrachtet, kann Augen und Maul, eben das Gesicht des Aals, erkennen.

Die Kokosnußpalme, die heute überall in der Südsee wächst und ohne die menschliches Leben auf vielen Inseln gar nicht möglich gewesen wäre, ist keine heimische Pflanze. Doch woher sie kommt und wie sie den Weg übers Meer gefunden hat, ist noch ungeklärt. Schwimmfähig ist die nußhaltige Frucht allemal. Bei entsprechender Meeresströmung kann sie unbeschadet und noch keimfähig mehrere tausend Kilometer zurücklegen. Der Nährstoffgehalt der keimenden Frucht reicht monatelang, bis der grüne Schößling sprießt. Selbst auf kargen Korallenböden schlägt die Palme zahlreiche, wenn auch nicht tiefe Wurzeln und wächst bis zu einer Höhe von 30 Metern. Ganz oben in der Krone zwischen den großen, gefiederten Blättern sprießen männliche und weibliche Blüten. An letzteren reifen innerhalb von zwölf Monaten die schweren, zunächst grünen Früchte. Zwischen dem 12. und 40. Lebensjahr kann eine Palme jährlich um die 80 Nüsse abwerfen. Nach spätestens 100 Jahren stirbt sie ab. Nur die grüne Frucht mit wenig weichem Kokosfleisch enthält den erfrischenden Saft. Erst die reife Nuß birgt im Innern das herzhafte, bißfeste, nährstoffreiche Fleisch.

Ein angespitzter Holzpflock hilft den Insulanern, die reife Nuß aus der dunklen, faserigen Außenschale (ideal als Brennmaterial) zu pellen, der Rekord liegt bei sechs Sekunden. Ein paar gut plazierte Schläge auf die drei feinen Linien der haarigen Schale, und die Kokosnuß ist in zwei Hälften gespalten. Mittels scharfer Muschelschalensplitter wurde ursprünglich das Fleisch aus den Hälften geraspelt, um daraus cremige weiße Kokosmilch zu pressen. Pur auf die menschliche Haut aufgetragen, wirkt die Milch als natürlicher Zartmacher. Kopra, getrocknetes Kokosnußfleisch, ist auf vielen Inseln das einzige Exportgut. Die ausgehöhlten harten Schalen dienen, entsprechend zurechtgeschliffen und verziert, als Behältnisse in Haushalt und Werkstatt, als

Schmuckstücke und Klangkörper für rhythmische Musik.

Auch die überreife Nuß der bereits keimenden Frucht birgt eine Köstlichkeit: weißes, süßes, saftiges Mark, das auf der Zunge regelrecht zergeht. Doch die Kokospalme ist nicht nur Nahrungsquelle. Ihr Stamm dient als Baumaterial. Mit den Blättern werden die Dächer gedeckt, und der dichte Rauch der brennenden Rinde vor der Türöffnung vertreibt wirksam Moskitos. Aus den Palmwedeln lassen sich allerhand Gebrauchsgegenstände wie Körbe und Matten flechten, Windspiele für Kinder und sogar kleine Figuren wie Heuschrekken und Fische.

Nuklearversuche

Über 40 Jahre lang war der für die Atommächte abseits gelegene Pazifik ein Testgebiet für Atomwaffen, bis 1993 die Versuche weltweit zunächst eingestellt wurden. Zwischen 1946 und 1958 war das Bikini-Atoll der Marshall-Inseln Versuchsgelände für 23 Atom- und Wasserstoffbombenzündungen der USA. Die Bewohner der Marshall-Insel Rongelap wurden 1954 vom radioaktiven Fallout des US-Atomtests »Bravo« erfaßt, wenige Tage nach der Explosion evakuiert, aber schon drei Jahre später auf ihre Insel zurückgebracht. Erst nachdem viele Kinder starben, sich die Fehlgeburten häuften, mißgestaltete Babys zur Welt kamen und Erwachsene der Reihe nach an Krebs erkrankten, verließen die Insulaner endgültig ihre Heimat. Zu spät begriffen sie, daß die »Superbombe«, wie die Kombination von Wasserstoff- und Atombombe von den US-Militärs stolz genannt wurde, ihre Körper und ihre Umwelt, ihr ganzes Leben und das ihrer Nachkommen radioaktiv verseucht hatte. Selbst bei penibelster Säuberung der Insel müßten ca. 50 Jahre vergehen, bis wieder eine landwirtschaftliche Nutzung in Erwägung gezogen werden könnte.

Frankreich begann 1965 mit Atomversuchen auf den Tuamotu-Atollen Moruroa und Fangataufa; bis 1975 wurden die Tests sogar überirdisch, danach, aufgrund weltweiter Proteste, unterirdisch durchgeführt. Etwa 2800 Menschen waren ständig auf der Insel: Militär, Wissenschaftler und polynesische Arbeitskräfte. Sie alle seien nie gefährdet gewesen, behaupten die Franzosen. Radioaktivität sei in all den Jahren der unterirdischen Versuche allenfalls in winzigen, harmlosen Mengen nach außen gedrungen. Im Gegensatz dazu sprach 1990 das staatliche neuseeländische Fernsehen von jährlich 250 Opfern der Atomversuche, die zur medizinischen Versorgung nach Frankreich geflogen würden.

Die Stimmen der Atomtestgegner wie der Umweltschutzorganisation Greenpeace wurden immer lauter, die pazifischen Nachbarstaaten, aber auch Neuseeland und Australien forderten die französische Regierung mehrmals erfolglos auf, die Versuche einzustellen.

Auch ein 1985 von den Mitgliedsstaaten des Südpazifischen Forums geschlossener Vertrag über einen Pazifik als nuklearwaffenfreie Zone machte bei den Franzosen keinen Eindruck. Der französische Geheimdienst versenkte im Hafen von Auckland (Neuseeland) sogar das Greenpeace-Schiff »Rainbow Warrior«, nachdem es immer wieder versucht hatte, Atomtests zu verhindern. Wissenschaftler behaupten, das Moruroa-Atoll sei inzwischen durchlöchert wie ein Schweizer Käse, und aus den zahllosen Bohrlöchern würden radioaktive Stoffe entweichen. Nach 198 Nukleartests und weltweit massiven Protesten beendete Frankreich 1996 die Atomversuche im Südpazifik – und versucht jetzt auf diplomatischem Weg, die Wogen zu glätten.

Oberflächengestalt

Auf dem Meeresgrund des Pazifiks herrscht Bewegung, nämlich die sogenannte Plattentektonik. Tief im Innern der Erdkruste schiebt sich die Pazifische Platte in nordwestlicher Richtung unter die Indo-Australische Platte (Subduktion), und das in einer für Geologen rasanten Geschwindigkeit von etwa zehn Zentimetern pro Jahr. Beim Abtauchen schmilzt das Gestein der Pazifischen Platte zu flüssigem Magma. Wenn sich die Platten ineinander verhaken, kann es an diesen Kontaktstellen zu Spannungen kommen, die im Extremfall Erdbeben tief im Innern der Erdkruste auslösen. Die labile Kontaktzone ist auch vulkanisch ausgesprochen aktiv. Durch Risse in der Erdkruste schießt flüssiges Magma nach oben. Auf der gesamten Subduktionszone, in deren Einzugsbereich sich auch Fidschi, die Salomon-Inseln, Vanuatu, Tonga und Papua-Neuguinea befinden, liegen weit über die Hälfte aller tätigen Vulkane der Erde (Zirkumpazifischer Vulkangürtel). Magma dringt ebenfalls durch sogenannte »Hot Spots« nach oben, die als regelrechte Magmaquellen tief im Erdmantel unter der Pazifischen Platte ihren festen Platz haben.

Bei der Plattenbewegung bleibt nicht aus, daß die Austritte der Schmelzmassen einer steten Ortsveränderung unterliegen und bereits entstandene Vulkane von ihrer Magmaquelle praktisch »weggeschoben« werden. »Hot Spot«-Ketten reihen sich auf in Französisch-Polynesien, bei den Marquesas, den Cook-, Christmas- und Marshall-Inseln.

Ein wichtiger »Insel-Baumeister« in der Südsee ist die Koralle. Die millimeterkleinen Polypen hinterlassen nach ihrem Tod Kalksteingehäuse, aus denen sich im Laufe der Zeit Riffe aufbauen, die irgendwann als Inseln aus dem Meer herausragen können. Entscheidend für das Wachstum der Korallenbänke sind klares Salzwasser und eine Wassertemperatur von 21 bis 35 Grad. Im Bereich von Flußmündungen, wo Süßwasser austritt und den Salzgehalt des Meerwassers senkt, gedeihen Korallen nicht. Außerdem brauchen die Tiere Sonnenlicht, weshalb man sie auch nicht in Tiefen über 50 Metern antrifft. Je nach Korallenart und deren Lebensbedingungen wachsen die Riffe unterschiedlich langsam. Taifune können in einer Nacht die Aufbauarbeit von Tausenden von Jahren zerstören.

Bei den Südsee-Inseln werden fünf Haupttypen unterschieden:

1. Kontinentalinseln

Sie ragen als Gipfel untermeerischer Berge aus dem Wasser und bestehen ähnlich wie die Landmassen der Kontinente aus sehr altem, aber im Vergleich zu vulkanischem Gestein leichtem Fels, der sich bei entsprechenden Bewegungen des Meeresgrundes mit anderen Landmassen vereinigt. Wie im Innern der Kontinente können hier Lagerstätten von Erzen und anderen Mineralien ausgemacht werden. Beispiele: die Fidschi-Inseln Viti Levu und Vanua Levu.

2. Hohe vulkanische Inseln
Sie entstehen über einem Hot Spot, der unterhalb des Meeresbodens Magma ausstößt. Der aus erkalteter Gesteinsschmelze gewachsene Berg kann eine Höhe von bis zu vier Kilometern erreichen und ragt mit seiner Spitze aus der Meeresoberfläche heraus. Durch das Wandern der Pazifischen Platte entfernt sich der Vulkan von dem Hot Spot, die Eruptionen hören auf. Im seichten Küstengewässer beginnt jetzt das Wachstum der Korallen, die im Lauf der Zeit ein Saumriff um die Insel bilden. Dort, wo Süßwasser von den Hängen ins Meer mündet, bleiben Öffnungen im Riffgürtel, die später bei der Besiedlung durch den Menschen natürliche Durchfahrten für die Boote bilden. Die meisten Südsee-Inseln sind von Korallenriffen umgeben. Winzige helle Partikel der Kalksteinschalen werden von den Wellen zum Strand an die Inseln gespült. Beispiele: Rarotonga (Cook-Inseln), Upolu und Savai'i (Samoa), Tutuila (Amerikanisch-Samoa).

3. Barriereriffinseln
Je weiter sich die erloschene Vulkaninsel vom Hot Spot entfernt, desto niedriger erhebt sie sich über der Meeresoberfläche – verursacht durch Erosion oder durch einfaches Absinken. Weiter in die Höhe wächst dagegen das Korallenriff, bis es sich über den Wasserspiegel erhebt und die Vegetation Wurzeln schlägt. *Motus* heißen diese kleinen palmenbewachsenen Eilande, die weiter draußen im Meer aneinandergereiht einen schützenden Ring um die Vulkaninsel und das seichte Küstengewässer (Lagune) bilden. Beispiele: Bora Bora (Französisch-Polynesien), Aitutaki (Cook-Inseln).

4. Atolle
Die Vulkaninsel ist gänzlich im Meer versunken. Nur noch die flachen *Motus* des Korallenriffs erheben sich über dem Meer und umschließen das seichte, ruhige Salzwasser der Lagune. Beispiele: Tuamotu-Inseln (Französisch-Polynesien), Manihiki und Pukapuka (Cook-Inseln).

5. Koralleninseln
Ein untermeerischer, mit Korallenbänken überlagerter Vulkanstumpf wird gehoben und erhebt sich mit der Kalksteinschicht flach über dem Meeresspiegel. Beispiele: Vava'u und Tongatapu (Tonga). Wird der Kalkstein abgetragen, ragt das Vulkangestein aus dem Wasser. Diese seltenere Inselart heißt *Makatea Island.* Beispiel: Atiu (Cook-Islands).

Tätowierung

Auf fast allen Südsee-Inseln begegnet man heute noch mehr oder weniger großflächig tätowierten Menschen, Männern wie Frauen. Meist weisen Arme oder Beine lediglich kleine, dunkle Dekors auf. Der dauerhafte Hautschmuck, das *Tattoo,* galt als traditionelles Zeichen von Schönheit, Mut und Stärke.

Mit Tätowierungen schmücken sich junge Polynesier heute nur noch selten

Ursprünglich wurden die Muster von hoch angesehenen Tattoo-Künstlern mit angespitzten Knochen oder scharfem Schildpatt in die Haut gestichelt oder geritzt, eine Prozedur, die ausgesprochen schmerzhaft war. Ein aus einer Nußart gewonnener schwarzer Farbstoff, in die frischen Wunden gerieben, machte das Muster dauerhaft sichtbar.

Die jeweiligen Muster waren regional unterschiedlich und traditionell vorgeschrieben. Sie wurden von Generation zu Generation überliefert, oft in Form von in Holztafeln geschnitzten Motiven. Mit Einsetzen der Geschlechtsreife waren Jungen und Mädchen auch reif für die schmerzhaften Sticheleien. Nur in Fidschi wurden ausschließlich Frauen tätowiert. Ansonsten gab es weibliche und männliche Motive und unterschiedliche Körperregionen, die behandelt wurden. Bei Männern umfaßte die Tätowierung häufig großflächig Hüften und Oberschenkel (Samoa) oder Brust und Schultern (Französisch-Polynesien). Die Muster auf weiblicher Haut fielen in der Regel dezenter aus. Heute tragen junge Männer und Frauen nur noch ganz selten derart auffällige Tattoos auf der Haut; in Französisch-Polynesien ist der traditionelle Hautschmuck schon vor langer Zeit fast gänzlich in Vergessenheit geraten.

Umweltverschmutzung

Noch hat die Welt kein wirksames Mittel gegen den Treibhauseffekt gefunden. Das Eis an den Polen schmilzt weiter. Sollte das Tempo, in dem der Meeresspiegel ansteigt, nicht durch wirksame Umweltschutzmaßnahmen verringert werden, so die Befürchtung von Wissenschaftlern, werde der Pazifik in den nächsten 100 Jahren um mehr als einen Meter ansteigen. Um die niedrigen Inseln Kiribatis z.B. könne das Wachstum der Korallen mit dem Ansteigen des Wasserspiegels nicht mithalten, die Atolle würden rasch überspült werden. Dies wäre freilich kein Einzelfall, Tuvalu und die Marshall-Inseln, die überwiegend aus Atollen bestehen, wären ebenso betroffen. Ganze Staaten in der Südsee würden ausgelöscht. Pessimistische Annahmen gehen davon aus, daß auch Teile der Bevölkerung der Cook-Inseln, Tongas, Niues und Naurus bereits in den nächsten Jahrzehnten umgesiedelt werden und dann vermutlich in Australien und Neuseeland eine neue Heimat finden müssen.

Auch in anderer Hinsicht beklagen sich die Kleinstaaten in der Südsee, die Zeche für die Umweltsünden der Industrieländer zahlen zu müssen. Auf dem westpazifischen Johnston-Atoll zerlegen die US-Streitkräfte alte Giftgasgranaten, auch die aus den ehemals in Deutschland gelagerten Beständen. Auf fast der gesamten Koralleninsel Nauru wird der wertvolle phosphatreiche Vogeldung Guano abgebaut, die Insel gleicht inzwischen einer Mondlandschaft. Japanische, koreanische und taiwanische Fangflotten plündern mit ihren gewaltigen Schleppnetzen die Fischgründe in großen Teilen des Pazifiks. Besonders betroffen: Thunfische und Delphine. Die kleinen Fischkutter der Inselbewohner fischen immer häufiger ins Leere. Die Ausbeute reicht kaum noch für den Eigenbedarf der Inseln.

Natürlich haben die Inselstaaten auch ihre selbst verursachten Umweltprobleme. Die meisten wissen nicht wohin mit Abwässern, ohne die Küste zu verseuchen. Trinkwasserknappheit tritt immer häufiger auf, und mehr als die Hälfte aller Regierungen klagen über zu großes Bevölkerungswachstum.

Wirtschaft/Tourismus

Auf der Suche nach Arbeit wanderten in den letzten beiden Jahrzehnten immer mehr Familien vor allem von den Cook-Inseln, von Samoa und Niue nach Neuseeland aus. Heute unterstützen sie mit ihrem Verdienst die daheimgebliebenen Verwandten – und retten ihre Heimat so vor dem endgültigen Staatsbankrott.

Die Arbeitslosigkeit auf den Südsee-Inseln ist groß, Agrarprodukte wie Kopra, Zucker, Kaffee, Kakao, Früchte, Gewürze und Holz waren wegen chronisch niedriger Preise auf dem Weltmarkt kaum abzusetzen. Die hohen Transportkosten, Preis der Isolation, machen auch in Zukunft die Aussicht auf Gewinn zunichte. Der Aufbau einer weiterverarbeitenden Industrie steckt noch in den Anfängen.

Vom Fischfang profitieren die Inselstaaten ebenfalls nicht. Weder für die Einrichtung von Fischverarbeitungsbetrieben noch für eine eigene Hochsee-Fischfangflotte ist Geld vorhanden. Die Regierungen verfügen noch nicht einmal über finanzielle Mittel, um ihre riesigen Fischereigründe vor dem Eindringen der Flotten aus den Industrienationen mit Hilfe von Wachbooten zu schützen.

Viel Hoffnung setzt man nun auf den wachsenden Tourismus und die Gewinnung von Bodenschätzen, z.B. die Ölförderung.

Papua-Neuguinea exportierte Mitte der neunziger Jahre bereits für 1,5 Milliarden Mark Öl, auch Tonga, Fidschi, Vanuatu und die Salomon-Inseln verfügen über Ölvorkommen, meist in der Nähe bewohnter Inseln.

Vanuatu und die Cook-Inseln sind die bekanntesten Steueroasen in der Südsee. Finanzzentren nennen sie sich stolz, unter Fachleuten werden sie als *tax dodge havens,* Festungen für Steuerflüchtlinge, bezeichnet. Auch Samoa, Nauru und Tonga beteiligen sich, obgleich in kleinerem Umfang, an den profitablen und geheimnisvollen Geldgeschäften. Nach Meinung von amerikanischen, australischen und europäischen Bankfachleuten fungieren die Inseln als Waschanlagen für »schmutziges Geld« – was die Insulaner bestreiten.

Für die meisten Inseln ist der Tourismus die Rettung vor dem Staatsbankrott. Knapp über 700 000 Besucher pro Jahr (die Hälfte davon reist nach Fidschi) registrierten die 14 Südsee-Staaten, die sich zum *Tourism Council of the South Pacific (TCSP)* zusammengeschlossen haben. Die meisten Urlauber sind Australier und Neuseeländer, jeder siebte Besucher stammt aus Europa.

Zyklone

Zwischen November und März ist die Gefahr, in der Südsee in einen Zyklon zu geraten, am größten. In diesen Monaten registrierte das *Tropical Cyclone Warning Centre* in Fidschi durchschnittlich zehn Zyklone, deren Heftigkeit im Laufe der Jahre mehr und mehr zunahm und die regelmäßig Tod und Zerstörung über die Inseln bringen. Am häufigsten ist Vanuatu betroffen. Der rasant wuchernden tropischen Vegetation ist es zu verdanken, daß die Wunden relativ schnell heilen, Kahlschläge in Palmenhainen nach kurzer Zeit wieder grünen, scheinbar gänzlich verwüstete Gärten erneut erblühen. Zerstörte Küsten- und Strandabschnitte müssen vom Menschen wiederhergerichtet werden, ebenso wie demolierte Siedlungen. Doch oft fehlen dafür die finanziellen Mittel, und die geschundenen Inseln sind auf Hilfe von außen angewiesen. Zyklone entstehen im Pazifik zwischen dem 5. und 20. Längengrad. Einer der wesentlichen Gründe für die steigende Zahl der Zyklone ist zweifellos die ungewöhnlich starke Erwärmung des Meeres im östlichen Pazifik. Nicht alle Wissenschaftler sehen hier einen Zusammenhang mit der allgemeinen Erwärmung der Erde. Vielmehr sei eine warme südliche Wasserströmung unter dem Namen »El Niño« schuld, die alle zwei bis sieben Jahre, meist Ende des Jahres in der Weihnachtszeit, den Ozean zwischen Südamerika und der Datumslinie an der Oberfläche ungewöhnlich stark erwärmt – und dann teils für Überschwemmungen, teils für extreme Trockenheit sorgt. Doch nach Meinung der *Association of Small Islands States (AOSIS)* tragen allein die Industriestaaten auf der nördlichen Halbkugel die Verantwortung für diese Entwicklung.

Am schlimmsten traf es in den letzten fünf Jahren Samoa und die Cook Islands. Mehr als 50 Menschen wurden von Zyklonen getötet, es entstand Sachschaden in Höhe von über 500 Millionen US-$.

Große Portionen aus dem Erdofen

Die traditionelle Südsee-Küche ist einfach, aber sättigend

Essen

Wer sich in der Südsee auf reich gedeckte Tische mit exotisch gewürzten, fremdartigen Speisen freut, wird enttäuscht werden. Die Hotels und Restaurants bieten überwiegend internationale Küche. An hochwertigen Grundnahrungsmitteln besteht kein Mangel. Die immer noch sauberen Meeresgewässer rund um die Inseln garantieren fangfrische Fische, Krustentiere und Muscheln. Gemüse und Früchte oder delikates Lammfleisch liefert in den meisten Fällen Neuseeland, Schweine und Hühner werden auf vielen Inseln gehalten.

Kulinarisch ist die Südsee für Touristen also kein Abenteuer. Vielmehr ein Schlaraffenland, in dem man die Bananen am Wegesrand von der Staude brechen und die bunten Lagunenfische fast mit der Hand im glasklaren Wasser fangen kann. Saftige Papayas gedeihen im Überfluß (wer zu viele ißt, bekommt Durchfall!), und die frische Kokosnuß kostet allenfalls die Kraft, den Stamm der Palme hinaufzuklettern, um die Frucht zu pflücken. Derart paradiesische Zustände, in denen die Natur Tischlein-deck-dich spielt, haben allerdings die Kreativität in der Kochkunst der Insulaner gehemmt. Würzige Saucen, cremige Suppen raffiniert zubereitetes Bratenfleisch oder gefüllte Fischgerichte kennt der traditionelle südseetypische Speiseplan nicht.

Daß Gourmets in Französisch-Polynesien schon eher auf ihre Kosten kommen, dafür verbürgt sich die gute, aber auch teure *Haute Cuisine* des Mutterlandes. Da stehen nicht nur die richtigen Weine auf dem Tisch, sondern auch schon einmal bretonische Miesmuscheln, freilich tiefgefroren und für horrend viel Geld eingeflogen.

Eine hervorragende indische Küche wird in Fidschi geboten. Kein Wunder, denn etwa die Hälfte der Bevölkerung ist indischer Abstammung. Vor allem in den Städten Suva und Nadi gibt es einige erstklassige Restaurants, deren Köche die verschiedenen *Curries* in allen Schärfevariationen zubereiten.

Auf Tahiti und anderen Inseln bietet die Südseevegetation exotische Früchte im Überfluß

Das traditionelle Südsee-Essen ist kaum gewürzt und kommt aus dem Erdofen. Überall auf den Inseln wird diese Art der Zubereitung seit Generationen gepflegt und steht auch heute noch im Mittelpunkt aller Feste und Familienfeiern. Für den Erdofen wird eine Grube ausgehoben, in der dann erhitzte Steine für die nötige Temperatur sorgen. Die einzelnen Nahrungsmittel werden übereinandergeschichtet, wobei Fleisch ganz zuunterst, direkt auf den Steinen, gart, während Gemüse oben liegt. Der gesamte Garprozeß in der von Palmenblättern abgedeckten Grube dauert Stunden und kann mit den austretenden Essensdüften den Appetit an den Tischen nur steigern.

Das wissen auch die Küchenchefs der Hotels, die regelmäßig Gegartes aus dem Erdofen als südseetypisches Buffet den Gästen offerieren. Hähnchen- und meist sehr fettes Schweinefleisch kommen heiß auf den Tisch, ebenso Süßkartoffeln, in Stücke geschnittene *Taro-* und *Jamswurzeln* sowie Brotfrüchte und ein spinatähnliches Gemüse aus den Blättern der *Taro-Pflanze.*

Sehr schmackhaft, aber nicht jedermanns Sache, ist in Kokosnußmilch eingelegter roher Fisch, der natürlich kalt serviert wird. Lauwarm, mit einem Schuß Kokosmilch angereichert, schmeckt *Poe* (in Französisch-Polynesien) am besten, ein Fruchtpüree, das zu einer puddingähnlichen Masse eingekocht wird.

Natürlich ist das weiße Fleisch der Kokosnuß vom Südsee-Speiseplan nicht wegzudenken. Ob als bißfester Happen, in geraspelter Form oder zu sämiger Milch gepreßt – Kokosnußfleisch bereichert die Speisenfolge und verfeinert die ansonsten ungewürzten Gerichte. So ähnlich die Speisen auf den einzelnen Südsee-Inseln zubereitet werden und auch schmecken, so verschieden klingen die Bezeichnungen in der jeweiligen Sprache der Inselbewohner: So heißt der Erdofen auf den Cook-Inseln *Umukai,* in Französisch-Polynesien *Himaa,* in Fidschi *Lovo,* in Tonga und Samoa *Umu.*

Trinken

In dem tropischen Klima der Südsee dürstet der menschliche Körper nach Flüssigkeit. Wasser ist auch hier das einfachste, preiswerteste und gesündeste Mittel, dieses Bedürfnis zu stillen. Doch Augen und Geschmacksnerven lassen sich angesichts der farbenfrohen, exotischen Früchtevielfalt von Mangos, Papayas, Guaven und Bananen nur allzuleicht zu einem mit Alkohol angereicherten Cocktail oder einem cremigen, kalorienreichen Punsch verführen. Vor allem in den Bars der größeren Hotels in Französisch-Polynesien verstehen die Mixer mit dem Shaker umzugehen, und ellenlange Cocktaillisten machen die Wahl zur Qual.

In immerhin neun Inselstaaten wird auch Bier gebraut. Der Gerstensaft ist meistens nicht nur preiswerter, sondern kann es auch geschmacklich mit internationalen Biermarken aufnehmen. *Vailima* heißt das Bier, das, so die Werbung, nach deutschem Reinheitsgebot in Samoa gebraut wird und im Land vor kurzem Konkurrenz bekommen hat – von *Manuia,* dessen Zutaten ein Neuseeländer mischt. *Tusker* wird in

Vanuatu in die Bierflaschen gefüllt und *Hinano* in Französisch-Polynesien, *Number One* steht auf den Etiketten in Neukaledonien, und in Papua-Neuguinea heißt der Gerstensaft *South Pacific Lager,* im Königreich Tonga selbstverständlich *Royal Lager.* Seither ist auch die Reglementierung, Alkohol an die königlichen Untertanen restriktiv nur gegen Märkchen zu verteilen, aufgehoben. Fidschi hat sein *Fiji Bitter,* die Cook-Inseln haben ihr *Cooks Lager,* und auch die Salomon-Inseln sind mit *Sol Brew* unter deutscher Anleitung in die Bierproduktion eingestiegen.

Das traditionelle Erfrischungsgetränk in der Südsee ist der Saft (oder die Milch) der grünen Kokosnuß (nicht zu verwechseln mit dem sehr fettreichen und sahnigen Konzentrat aus gepreßtem Fleisch der reifen Kokosnuß). Den farblosen Saft bekommt man nur selten zu Gesicht, weil er meist direkt aus der oben etwas aufgeschlagenen Nuß getrunken wird. Zu haben sind die Natur-Drinks überall, am Straßenrand für wenig Geld, an der Hotelbar etwas teurer, dafür mit Strohhalm, oder selbstgepflückt und kostenlos direkt von der Kokospalme. Nur ganz junge, außen grüne Kokosnüsse liefern den köstlichen Saft, der am besten eisgekühlt schmeckt.

Kava

Kava ist mehr als ein Getränk, Kava ist eine Zeremonie, ist Ausdruck reiner Südsee-Kultur. Und die Südsee-Insulaner sind versessen auf Kava – bis auf die Tahitianer, bei denen das Getränk völlig unbekannt ist. Dabei ähnelt die bräunliche Flüssigkeit angeschmutztem Spülwasser und ist auch geschmacklich nicht weit davon entfernt.

Kava enthält keinen Alkohol, soll aber in größeren Mengen eine beruhigende bis leicht berauschende Wirkung haben. Zubereitet wird das Getränk aus *Yaqona,* den getrockneten Wurzeln der Pfefferpflanze, die zu Pulver zerstampft und anschließend in einer geschnitzten Holzschale mit Wasser vermengt werden. Je weniger Wasser, desto stärker der Kava, was sich beim Trinken sofort an der Betäubung der Zunge bemerkbar macht.

Zubereitung und Trinken sind feierliche Handlungen nach einer streng vorgeschriebenen Zeremonie, insbesondere bei der Begrüßung von Gästen. Wer von den Einheimischen eingeladen wird, sollte als Gastgeschenk auf dem Markt ein Bündel Kava-Wurzeln besorgen. Wird einem dann eine Schale mit Kava gereicht (lehnen Sie auf keinen Fall ab oder zeigen Ekel!), klatscht man einmal hohl in die Hände, bevor das Getränk angenommen wird. Die Schale sollte in einem Zug ausgetrunken werden. Nachdem man das leere Gefäß zurückgereicht hat, schreibt die Kava-Zeremonie dreimaliges In-die-Hände-Klatschen vor.

Die Fidschianer schütten Kava förmlich in sich hinein. Mit der Menge, die sie konsumieren, liegen sie weit vor allen anderen Südseevölkern. Touristen wird inzwischen als kleine praktische Landeskunde Kava im Hotel, bei Ausflügen oder abendlichen Buffets angeboten, allerdings in harmloser, stark verdünnter Form. Hier dürfen Sie auch ablehnen.

Pretiosen vom Meeresboden

Der Südpazifik ist reich an schwarzen Perlen und Korallen

Kunsthandwerk ist auf allen Südsee-Inseln ein attraktives und beliebtes Souvenir. Dazu zählen vor allen Dingen traditionelle Holzschnitzereien wie Götterfiguren, Masken, Kava-Schalen und Trommeln. Doch Laien fällt es schwer, echte Handwerkskunst von industriell gefertigten Massenprodukten zu unterscheiden. Hochwertiges Holz wie Mahagoni und Sandelholz wächst nur noch wenig auf den Inseln.

Generell gilt: Die billigen Holzarbeiten, meist schlechte Imitationen traditioneller Formen, sind ihr Geld ebensowenig wert wie den Platz im Reisegepäck. Interessanter sind da Arbeiten kreativer, heimischer Künstler. Allerdings hat hierbei Qualität auch ihren Preis. Überall gibt es gute Holzschnitzer, die entweder direkt in ihrer Werkstatt verkaufen oder in den Souvenirläden am Ort. Beachten Sie bitte, daß das Feilschen um Preise vor allem auf den polynesischen Inseln nicht üblich ist.

Pareus heißen die für die Südsee typischen, farbenfrohen Tücher in Französisch-Polynesien

Originelle, recht preiswerte und im Koffer leicht verstaubare Mitbringsel sind immer noch *Tapa*-Produkte. *Tapa,* so etwas wie der »Stoff« der Südsee, wird aus der Rinde des Papiermaulbeerbaumes hergestellt. Von den Frauen zunächst mehrere Stunden eingeweicht, wird die dann weiche Masse mit hölzernen Schlegeln zu filzähnlichen Stükken plattgeklopft, die anschließend zu bis zu mehreren Quadratmeter großen Matten zusammengefügt werden.

Ob als Kleidungsstück, Teppich, Tischdecke, Einkaufstasche oder Wandbehang – mit warmen, schwarzen und braunen Erdfarben bemaltes *Tapa* begegnet einem überall in der Südsee, besonders häufig in Tonga, wo die geschicktesten Tapa-Künstler zu Hause sind. Die meist geometrischen Muster haben eine uralte Tradition, angeblich sind einige Muster sogar mehrere tausend Jahre alt.

Zu den unverwechselbaren Südsee-Produkten zählen auch Flecht- und Webarbeiten aus den länglichen Blättern des *Pandanus*-Strauches, die sich zu Taschen, Hüten, Körben, Fächern

Wer an großen, bunten Briefmarken Freude hat, kommt hier auf seine Kosten

und natürlich zu unterschiedlich großen Matten flechten und weben lassen. Die Fußböden ganzer Hütten werden damit belegt.

Aus den unzähligen Muscheln, die man überall an den Stränden findet, fertigen die Insulaner dekorative Gehänge, z.B. für Deckenlampen, und preiswerte Schmuckstücke. Die meisten Südsee-Touristen erhalten irgendwann mindestens eine Muschelkette kostenlos als Willkommens- oder Abschiedsgeschenk um den Hals gehängt. Bei der Gestaltung des Muschelschmucks wird jedoch leider oft zu tief in den Farbtopf gegriffen, so daß die grellbunten Ketten, Armbänder und Haarspangen allenfalls als Mitbringsel für Kinder taugen.

Wunderschön bunt dagegen fallen die Wickeltücher der Südsee aus, die *Pareus,* wie sie in Französisch-Polynesien genannt werden (*Pareu* heißen sie auch auf den Cook-Inseln, *Lavalava* in Tonga und Samoa, *Sulu* in Fidschi). Die farbenfrohen Tücher sind etwa zwei Meter lang und einen Meter breit und passen selbst in das kleinste Reisegepäck. Den Südsee-Bewohnern, ob Mann, ob Frau, dient der *Pareu* als einfaches, aber variationsreiches Kleidungsstück. Dank unzähliger Wickeltechniken kann er den weiblichen Körper mal als edles Abendkleid, mal als praktischer Badeanzug einhüllen. Männer schlingen sich das Tuch einfach um die Hüften oder binden es kunstvoll zu kurzen Hosen. Zu kaufen gibt es die Tücher überall, die meisten sind aus Baumwollstoff, Seidentücher sind kostspielig. Je aufwendiger die Färbung, desto teurer kommt ein *Pareu.*

Viel billiger als handbemalte kleine Kunstwerke aus Stoff sind *Pareus* mit maschinell aufgedruckten Mustern. Recht günstig und zudem noch hübsch fallen solche *Pareus* aus, die in Batiktechnik gefärbt wurden (auf den Cook-Inseln und in Samoa sehr verbreitet).

Glück ist immer noch das schönste Mitbringsel! Warum sich also nicht für ein *Tiki* entscheiden, das auf fast allen Inseln als Talisman gilt. Ursprünglich wurden *Tikis* aus Holz oder Stein als Abbilder des Gottes der Fruchtbarkeit hergestellt. Heute gibt es sie in allen Größen und vielen Materialien zu kaufen, z.B. als Luxus-Glücksbringer aus imitierter schwarzer Koralle. Allerdings ähneln viele der *Tikis,* die man heute angeboten bekommt, eher den Göttern der Maoris in Neuseeland als denen der Südsee-Insulaner. Die besten geschnitzten *Tikis* bekommen Sie auf den Salomon-Inseln und den Marquesas-Inseln.

Philatelisten schlagen angesichts von Briefmarken aus der Südsee die Herzen höher. In jeder Hauptstadt findet sich ein *Philatelic Bureau* (meist in der ersten Etage des Hauptpostamtes), das die farbenfrohen und originellen Briefmarken verkauft. Auch für Nichtsammler eine gute Souveniridee.

Französisch-Polynesien

Wer bei den generell horrenden Preisen hier Souvenirs kauft, ist selber schuld! Zu den Ausnahmen gehören handgemalte oder gefärbte *Pareus,* die mit ihrer leuchtenden Farbgebung und ihrem Design einmalig sein können. Besonders auf Bora Bora, wohin sich viele Künstler zurückgezogen haben, sowie auf Moorea wird man in kleinen Läden und Ateliers fündig.

Selbst aus einfachen Muscheln werden in Französisch-Polynesien sehr geschmackvolle Kunstwerke gefertigt. Eine reiche Auswahl an hübschem Muschelschmuck liegt auf den einfachen Ständen in der Markthalle von Papeete aus.

Schwarze Perlen, die Kleinodien Französisch-Polynesiens, beherrschen die Auslagen der Juweliergeschäfte. Kaum zu glauben bei den hier sonst üblichen Preisen, aber die wertvollen, dunkel schimmernden Kügelchen sind hier immer noch billiger als in Europa. Seit den sechziger Jahren werden die Perlen auf den östlich gelegenen Inseln des Tuamotu-Archipels gezüchtet, nachdem die Japaner das Know-how entwickelt hatten, die Natur zu überlisten. Der lebenden Auster wird von Hand in Präzisionsarbeit ein Stück Muschelschale eingesetzt. Alsbald beginnt die Auster mit der Perlenproduktion, indem sie den scharfkantigen Fremdkörper in Perlmutt hüllt.

Den Wert einer schwarzen Perle machen verschiedene Faktoren aus: die Größe, die Formgebung, Gewicht und Härte, Reinheit und Glätte der Oberfläche und die Farbintensität. Auch unter gezüchteten Perlen wird man nie zwei finden, die einander gleichen. Vor allen Dingen die Nuancen des Schwarztons fallen sehr unterschiedlich aus: Die Schattierungen reichen von Silbergrau über Grünanthrazit und Blauschwarz bis hin zu fast Tiefschwarz. Am wertvollsten sind möglichst runde, schwere, ebenmäßige Perlen, deren Oberfläche kein Kratzer entstellt. Etwa fünf Prozent aller gezüchteten Perlen sind nahezu makellos.

Tip: Mit ein wenig Verhandlungsgeschick kann man die Perlen auf einer Muschelfarm in der Lagune von Manihi bis zur Hälfte preiswerter kaufen – aber

Sie müssen Bargeld mitbringen. *Die Geschäfte in Französisch-Polynesien haben von 8 bis 17.30 Uhr geöffnet, samstags nur am Vormittag, sonntags meist gar nicht.*

Tonga

Hier findet man die qualitativ besten und schönsten *Tapa*-Produkte. Ursprünglich hatte jedes Dorf ein eigenes Motiv, mit dem die *Tapa*-Stücke bemalt wurden. Noch heute gehört *Tapa* zur Kultur und zum Alltag, z.B. als Mitgift für die Braut oder als Leichentuch, wenn das Geld für den Sarg fehlt.

Auch mit den Blättern des Pandanus-Strauchs können die Tonganer, besonders die Frauen auf der Insel Vava'u, geschickt umgehen. Zur Landestracht gehört heute noch die *Tao'vala,* eine aus Pandanusblättern gefertigte Matte, die über Rock oder Hose um die Hüfte gewickelt wird. Selbst das Hochzeitskleid besteht aus den Blättern, allerdings aus den ganz weichen und hellen. Die Kunsthandwerks-Geschäfte in der Hauptstadt Nuku'alofa bieten eine reiche Auswahl an Web- und Flechtwaren zu zivilen Preisen.

Wer Vava'u besucht, findet bei den heimischen Händlern noch günstigere Einkaufsmöglichkeiten vor. Für eine kreisrunde Pandanus-Matte mit einem Durchmesser von zwei Metern muß man etwa 100 T$ zahlen.

Die schwarze Koralle wird zu einfachen, aber hübschen Schmuckstücken verarbeitet, die recht preisgünstig z.B. bei *Mickey Guttenbeil (Vuna Rd.)* oder auf dem *Talamahu Markt in Nuku'alofa* zu haben sind. *Öffnungszeiten der Geschäfte von ca. 8 bis 17 Uhr, sonntags sind sie geschlossen.*

Cook-Inseln

Avarua auf der Hauptinsel Rarotonga hat sich in den letzten Jahren zu einer regelrechten kleinen Einkaufsstadt entwickelt. Teilweise bis zu einem Drittel preiswerter als auf Tahiti sind hier die *Black Pearls* von der Insel Manihiki.

Besonders gut kann man auch *Pareus* (Tücher), T-Shirts sowie Parfüm und Seife auf Pflanzenbasis kaufen. Der Modeschmuck stammt oft aus Indonesien. *Einkaufen kann man auf den Cook-Inseln von 8 bis 16 Uhr, samstags von 8 bis 12 Uhr.*

Samoa

Von den zahlreichen Kokospalmen profitieren auch die Souvenirläden. Was aus der braunen Schale der Kokosnuß geschnitzt werden kann, ist in den Auslagen zu finden: Haarspangen und Armreifen, Knöpfe, Schälchen und Gürtelschnallen. Dazu kommen Holzschnitzereien.

Die Kleider aus bunt bedruckten Baumwollstoffen scheinen oft noch nach den alten Schnitten prüder Missionare genäht zu sein, können aber gerade deshalb ganz originell ausfallen. Die bunten Wickeltücher heißen *Lavalava. Öffnungszeiten der Geschäfte von 8 bis 16.30 Uhr, Samstag von 8 bis 12.30 Uhr.*

Fidschi

In den Auslagen der Geschäfte und auf den meist überdachten Märkten spiegelt sich die bikulturelle Gesellschaft von Indern und Fidschianern wieder. Neben Saris aus Seide und Henna-Produkten werden *Sulus* (Wickelröcke) und Kava-Wurzeln verkauft. Für Touristen interessant sind vor allen Dingen Schmuckwaren aus (oft auch imitierten) schwarzen Korallen. Die größte Auswahl hat man in den Städten Nadi, Sigatoka (Beginn der Coral Coast) und Suva. Der Deutsche *Peter Frey* fertigt in *Lami* bei *Suva* originelle und schöne Pretiosen an. Zu kaufen gibt es den Schmuck in guten Souvenir- und Juwelierläden, z. B. in *Wolf's Boutique (s. S. 64)*. Der Graveur *Albrecht A. Stuetzle,* genannt Albi, fertigt hochwertige Zinnwaren mit fidschianischen Motiven (ab ca. 80 Mark), die z. B. im *Cultural Centre* in Pacific Harbour oder bei *Jack's Handicrafts* in Sigatoka und in Nadi *(Main Street)* erhältlich sind. *Sogo* (Nadi, *Main Street* und Suva, *Queensland Insurance Arcade, Victoria Parade*) verkauft schöne Sulus und Kleider. Weitere beliebte Mitbringsel sind Kava-Schalen in allen Größen aus Holz, Kriegskeulen und Töpferwaren. Das Angebot im *Duty Free Shop* am *Airport von Nadi* ist riesengroß, aber Schnäppchen sind – auch nach der Abwertung des Fidschi-Dollars um ca. 20 Prozent – selten. Sie sollten unbedingt die Vergleichspreise in der Heimat kennen. Generell gilt: Achten Sie auf die international gültige Garantiekarte. Meist ist die Ware vom Umtausch ausgeschlossen. *Die Geschäfte sind meistens von 8 bis 16.30 Uhr (Mo–Fr) geöffnet. Samstags schließen die Läden um 12 Uhr.*

Wer's bequem liebt: Eine Reihe von hübschen Südsee-Souvenirs (von Büchern bis Schmuck) bekommt man auch in Deutschland beim Südsee-Versand *»La Pirogue« (Monika Berg, Graefestr. 43, 10967 Berlin, Tel./Fax 030/ 611 62 81).*

Traditionelles Kunsthandwerk gehört zu den originellsten Mitbringseln

Lebensfreude im Überfluß

Mit Tanz und Musik wird ausgelassen und häufig gefeiert

Die Insulaner feiern laut und ausgelassen. Jeder Anlaß ist recht. Lachen, tanzen, singen – wenn keine Instrumente zur Verfügung stehen, wird einfach nur rhythmisch in die Hände geklatscht. Und ein üppiges Mahl, am liebsten aus dem Erdofen, rundet jede Feier ab.

Sonntag ist auf vielen Südsee-Inseln eine festliche, aber stille Angelegenheit. Sie sollten sich wenig für diesen Tag vornehmen; zumindest einmal sollte man einen Gottesdienst in der Südsee besucht haben. Voller Inbrunst wird hier gesungen, meist wirklich gut, und die Menschen haben ihre feinsten Kleider und Hüte aus den Schränken geholt.

GESETZLICHE FEIERTAGE

Diese Feiertage werden auf allen Inseln begangen:
Karfreitag (Good Friday), Ostermontag, Weihnachten (Christmas Day, 25. Dezember) *Boxing Day* (26. Dezember) und *Neujahr* (1. Januar)

Feuertänze gehören zum Ritual eines Festes in Fidschi

COOK-INSELN

GESETZLICHE FEIERTAGE

25. April: *ANZAC Day* (Gedenktag für die Helden des *Australian* und *New Zealand Army Corps*)

1. Montag im Juni: *Geburtstag der englischen Königin* (der liegt allerdings schon zwei Monate vorher)

4. August: *Constitution Day*. Eine Woche lang, ab dem letzten Freitag im Juli, wird die erste unabhängige Regierung (1965) im *Constitution Park, Victoria Rd.*, gefeiert.

FESTIVALS UND ÖRTLICHE VERANSTALTUNGEN

Februar
Ende Februar: *Cultural Festival Week* im neuen Kulturzentrum in *Avarua* mit vielen Kunsthandwerks-Ausstellungen.

April
Zweite Woche im April: Die Tänzerin/der Tänzer des Jahres, ★ *Dancer of the year,* werden innerhalb einer Woche und mittels vieler Wettbewerbe auf *Rarotonga* ermittelt. Sehr sehenswert.

Folkloregruppen spielen auf den Cook-Inseln eine wichtige kulturelle Rolle

Oktober
26. Oktober: *Gospel Day in Aitutaki,* gewürdigt wird die Ankunft des ersten Missionars 1823.

November
Dritte Novemberwoche: *Tiare Festival,* farbenfrohes Blumen-Festival.

FIDSCHI

GESETZLICHE FEIERTAGE

Gefeiert wird jeweils am Montag, der dem Festtag am nächsten liegt. Fortgefallen als Feiertag ist der 14. November, der Geburtstag von Prinz Charles. Vorbildfunktion und Glanz des englischen Thronfolgers schienen den Fidschianern nicht mehr ausreichend zu sein.
14. Juni: *Geburtstag von Königin Elisabeth* (obwohl sie seit dem Putsch 1987 kein anerkanntes Staatsoberhaupt mehr ist)
10. Oktober: *Unabhängigkeitstag*
25. November: *Geburtstag des Propheten Mohammed*

FESTIVALS UND ÖRTLICHE VERANSTALTUNGEN

Juli
Bula-Festival in Nadi: Folklore und Paraden.

August
Anfang/Mitte August: *Hibiscus Festival in Suva.* Traditionelle Folklore und als Höhepunkt der grandiose Hibiscus-Ball.

Oktober
Ende Oktober/Anfang November: ★ *Divali, indisches Lichterfestival.* Viele Häuser in Fidschi werden mit Öllampen und Kerzen geschmückt.

FRANZÖSISCH-POLYNESIEN

GESETZLICHE FEIERTAGE

5. März: *Missionstag*
1. Mai: *Tag der Arbeit*
14. Juli: *Bastille-Tag*
1. November: *Allerheiligen*
Mitte Januar bis Mitte Februar: *Chinese New Year* mit beeindruckenden Drachentänzen und Feuerwerk auf Tahiti

FESTIVALS UND ÖRTLICHE VERANSTALTUNGEN

Juni/Juli
Ende Juni/Anfang Juli: ★ *Heiva I Tahiti.* Wettkämpfe mit dem Kanu, Feuertänze und traditionelle Zeremonien halten die Tahitianer und Besucher wochenlang in Atem. Und die Hotels sind ausgebucht!

MARCO POLO TIPS FÜR FESTE

1 **Dancer of the year**
Auf den Cook-Inseln tanzt man sich die Seele aus dem Leib (Seite 35)

2 **Divali**
Die Inder Fidschis feiern mit Festbeleuchtung (Seite 36)

3 **Heiva I Tahiti**
Ein Blumenspektakel auf Tahiti, mit vielen Folkloreveranstaltungen (Seite 36)

4 **Heilala-Fest**
Der König von Tonga wird eine Woche spektakulär gefeiert (Seite 37)

September
Ende September: *Floralies Day,* die größte Blumenshow Französisch-Polynesiens.

Oktober
Ende Oktober/Anfang November: *Stone Fishing Ceremony auf Tahaa.* Eines der schönsten Feste polynesischen Brauchtums. Ein eindrucksvolles Bild entsteht, wenn die Fischer mit ihren Kanus mit Hilfe von Steinen die Fische in der Lagune zusammentreiben.

Dezember
1. Dezember: *Tiare Tahiti Day.* Die weiße Nationalblume Französisch-Polynesiens, die *Gardenia Taitensis,* wird allerorten großzügig verteilt.

SAMOA

GESETZLICHER FEIERTAG

25. April: *ANZAC Day*

FESTIVALS UND ÖRTLICHE VERANSTALTUNGEN

Juni
1. bis 3. Juni: *Unabhängigkeitsfeiern (Independence Day),* das wichtigste Fest Samoas. Ruderwettkämpfe und Folklore sind Rahmen für die Feierlichkeiten.

Ende Oktober/Anfang November
Sieben Tage nach Vollmond: *Palolo Day;* in *Papa/Savai'i* ereignet sich jedes Jahr ein Naturschauspiel: Aus dem Riff kriechen unzählige, bis zu 20 cm lange Palolo-Würmer, die von den Insulanern als gefragte Delikatesse eingesammelt werden (s. S. 97).

TONGA

GESETZLICHE FEIERTAGE

25. April: *ANZAC Day*
4. Mai: *Geburtstag des Kronprinzen Tupouto'a*
4. Juni: *Verfassungstag*
4. Juli: *Geburtstag von König Taufa'ahau Tupou IV*
4. November: *Constitution Day*
4. Dezember: *Gedenken an König Tupou I*

FESTIVALS UND ÖRTLICHE VERANSTALTUNGEN

Juli
Anfang Juli: ★ *Heilala-Fest.* Eine Woche lang feiert das Volk seinen König mit Tänzen, Gesängen und Bootsregatten. Alle Hotels sind ausgebucht!

Wo Südseeträume weich landen

Die Cook-Inseln locken mit Natur und Komfort

»Visit heaven while you're still on earth!« – »Besuchen Sie den Himmel, solange Sie auf Erden weilen!« So verspricht die Fremdenverkehrswerbung der Cook-Inseln das Blaue vom Himmel - und hält es sogar fast immer. Touristen finden eine gelungene Kombination von natürlichem Idyll und komfortabler Zivilisation zu zivilen Preisen vor. Weicher kann man in der Südsee kaum landen! Die Inselgruppe, die sich auf eine Wasserfläche verteilt, die etwa einem Drittel der Landfläche Nordamerikas entspricht, bietet hübsche überschaubare Fleckchen Erde mit üppig blühender Vegetation, weißen Stränden, blauen Lagunen, anmutigen, freundlichen Menschen und ungefährlichen Tieren. Der internationale Flughafen, auf dem sogar Jumbo-Jets

Grabmal des ersten Premierministers der Cook-Inseln, Albert Henry

Hotel- und Restaurantpreise

Hotels
Kategorie 1: über 150 Mark
Kategorie 2: 70 bis 150 Mark
Kategorie 3: bis 70 Mark

Preise für zwei Personen im Doppelzimmer bzw. Bungalow ohne Frühstück.

Restaurants
Kategorie 1: über 50 Mark
Kategorie 2: 30 bis 50 Mark
Kategorie 3: bis 30 Mark

Die Preise gelten für ein Essen mit Vor-, Haupt- und Nachspeise ohne Getränke.

Wichtige Abkürzungen

Ave.	Avenue
Bd.	Boulevard
Dr.	Drive
Rd.	Road
St.	Street
NZ$	Neuseeland Dollar
T$	pa'anga (Währung in Tonga)
F$	Fiji-Dollar (Währung in Fidschi)
CFP	Cours de France Pacifique (Währung in Französisch-Polynesien)

landen, befindet sich auf Rarotonga, etwa zwei km von Avarua entfernt. Mehrmals täglich außer sonntags fliegt Air Rarotonga *(Avarua, Tel. 228 88, Fax 209 79)* von hier aus nach Aitutaki. Der Flugplan für die übrigen Inseln ist sehr viel ausgedünnter. Der *Island Hopper Pass* nach Aitutaki, Atiu, Mitiaro, Mauke und Mangaia ist ab vier Sektoren *(je 110 Mark)* zu bekommen. Viel preiswerter werden die Flugtarife, wenn Sie die Unterkunft mitbuchen *(Stars Travel, Tel. 236 69, Fax 215 69, Island Hopper Vacations, Tel. 220 26, Fax 220 36, neben »Banana Court«).*

Captain James Cook entdeckte die südlichen Inseln – mit Ausnahme von Rarotonga. Nach ihm benannt wurde die Inselgruppe jedoch erst viel später durch einen namenloses Kartographen.

Von den insgesamt 15 Inseln – mit einer Gesamtfläche von 240 qkm – sind nur 12 bewohnt. Und jeder der 19 500 Insulaner hat sich unfreiwillig, über Staatsausgaben, für die Errichtung eines noch immer unbewohnten Luxushotels auf Rarotonga mit 5500 NZ-Dollar verschuldet. Denn das touristische Prestigeobjekt wurde zum finanziellen Desaster. Und immer wieder muß die Regierung, die in freier Assoziierung zu Neuseeland steht, hohe Kredite aufnehmen.

Die Volkswirtschaft wäre schon längst zusammengebrochen, würden nicht 20 000 nach Neuseeland ausgewanderte Insulaner ihre Verwandten daheim finanziell unterstützen.

Die Kultur der Cook-Inseln drückt sich am stärksten in ihren Tänzen aus. Der *Tamure,* der Trommeltanz, wird mit atemberaubendem Tempo und enormer Präzision ausgeführt. Die hierbei spürbare Lebensfreude konnte auch nicht von den Missionaren unterdrückt werden, die im 19. Jh. strenge Moral predigten.

AITUTAKI

(**166/C 4, 175**) 50 Minuten nach dem Start auf Rarotonga, der größten Insel der Gruppe, setzt die kleine Propellermaschine auf der Landebahn Aitutakis auf. Captain Bligh war der erste Weiße, der die Insel sichtete, wenige Tage vor der Meuterei auf der Bounty im Jahr 1789.

Der Hauptort *Arutanga* (**175/E 4**) ist nicht mehr als ein langgezogenes Straßendorf mit Postamt, Bank und Supermarkt, der schon mal leere Regale bietet, wenn sich die Lieferungen wegen stürmischer See verspäten. Öffentliche Busse verkehren nicht auf der 20 qkm großen Insel, dem Geburtsort des ersten Cook-Premiers, Sir Albert Henry. Aitutaki erforscht man auf einer geführten Tour oder auf eigene Faust mit dem Moped, das in vielen Hotels gemietet werden kann.

Die sanften Hügel im Inselinnern erheben sich bis zu 120 m. Dort liegt der süße Duft der Bananenplantagen in der Luft, deren kleine, herzhafte Früchte den Export nicht mehr lohnen. Hauptattraktion ist die malerische Lagune von Aitutaki, die allenfalls in Bora Bora Konkurrenz erhält. Eine Inselplage sind die zahlreichen Moskitos, die in der üppigen Vegetation ideale Brutstätten finden. Im Hotel bekommt man das Trinkwasser abends in einer Flasche in die Hand gedrückt.

BESICHTIGUNGEN

Kirchenbesuch

★ Sieben Religionen und elf Kirchen, die sich jeden Sonntag um 10 Uhr bis auf den letzten Platz füllen, zählt die Insel. Fast zwei Drittel aller Gläubigen gehören der Cook Islands Christian Church an *(Kirche in Arutanga nahe der Post).*

TOUREN

Aitutaki Lagoon Cruise

★ Die Lagune von Aitutaki muß man erlebt haben. *Täglich, außer sonntags,* fahren die Boote vom Aitutaki Lagoon Hotel aus zu den schönsten der 15 unbewohnten *Motus* (Inseln) der Lagune (siehe auch Routen in der Südsee, S. 128). Der Ausflug beginnt um *10 Uhr,* dauert ca. fünf Stunden und kostet durchschnittlich *45 NZ$ pro Person.* Nach Vereinbarung kann man sich vom Bootsführer auf einer unbewohnten Insel (z.B. *Rapota*) absetzen lassen und wird am Nachmittag wieder abgeholt. Zwischenzeitlich gehen die anderen Touristen mit kostenlos verteilten Schnorcheln und Taucherbrillen ins meist 23 Grad warme Wasser und schauen der Crew zu, wie sie die bunten Lagunenfische fürs Mittagessen harpuniert. Auf *Motu Rakau* wird dann gegrillt, den Nachmittag verbringt man auf *One Foot Island (Tapuaetai). Bishops Lagoon Cruise, Tel. 310 09, Fax 314 93; Tereapii Viking Lagoon Cruises, Tel. 311 80, Fax 314 07.*

Sie können Aitutaki und die herrliche Lagune auch von Raro-

MARCO POLO TIPS FÜR DIE COOK-INSELN

1. **Cultural Village**
In dem Freilichtmuseum auf Rarotonga wird das alte polynesische Dorfleben mit Bräuchen und Handwerkskünsten wieder lebendig (Seite 44)

2. **Piri Porutu**
Keiner auf Rarotonga inszeniert die Bildungsshow rund um die Kokosnuß besser und anschaulicher (Seite 44)

3. **Banana Court Bar**
Einst eines der bekanntesten »watering holes« (Bar) im Südpazifik, jetzt immer noch ein nettes Café in Avarua (Seite 45)

4. **Island Night**
Die authentische Folkloreshow im Rapae Cottage oder im Seabreeze Café auf Aitutaki, immer freitagabends, ist auch für die Einheimischen ein Ereignis (Seite 44)

5. **Aitutaki Lagoon Cruise**
Besser als auf einem der Ausflugsboote kann man die atemberaubend schöne Lagune mit ihren unbewohnten Motus nicht erleben (Seite 41)

6. **Kirchenbesuch**
Sonntags um 10 Uhr füllen sich die Kirchen der Inseln mit Gläubigen im Sonntagsstaat (Seite 41)

tonga aus besuchen. Reisebüros auf Rarotonga bieten günstige Tagesausflüge *(ca. 300 NZ$, preiswerter auf Stand-by-Basis)* inklusive eines Ausflugs in die Lagune an. Sicherer ist es, den Abstecher schon in der Heimat zu buchen.

Wenn Sie an der Tanzveranstaltung *(Island Night)* im *Rapae Cottage Hotel* oder im *Seabreeze Café* am Hafen von Arutanga interessiert sind, achten Sie darauf, in der Nacht von Freitag auf Samstag auf Aitutaki zu sein. Ins Gepäck gehören: Badeanzug, Badeschuhe, Sonnenöl, Moskitoschutz, Handtücher sowie Kopfbedeckung, Sonnenbrille und ein zusätzliches T-Shirt zum Schutz vor der unbarmherzigen Sonne.

RESTAURANT

Ralphies Bar and Grill

Gutes Restaurant gegenüber dem *Rapae Cottage Hotel, Mo–Sa 11.30 bis 14, 18–21 Uhr, Tel. 314 18, Kategorie 3*

EINKAUFEN

Getrocknete Bananen

Am Flughafen von Aitutaki kann man als Proviant oder süßes Souvenir 6–7 getrocknete süße Bananen für *1 NZ$* kaufen.

HOTELS

Aitutaki Lagoon Resort

Geräumige Bungalows auf der kleinen Laguneninsel *Akitua,* die durch eine Brücke mit der Hauptinsel verbunden ist. Einziger Swimmingpool der Insel, Mopedverleih *(ca. 22 NZ$ pro Tag).* Folkloreveranstaltung am Samstag. *Nur ein paar Minuten vom Flughafen, 10–15 Min. Fahrt von Arutanga entfernt. 27 Bungalows, Tel. 312 01, Fax 312 02, Kategorie 1*

Aitutaki Lodges

Zehn Min. Fahrt von Arutanga entfernt an der Ostseite von Aitutaki. Komfortable und saubere Bungalows mit prachtvollem Blick auf die Lagune. Kein Strand, Mopeds werden vermietet. *6 Bungalows, zwischen Vaipai und Tautu, Tel. 313 34, Fax 313 33, Kategorie 2*

Paradise Cove

Die kleinen Bungalows (ohne WC und Ventilator, aber mit Kühlschrank) stehen in einem gepflegten Garten unter Palmen mit herrlichem Ausblick aufs Wasser. Im Haupthaus gibt es weitere fünf Zimmer. Die Anlage ist zentral gelegen zwischen Flughafen und Arutanga. Am Paradise Cove beginnt auch der Fußweg zum *Mount Maungapu,* mit 124 m die höchste Erhebung der Insel. Von dort aus besonders schön ist der Ausblick auf die hellblau schimmernde Lagune. *11 Zi., Arutanga, Tel. 312 18, Kategorie 3*

Rapae Cottage Hotel

Bekannt für seine *Island Night.* Kleiner, hübscher Strand, Bar und Restaurant, zentral gelegen. *12 Zi. (im Bungalow-Stil), Tel. 313 20, Fax 313 21, Kategorie 2*

Tom's Beach Cottage

Dicht an der Lagune neben dem Sportplatz, etwa zehn Gehminuten nördlich von Arutanga gelegen, sehr einfache Zimmer ohne Bad. Für *22 NZ$* wird man für einen Tag auf die kleine (moskitofreie) Laguneninsel *Maina* gebracht, ein wunderbares Revier für Schnorchler und Sonnenanbeter. *8 Zi. (Gemeinschaftsküche), Arutanga, Tel. 310 51, Fax 314 09, Kategorie 3*

SPIEL UND SPORT

Golf

Ein 9-Loch-Golfplatz befindet sich gleich am Flughafen. Das Vereinsleben ist rege, und ein »Gastspiel« ermöglicht freundliche Kontakte zu den Einwohnern von Aitutaki. *Mo–Sa, Green Fee 5 NZ$*

Strände

Man muß schon ein Stück mit dem Boot in die Lagune hineinfahren, um sich den Südseetraum von glasklarem Wasser und makellos weißen Korallensand-Stränden zu erfüllen. Am schönsten sind die Strände von *Maina* und *Tapuaetai (One Foot Island)*, wo auch die eindrucksvollen Werbeaufnahmen der Cook-Inseln entstehen. *Bootstransfer für einen Tag 20 NZ$, ab Tom's Beach Cottage, Arutanga, Tel. 310 51, Fax 314 09*

Tauchen

Das reine Vergnügen bei den angenehmen Wassertemperaturen. Bei Neil Mitchell von *Aitutaki Scuba* zahlt man inkl. Ausrüstung *ca. 65 NZ$* für einen Tauchgang. *Arutanga Tel. 311 03, Fax 313 10*

Das gesellschaftliche Ereignis der Woche: der sonntägliche Kirchgang

AM ABEND

Crusher Bar and Restaurant
Jeden Abend Live-Musik, in der Nähe von Paradise Cove. *Arutanga, Tel. 312 83, Kategorie 3*

Island Night
★ Jeden Freitagabend beginnt um 21 Uhr im *Rapae Cottage* oder im *Seabreeze Café* die *Island Night.* Am Mittwochabend veranstaltet das *Aitutaki Lagoon Resort* ebenfalls eine *Island Night* mit attraktivem Seafood Buffet *(Tel. 312 01).*

RAROTONGA

(**166/C5, 175**) In einer halbstündigen Autofahrt ist die mit 67 qkm größte Insel der Gruppe umrundet. *Ara Tapu* heißt die neue, fast kreisrunde Küstenstraße, an der die meisten Hotels, Restaurants und der Flughafen liegen. Weiter im Innern der »Blumeninsel«, wie Rarotonga wegen der üppigen Vegetation genannt wird, um den 653 m hohen erloschenen Vulkan *Te Manga,* verläuft die von tropischem Grün umwucherte, gut 1000 Jahre alte Straße *Ara Metua,* die noch in Abschnitten befahrbar ist. Früher siedelten sich die Insulaner hier im Innern an, wo sie bei heftigen Zyklonen eher geschützt waren.

Die geschäftige Hauptstadt *Avarua* (**175/E1**) (4500 Ew.) am Fuß des Maungatea wurde in den neunziger Jahren kräftig aufpoliert – mit vierspuriger Avenue und Hafenpromenade. Außerhalb der Stadt liegen, eingebettet in gepflegte Gärten, adrette kleine Wohnhäuser, deren Bewohner ihre Vorfahren oft in direkter Nachbarschaft bestattet haben.

BESICHTIGUNGEN

Cultural Village
★ Über drei Stunden, inklusive Lunch aus dem Erdofen *(umukai)* und einer Tanzvorstellung, dauert die Führung durch das Gelände. In acht Hütten werden anschaulich die Tradition des Fischens, der Nutzen der Kokosnuß, die Heilerfolge pflanzlicher Medizin, die Kunst des Kochens sowie verschiedene Handarbeiten der Cook-Insulaner vermittelt. *Mo–Fr 10 Uhr, 35 NZ$ (inkl. Lunch und Transfer zum Hotel) Arorangi, Ara Metua Rd., Tel. 213 14, Fax 209 60*

Friedhof
Gegenüber der großen weißen *Cook Islands Christian Church,* die Mitte des 19. Jhs. erbaut wurde, befindet sich das Grab des ersten Premierministers der Cook-Inseln, Sir Albert Henry, der von 1965 bis 1978 amtierte. Die Grabbüste ist geschmückt mit einer Krone und Ketten aus Muscheln sowie seiner Lesebrille, die ab und an leider geklaut wird. *Avarua, Takamoa Rd.*

Marae Arai-Te-Tonga
Steinerne Reste des wichtigsten Tempels auf der Insel. Gilt heute noch als heilig (bitte nicht betreten). Mitten im üppigen Grün des Inselinnern an der alten *Ara Metua Rd.* gelegen. *Nördlich von Matavera*

Piri Porutu
★ Der »master of disaster«, so der Spitzname des ehemaligen Boxers, inszeniert seine lehrreichen Schauspiele rund um die Kokosnuß jeweils am Morgen und am späteren Nachmittag auf ver-

schiedenen Hotelgeländen. Das Muskelpaket von der Insel Atiu zeigt, wie die Ahnen Feuer machten, erläutert die vielseitige Verwendbarkeit der Kokosnuß und klettert, immerhin Anfang 60, einen 30 m hohen Kokosnußbaum in beachtlichen 20 Sekun-

Niemand zeigt die Kokospalme, den Lebensbaum der Südsee, lebendiger als Piri Porutu

den hinauf. Wer Zeit hat, kann sonntags von 11 bis 17 Uhr die Show an *Piri's Place,* seinem Haus an der Südküste, besuchen. *So 11 bis 17 Uhr, 15 NZ$,* mit Lunch aus dem Erdofen, *Vaima, Tel. 203 09*

Sonnenuntergang an den Black Rocks

Die Basaltklippen vulkanischen Ursprungs ragen am Strand unmittelbar neben der Inselhauptstraße und nahe dem Flughafen aus dem Wasser. In der Mythologie verlassen hier die Seelen der Maori Rarotonga, um in ihre Urheimat Hawaiki zu ziehen.

TOUREN

Ara Metua

Nur noch 20 km sind von der Ur-Inselstraße übrig, die durch Plantagen des Landesinneren führt. Am Ende der *Takamoa Rd.* erreicht man einen Abschnitt der *Ara Metua* und kann ihr über die sogenannte »Back Road« von *Avarua* entlang des Flughafens bis zum Golfplatz folgen.

Circle Island Tour

Stuart Henry, Enkel des verstorbenen ersten Premierministers der Inseln Albert Henry, ist einer der Führer rund um Rarotonga. *26 NZ$, Arorangi, Mo–Fr 9.30 Uhr Abfahrt, Dauer: ca. 4 Std., Tel. 253 20.*

Ca. 3–4 Std. dauert auch die deutschsprachige *Insel-Tour von Ingrid Caffery,* die schon seit fast 30 Jahren auf der Insel lebt. Ingrid vermietet auch fünf saubere Bungalows mit Küche (5 Gehminuten bis Avarua, *Atupa Orchid Units, Kategorie 3*), *Tel. 285 43.*

MUSEEN

Kleines Museum zur Geschichte der Cook-Inseln – davor steht ein großer gußeiserner Bottich, in dem früher das Fleisch von Walen gekocht wurde. *Avarua, Takamoa Rd., Mo–Fr 12–16.30 Uhr, Di abend 19–20.30 Uhr, Sa 9–11 Uhr.* Das Nationalmuseum *Runanga Pakau* befindet sich in der *Victoria St.*

RESTAURANTS

Banana Court Bar

★ 1905 wurde das gelb-rote Haus am Kreisverkehr von Avarua als Sanatorium gebaut, dann war es eines der bekanntesten

Geschäftszentrum von Avarua, Hauptstadt der Cook-Inseln auf Rarotonga

»watering holes« des Südpazifiks, vorerst fristet es sein Dasein als Eiscafé weiter. Tip: Bestellen Sie ein *Cooks Lager*, das in der Nähe gebraut wird. *Mo–Sa 9–19 Uhr, Avarua, Tel. 200 43*

Flame Tree

Das originellste Restaurant (Ausstattung, Speisekarte) der Insel. Reservieren! *Mo–Sa 18.30–24 Uhr, Ngatangiia, Tel. 251 23, Kategorie 2*

Portofino

Gemütliches Restaurant mit guter Pasta und Pizza nahe der Beachcomber Gallery in Avarua. *Mo–Sa ab 18.30 Uhr, Tel. 264 80, Kategorie 2*

Sails

Wunderbare Aussicht auf den *Muri Beach* und die Lagune. *Tgl. ab 10 Uhr, Ngatangiia, Tel. 273 49, Kategorie 2*

Trader Jacks

Das beste Sashimi (roher Thunfisch) im Ort und ein beliebter Treff der *locals* vor allem in der Mittagszeit. Kneipe und Restaurant wurden im Stil eines alten Lagerhauses errichtet. Lassen Sie sich von Jack das Fotoalbum mit den Aufnahmen der Insel nach einem Zyklon zeigen. *Tgl. 9 bis 24 Uhr, Avarua Harbour, Tel. 264 64, Fax 274 64, Kategorie 2*

Vaima

Ausgezeichnete Austern und internationale Küche. *Vaimaanga (zwischen dem Rarotongan Hotel und der Palm Grove Lodge), Mo–Sa 18–23 Uhr, Tel. 261 23, Kategorie 2*

EINKAUFEN

Kunsthandwerk

In einem 1840 errichteten Gebäude, einst die Sonntagsschule

der Insel, verkauft das *Beachcomber* am Kreisverkehr von Avarua geflochtene Pandanus-Hüte, Fächer und weiteres Kunsthandwerk von den Cook-Inseln. Beliebt sind kleine Holzstatuen des Gottes *Tangaroa,* des Gottes der Fruchtbarkeit mit überdimensionalem Geschlechtsorgan, der auch auf der Ein-Dollar-Münze der Inseln zu sehen ist. Gute Schnitzarbeiten (Trommeln!) fertigt *Mike Tavioni, Avarua, Back Rd.,* der auch auf dem Kunsthandwerker-Markt an der *Main Wharf* ausstellt.

Parfüm

Exotische Parfüms und ein interessanter Kaffeelikör sind das Aushängeschild von *Perfumes of Rarotonga.* Avarua, neben dem Banana Court, *Mo–Fr 9–16 Uhr, Sa 9 bis 12 Uhr, Tel. 262 38, Fax 212 38*

In der *Ariki-Parfümfabrik* in *Avarua* bekommt man vor allem Kosmetika und Pflegestoffe auf der Basis von Kokosnußmilch und kann gleichzeitig ein bißchen in der Fabrik herumschnuppern. *Ariki Perfume Factory, Back Road zwischen Avarua und Avatiu, Mo–Sa 8–16.30 Uhr, Tel. 226 90, Fax 209 64*

Schwarze Perlen

Von der nördlichen Cook-Insel Manihiki kommen die schwarzen Perlen, die man in guter Qualität kaufen kann bei *Beachcomber, Avarua, Tel. 219 39,* oder im *Pearl Shop, Cook's Corner, Avarua, Tel. 219 02.*

T-Shirts

Avarua ist die T-Shirt-Hauptstadt der Südsee. In vielen Boutiquen in *Avarua,* aber besonders gut auf dem Markt in der Nähe des kleinen Hafens (Main Wharf) am Ortsausgang in *Avatiu,* kann man tagsüber preiswert Pareus *(12–25 NZ$)* und T-Shirts in wirklich großer Auswahl kaufen.

HOTELS

Aroko Bungalows

Zweckmäßige, saubere Unterkunft in großzügigen Bungalows mit Küche, kein eigener Strand, aber nur drei Gehminuten bis Muri Beach. *8 Bungalows, Ngatangiia Village, Tel 216 25, Fax 246 25, Kategorie 2–3*

Little Polynesian

Idyllisch unter Kokosnußpalmen direkt am Stand gelegen. *10 Bungalows, Titikaveka, Tel. 242 80, Fax 125 85, Kategorie 2*

Muri Beachcomber

Sehr gutes Preis-Leistungs-Verhältnis am feinsten Strand Rarotongas neben dem Sailing Club. *18 Zi. (mit Küche), Muri Beach, Tel. 210 22, Fax 213 23, Kategorie 2*

Palm Grove Lodge

Bungalows mit Küche, teilweise direkt am sehr schönen Strand gelegen. *20 Zi., Vaima, Tel. 200 02, Fax 219 98, Kategorie 2*

The Pacific Resort and Villas

Anlage in tropischem Garten mit sehr guten Sportmöglichkeiten. *51 Zi. (ohne Küche), Muri Beach, Tel. 204 27, Fax 214 27, Kategorie 1*

The Rarotongan Beach Resort

Symphatische Hotelanlage an einem hübschen Strandabschnitt; Pool, Sportangebote, je nach Jahreszeit romantische Sonnenuntergänge, kleine Zimmer. *151 Zi., Tel. 258 00, Fax 257 99, Kategorie 1*

Sokala Villa

Originell eingerichtete Bungalows, einige mit eigenem Pool. Südsee-Feeling ist garantiert. *8 Villen, Muri Beach, Tel. 292 00, Fax 212 22, Kategorie 1*

SPIEL UND SPORT

Wandern

Der ca. sieben km lange, teilweise steile und anstrengende *Cross Island Walk* führt von einer Seite der Insel auf die andere und dauert ca. vier bis fünf Stunden. Verlaufen kann man sich eigentlich nicht, aber der Maori *Pa* ist ein guter Führer. Orientierungspunkt ist stets der *Mount Ta Rua Manga (The Needle).* Nehmen Sie ein Mückenabwehrmittel mit. *Pa's Mountain Walk, Mo–Sa 9 Uhr, Tel. 210 79*

Wassersport

Die besten Reviere für Schnorchler befinden sich am *Muri Beach. Aquasports* verleiht Surfbretter *(50 NZ$/Tag),* Kanus *(55 NZ$/Tag)* und kleine Segelboote. Für *ca. 5 NZ$* wird man auf eine der vorgelagerten Inseln gebracht. *Aquasports (neben dem Sailing Club), Ngatangiia, Muri Beach, tgl. 9 bis 17.30 Uhr, Tel. 273 50, Fax 209 32*

Strände

Die schönsten Strände befinden sich an der Ostseite von *Rarotonga,* am *Ngatangiia-Beach* (einer Legende nach Ausgangspunkt für sieben Kanus, die im 14. Jh. aufbrachen, um Neuseeland zu besiedeln) und am *Muri Beach.* Beiden Ständen vorgelagert sind feinsandige *Motus* (Inseln). Im Norden (bei *Avarua*) sind die Strände steinig, in *Arorangi* (Westen) zwar sandig, aber bei Ebbe ist die Lagune oft zu flach zum Baden. Dafür sind die Sonnenuntergänge traumhaft.

AM ABEND

Island Night

Fast jeden Abend gibt es irgendwo auf der Insel eine *Island*

Muri Beach, der schönste Strandabschnitt auf Rarotonga

Night. Beliebt ist die Show freitagabends im *Club Raro, zwei km von Avarua* entfernt. Besonders authentisch sind die *Tumutevaravaro Dance Troupe (Sa im Rarotongan Beach Resort)* und die *Orama Performing Arts Troupe (Mi im Rarotongan Beach, Sa im Edgewater Resort). Show ca. fünf NZ$, Dinner ca. 30 NZ$ (keine Teilnahmepflicht). Club Raro Resort Hotel, Tel. 224 15, Fax 244 15*

PJ's
Beliebtes Café nebst einer Pianobar mit kleinen Snacks und 101 Cocktails, Live-Musik. *Tgl. 7 bis 1 Uhr, Arorangi, Tel. 203 67*

AUSKUNFT

Cook Island Tourism
Mo–Fr 8–16, Sa 9–12 Uhr, Avarua, neben dem Banana Court, Tel. 294 35, Fax 214 35, www.cook-islands.com

INSELN IN DER UMGEBUNG

Atiu **(174/C 5)**
Die drittgrößte Cook-Insel liegt knapp 200 km nordöstlich von Rarotonga und ist ein bis zu 70 m aufragendes Atoll, umgeben von einem zerklüfteten Korallenriff *(Makatea)* mit unzähligen Höhlen. Eine 23 km lange Straße führt um die Insel herum. Für Naturfreunde und Vogelkundler ist die Insel reizvoller als für Wassersportfans. Von besonderem Interesse ist der *Kopeka,* ein Vogel, der tagsüber ohne eine Unterbrechung fliegt, um dann am Abend in seine Höhle zurückzukehren. Der *Taungaroro Beach* liegt im Westen und ist einige Kilometer vom *Atiu Motel* im Inselinnern entfernt. Beim *Tumunu,* wenn nach altem Brauch Bier aus Früchten gebraut wird, sind meist nur Männer zugelassen. Gut schmeckt der auf Atiu angebaute Kaffee. *Aitu Motel, 5 Bungalows, Tel. 228 88, Fax 209 79 (Air Rarotonga), Kategorie 2*

Mangaia **(174/C 5)**
Die südlichste der Cook-Inseln mit ca. 1500 Einwohnern und drei Gästehäusern, eines davon gehört einem Deutschen: *Ara Moana Bungalows,* die sich oberhalb eines Strandes auf der östlichen Seite in der Nähe interessanter Höhlen befinden. *4 Bungalows (Dusche/WC in separatem Gebäude), Tel. 342 78, Fax 342 79, Kategorie 2–3. Von Rarotonga mit Air Raro (dreimal wöchentlich, ca. 450 NZ$ inkl. Flug/Unterkunft).*

Mauke **(174/C 5)**
Den knapp 700 Einwohnern bleibt nur die Viehzucht, nachdem der Kopra-Export heutzutage keinen Gewinn mehr abwirft. Die Insel ist, genau wie Atiu, vulkanischen Ursprungs. In zwei Gästehäusern stehen insgesamt sieben Räume zur Verfügung. Heißes Wasser gibt es gar nicht, Strom nur ab und zu. *Air Rarotonga fliegt Mauke dreimal die Woche von Rarotonga aus an.*

Mitiaro **(174/C 5)**
Die Insel besitzt kaum Strände, aber die Höhlen garantieren ein erfrischendes Bad. Eine Delikatesse sind die kleinen Aale *(Etiki).* Es gibt nur zwei winzige Gästehäuser, und die haben kein heißes Wasser, die Versorgung mit Strom ist auf einige Stunden pro Tag begrenzt. *Air Rarotonga fliegt dreimal in der Woche von Rarotonga aus nach Mitiaro.*

Wer Sulu oder Sari trägt

In Fidschi prallen zwei Kulturen aufeinander

Fast alle der rund 320 Inseln sind vulkanischen Ursprungs, nur etwa 100 sind bewohnt. Die Landfläche beträgt insgesamt 18 300 qkm. 87 Prozent davon nehmen allein die beiden Inseln Viti Levu und Vanua Levu ein. Ihr gebirgiges Inneres mit Höhen bis zu 1324 m und die regenreichen südöstlichen Seiten bedeckt dichter tropischer Regenwald, die Westregionen sind trockener und für den Anbau von Zuckerrohr geeignet, heute noch der Devisenbringer Nummer eins.

Als die Südsee von den Europäern erforscht wurde, machte sich rasch die Kunde breit von den kriegerischen, menschenfressenden Fidschianern. Tatsächlich war Kannibalismus als eine Art Kult-Handlung verbreitet, bei der sich der Krieger die Kraft des Gegners einverleibte. Derlei Vergangenheit mag man nicht glauben angesichts der freundlichen, aufgeschlossenen Fidschianer, die mit einem herzlichen »Bula« jeden Fremden grüßen.

Bukuya ist eines der einfachen, noch ursprünglichen Dörfer im abgeschiedenen Hochland der größten Fidschi-Insel Viti Levu

Von den rund 780 000 Einwohnern sind fast die Hälfte Fidschianer, etwas weniger, 46 Prozent, sind Inder. Beide Völker leben, oft nach Dörfern getrennt, weniger miteinander als nebeneinander. Die englischen Kolonialherren holten sich bereits im 19. Jh. indische Männer ins Land, nachdem die Fidschianer nicht für die schwere Arbeit auf den neu angelegten Zuckerrohrfeldern zu begeistern waren.

Die meisten der fleißigen und geschäftstüchtigen Asiaten, die ihre kulturellen und religiösen Eigenheiten streng beibehielten, blieben im Land und wurden zum Ärger der Fidschianer nicht nur wohlhabend, sondern auch politisch immer einflußreicher. Das führte 1987 gleich zu zwei (unblutigen) Militärputschen, bei denen Oberst Sitiveni Rabuka, heute Regierungschef der zwischen Demokratie und Diktatur schwankenden Republik, den Fidschianern die politische Vorherrschaft sicherte. Die anschließende Abwanderung Tausender indischer Fachkräfte hatte katastrophale Folgen für die Wirtschaft Fidschis. Bei der ersten freien Wahl im Jahre 1992 ging Rabuka dennoch als Sieger und Premierminister

MARCO POLO TIPS FÜR FIDSCHI

1 Sugar Train Trip
Romantischer Badeausflug im Zuckerrohrbähnchen an der Coral Coast von Viti Levu (Seite 57)

2 Blue Lagoon Cruise
Kreuzfahrt zu den Yasawa-Inseln (Seite 58)

3 Cultural Centre and Marketplace
Auf einem Floß treiben Besucher durch das lebendige Freilichtmuseum bei Pacific Harbour auf Viti Levu vorbei an alter fidschianischer Kultur (Seite 61)

4 Insel-Resorts auf der Mamanuca-I-Ra-Gruppe
Ausspannen am weißen Strand unter Palmen in einem der zahlreichen Resorts dieser wunderschönen Inselgruppe (Seite 60)

hervor. Ende der neunziger Jahre konnte, auch durch diplomatischen Druck anderer Commonwealth-Staaten, erneut ein weitgehend die Bevölkerungsstruktur widerspiegelndes Parlament präsentiert werden.

Mit etwa 11 000 qkm ist Viti Levu nicht nur die größte, sondern auch die bevölkerungsreichste und bedeutendste Insel Fidschis. Auf ihr befinden sich im Südosten die Hauptstadt *Suva,* im Süden der wunderschöne Küstenstreifen *Coral Coast* und der Ferienort *Pacific Harbour* sowie im Südwesten der Flughafen von *Nadi* (gesprochen Nandi), auf dem die meisten der jährlich rund 300 000 Touristen landen.

Der Flughafen liegt rund vier Fahrstunden von der Hauptstadt *Suva* entfernt. *Air Fiji (Tel. 72 25 21),* Fidschis regionale Airline, bietet einen *Flug-Paß für 449F$ (vier Sektoren)* an, der Flüge von *Nadi* aus nach *Kadavu, Levuka, Taveuni* und *Savusavu* auf der zweitgrößten Insel der Gruppe, *Vanua Levu,* ermöglicht.

Der *Nausori Airport,* etwa 20 km von Suva entfernt, ist hauptsächlich für den Inlandsflugverkehr von Bedeutung und wird auch von *Nadi* aus angeflogen. Fragen Sie, wieviel Kilogramm Gepäck auf den Flügen erlaubt sind und verweisen Sie auf Ihr internationales Ticket. Fidschis internationale Fluggesellschaft ist *Air Pacific, Nadi Airport, Tel. 79 07 77, Fax 79 06 86. Nationale Airlines: Sunflower Airlines, Nadi Airport, Tel. 72 30 16, Fax 79 00 85; Turtle Island Airways, Nadi Airport, Tel. 72 23 89, nur Charterflüge zu den Resorts.*

KADAVU-INSELN

(169/D3) Der Archipel, ca. 90 km südlich von Suva gelegen, wurde erstmals 1792 vom Bounty-Captain Bligh gesichtet. Neben der über 400 qkm großen Hauptinsel *Kadavu* sind noch *Ono* und das Eiland *Galoa* von Bedeutung. Im Innern erstrecken sich bis über 800 m hohe Bergketten, an den Küsten schneiden Buchten tief ins Land ein.

Die annähernd 9000 Bewohner führen noch ein recht ursprüngliches und abgeschiedenes Leben. In den Dörfern wird sehr auf die traditionellen Sitten und Gebräuche geachtet. Kunsthandwerkliche Produkte wie Tonwaren und Flechtwerk werden an Touristen auf Viti Levu verkauft. Einigen Insulanern wird die Fähigkeit nachgesagt, Schildkröten aus der Tiefe des Ozeans rufen zu können. Die Inseln sind noch relativ unberührt, allerdings ist auch die touristische Infrastruktur noch wenig ausgefeilt, die Verkehrsverbindungen sind mangelhaft, und es gibt keine Bank auf den Inseln. Touristen müssen also ausreichend Bargeld mit sich führen.

Die Küstengewässer bieten ideale Bedingungen für Taucher, Hochseefischer finden im Norden, bis zur Insel *Beqa,* reiche Fanggründe vor. Im gebirgigen Inneren der Insel kann man schöne Wandertouren machen.

HOTELS

Albert's Place

Populäre inseltypische, sehr einfache Unterkunft im Stil der traditionellen *Bures* (Hütten) auf *Kavala Island.* Etwas für Aussteiger auf Zeit. Camping ist möglich. Gut für Taucher und Schnorchler. *11 Zi., Tel. 30 28 96, Kategorie 3*

Dive Kadavu Resort

Eine der komfortableren Anlagen der Inselgruppe, in der Nähe des Flughafens gelegen, mit hübschem Strand und dem vorgelagerten *Namalata Reef. 9 Zi., Vunisea, Tel. 31 17 80, Fax 30 38 60, Kategorie 2*

SPIEL UND SPORT

Tauchen

Das *Great Astrolabe Reef* rund um die Insel Ono gilt als eines der besten Tauchreviere der Welt. Tauchgänge *(75 F$ pro Person und Tag)* bieten meist die Hotels an.

LAU-INSELN

(169/F2) Die zahlreichen Inseln und Atolle liegen weit verstreut über eine Meeresfläche von 114 000 qkm und sind unterteilt in *Northern* und *Southern Lau Group.*

Nur rund 460 qkm sind Land. Die südlichste Insel liegt näher an Tonga als an Fidschi. Entsprechend stark ist der polynesische (nicht melanesische!) Einfuß in Kultur und Sprache der rund 13 000 Bewohner. In dem Dorf *Nasaqalau* auf *Lakeba,* der größten Insel, sollen die Mitglieder einer bestimmten Sippe die Gabe besitzen, Haie mit einem Singsang herbeizulocken. Tatsächlich haben sich auch schon Wissenschaftler mit diesem Phänomen beschäftigt.

Bei den wenigen Besuchern kann von Tourismus noch keine Rede sein. Nur auf einigen Inseln stehen Unterkünfte zur Verfügung, die sind freilich äußerst luxuriös, beispielsweise auf *Lomaloma* (vor *Vanuabalavu).* Besitzer ist der Fidschi-Präsident Ratu Sir Kameses Mara. Auch auf *Kaibu* müssen *pro Paar 1500 Mark* bezahlt werden, um eine Nacht in der Einsamkeit, umgeben von jeglichem Luxus, verbringen zu können. Mit einem über 20 km langen Riff in der Nähe ist Kaibu ideal zum Schnorcheln und Tauchen. *Auskunft erteilt das Fiji Visitors Bureau auf Viti Levu in Suva Mo–Fr*

8–16 Uhr, Ecke Thomson/Scott Sts., Tel. 30 24 33, Fax 30 09 70.

LOMAIVITI-INSELN

(169/E2) *Ovalau, Gau, Nairai, Koro, Makogai, Wakaya* und *Baitiki* heißen die bedeutenderen Inseln des ca. 400 qkm großen Archipels, der sich in der geographischen Mitte des Inselstaates Fidschi befindet.

Levuka auf der Hauptinsel *Ovalau,* heute ein verschlafenes Küstenstädtchen, wurde 1874 (bis 1882) Fidschis erste Hauptstadt und war noch Ende des 19. Jhs. ein wichtiger Hafen im Südpazifik. Ein kurzer Stadtrundgang führt zu Plätzen und Bauten von historischer Bedeutung: beispielsweise der ersten öffentlichen Schule Fidschis, zu verblichenen, hölzernen Fassaden an der Beach Street, zum Methodisten-Friedhof mit den Gräbern der ersten Siedler. Ovalau eignet sich zum Wandern durch das bergige Inselinnere, vorbei an zahlreichen wilden Wasserfällen.

Die wenigen Sandstrände sind für einen reinen Badeurlaub nicht attraktiv. In *Devokula* (20 Fahrminuten von Levuka entfernt) kann man in einem typischen, allerdings nachgebauten fidschianischen Dorf übernachten und traditionelle Folklore beobachten *(ca. 60 F$). Infos und Buchungen über: OT&T, Tel. 44 06 11, Fax 44 04 05. Von Suva aus erreicht man die Insel am besten mit Air Fiji (Tagesausflug ca. 50 Mark).*

HOTELS

Mavida Lodge

Etwa ebenso alt wie das Royal Hotel und von gediegenem kolonialem Charme, bekannt als das »Oldest Colonial Guest House in Fiji«. *13 Zi., Levuka, Tel. 44 00 51, Kategorie 3*

Benimmregeln für Fidschi

Bringen Sie als Besucher immer ein Gastgeschenk mit, am besten Kava-Wurzeln. Will man sich länger in einem Dorf aufhalten, z. B. bei einer Familie übernachten, muß der Häuptling um Erlaubnis gefragt werden.

Betreten Sie ein »Bure« (Hütte) erst, wenn Sie eingeladen sind und die Schuhe abgestreift haben. »Loloma«, was soviel heißt wie Gastfreundschaft, ist den Fidschianern heilig. Umgekehrt erwarten sie, daß sich Fremde an die Sitten und Gebräuche, auch an die Kleiderordnung, halten. Frauen müssen die Knie stets bedeckt haben, am besten mit einem langen Rock oder dem »sulu«, dem traditionellen, um die Hüften gewickelten Baumwolltuch, das auch Männer kleidet. In Shorts sollte kein Tourist ein Dorf betreten.

Auch beim Sitzen auf dem Boden (mit geschlossenen, nach hinten abgewinkelten Beinen) bleiben weibliche Knie bedeckt. Männer nehmen im Schneidersitz Platz. Der Kopf eines anderen, auch der eines Kindes, sollte nicht berührt werden. Bevor Sie jemanden fotografieren, fragen Sie bitte um Erlaubnis.

Naigani Island Resort
Großzügige Bungalows (am besten Nr. 1–4 und Nr. 15) in einer Gartenanlage, ideal für Familien oder Paare, kleiner Pool. Gutes Preis-/Leistungsverhältnis. 90 Min. von Suva entfernt. *17 Bungalows, Tel. 30 09 25, Fax 30 05 39, Kategorie 1*

Royal Hotel
Mitte des 19. Jhs. erbaut, hat das Gasthaus als letztes von über 50 Saloons und Hotels die Boom-Zeit Levukas überlebt. Ein Übernachtungsplatz mit Stil, Historie und einem etwa 100 Jahre alten Billiardtisch. Empfehlenswerte Cottages im Garten sowie *15 Zi., Levuka, Tel. 44 00 24, Fax 44 01 74, Kategorie 3*

Wakaya Club
1917 wurde auf der Insel *Wakaya* Deutschlands »Seeteufel« Graf Luckner gefangengenommen. 1973 kaufte der kanadische Millionär David Gilmour die Insel und verwirklichte seinen Südseetraum: Urlaub in der Abgeschiedenheit in etwa 450 qm großen Bungalows der Super-Luxusklasse. In dem ebenso exklusiven Preis von *900 US$ pro Paar* ist alles enthalten, vom Tennisplatz bis zum Cocktail. *8 Zi., Wakaya Island (über Suva), Tel. 30 26 30, Fax 30 27 14, Kategorie 1*

ROTUMA

(165/F 5) Im melanesischen Fidschi ist die Insel, ca. 390 km nördlich von Viti Levu gelegen, eine Ausnahme: Ihre Bevölkerung ist fast reinrassig polynesisch. Rund 30 000 Menschen leben heute auf der etwa 54 qkm großen Insel. Der überwiegende Teil ist inzwischen abgewandert. Rotuma bietet herrliche Strände und farbenprächtige Riffe. Allerdings sind nur geladene Besucher auf der Insel willkommen (Information im *Visitor Bureau* in *Suva*); es gibt keinerlei Beherbergungsbetriebe. *Sunflower Airlines fliegt zweimal wöchentlich, Tagesausflüge sind deshalb nicht möglich.*

VANUA LEVU

(169/E 1) Die zweitgrößte Insel Fidschis ist touristisch wenig erschlossen. Die Hauptorte sind *Labasa,* mit seinen großen Zukkerrohrfeldern an der Nordküste gelegen, und das von Kokosplantagen umgebene *Savusavu* an der Südküste. Hier befindet sich ein halbes Dutzend Hotels und der Flughafen, der von Viti Levu aus angeflogen wird.

HOTELS

Cousteau Fiji Islands Resort
Außergewöhnlich geschmackvoll ausgestattete *Bures,* gepflegte Grünanlage, schmaler Strand, einfacher Pool, sehr gute Küche. Eine Anlage für betuchte Taucher. *40 Bungalows, Savusavu, Tel. 85 01 88, Fax 85 03 40, Kategorie 1*

Hot Springs Hotel
Zentral und mit Blick auf die Hafenbucht von Savusavu gelegen. *45 Zi., Tel. 85 01 95, Fax 85 04 30, Kategorie 1–2*

Namale
Eines der schönsten Island-Resorts, ca. 6 km vom Airport Savusavu entfernt *(ca. 1200 Mark für zwei Personen/Vollpension). 8 Bungalows, Tel. 85 04 35, Fax 85 04 00, Kategorie 1*

SPORT UND SPIEL

Die beste Anlaufadresse in Savusavu für Taucher und Wanderer ist *Eco Divers* an der Marina. Curly und Liz Carswell organisieren dem Geldbeutel entsprechende Unterkünfte und anspruchsvolle Tauchtrips. *Tel. 85 01 22, Fax 85 03 44*

INSELN IN DER UMGEBUNG

Namenalala **(169/E 1)**
Eine Traum-Insel für Aussteiger auf Zeit, nur 2 Stunden mit dem Boot von Savusavu entfernt: lange, weiße Sandstrände, ein Vogelparadies und 6 sehr geräumige, originelle Bungalows. *Moody's Namenalala, Tel. 81 37 64, Fax 81 23 66, Kategorie 1*

Taveuni **(169/E 1)**
»Garteninsel« wird Fidschis drittgrößtes Eiland, 7 km von Vanua Levu entfernt, auch genannt. Zwei Drittel der hier lebenden 9000 Menschen sind fidschianischer Abstammung. Einer geographischen Besonderheit verdankt die Insel die Aufmerksamkeit der Weltöffentlichkeit zur Jahrtausendwende: Mitten durch Taveuni verläuft nämlich der 180. Längengrad, die Datumsgrenze. Software-Tycoon Bill Gates hat sich deshalb für seine Silvesterparty 1999/2000 ein komplettes Hotel auf Taveuni gemietet.

Üppige Vegetation und Wasserfälle bestimmen das Bild dieser friedvollen Insel. Zum Baden und Schnorcheln fährt man auf die nahe *Qamea*-Insel, mit einem sehenswerten, von Mangroven umstandenen Dorf. Wohnen kann man im *Qamea Beach Club (11 Bungalows, Tel. 88 02 20, Fax 88 00 92, Kategorie 1)*. In Taveuni wohnt und ißt man gut im *Maravu Plantation Resort, Tel. 88 05 55, Fax 88 06 00, 10 Bungalows, Kategorie 1,* und im *Garden Island Resort* mit einer guten Tauchbasis, *Waiyevo, Tel. 88 02 86, Fax 88 02 88, Kategorie 2.*

Dive Taveuni (8 Bungalows, Tel. 88 04 41, Fax 88 04 68, Kategorie 1) ist ein ideales Tauchresort und der beste Tip für Tauchexkursionen zum Great White Wall und zum Rainbow Reef. Außerdem sind die Sonnenuntergänge über der Somosomo Strait wirklich überwältigend.

VITI LEVU: CORAL COAST

(168/B–C 6) Die »Korallenküste« im Süden von Viti Levu ist ein ausgeprochen reizvoller Landstrich zwischen *Sigatoka* und *Pacific Harbour.* Hier stehen große Hotelanlagen, und wohlhabende Fidschianer besuchen am Wochenende ihre hübschen Ferienhäuser. Dabei läßt in vielen Abschnitten der mit scharfkantigen Korallenriffen durchsetzte Strand zu wünschen übrig. Bei Ebbe bleibt vielen Hotelgästen nur das Bad im Swimmingpool. Mehrmals täglich verkehren klimatisierte Busse entlang der Coral Coast zwischen Nadi und Suva.

TOUREN

Fidschi's Highland
Ob per pedes oder per Bus bzw. Geländewagen – im gebirgigen Hinterland der Coral Coast erlebt man eine ganz andere Südsee-Welt. Tagestouren am besten mit *Adventure Fiji (Rosie's), Tel. 72 27 55, Fax 72 26 07.*

Sugar Train Trip

★ Am *Fijian Hotel* in *Cuvu* startet das Zuckerrohrbähnchen um 10 Uhr zur Tagesfahrt durch Plantagen und romantische Dörfer zum sichelförmigen *Natadola Beach. Tgl. 10 Uhr, Coral Coast Railway, Sigatoka, Tel. 50 09 88, Fax 50 02 00*

HOTELS

The Beachhouse

Besonders geeignet für Backpacker, saubere Zwei- und Mehrbettzimmer sowie Campingplatz am Wasser. *Tel 53 05 00, Fax 53 04 00, Kategorie 3*

Crusoe's

Ruhig, romantisch und sehr abgeschieden auf einem parkähnlichen Gelände an einem kleinen Sandstrand. *29 Bungalows, Korolevu, Tel. 50 01 85, Fax 52 06 66, Kategorie 2*

Fijian Resort

Hunderte von Palmen umgeben das Resort – und sind zugleich das größte Hindernis auf dem 1839 m langen 9-Loch-Golf-Kurs (par 31). Sehr schöner Strand und ziemlich belebt. *364 Zi., Cuvu, Tel. 52 01 55, Fax 50 04 02, Kategorie 1*

Hideaway Resort

Sehr gutes Preis-Leistungs-Verhältnis, schöner Strand und jugendliche Atmosphäre, *75 km von Nadi, 21 km von Sigatoka* entfernt. *45 Bungalows, Sigatoka, Tel. 50 01 77, Fax 52 00 25, Kategorie 1–2*

Outrigger Reef

Die modernste Ferienanlage an der Coral Coast, am Kula Eco-Park, einem kleinen Tierpark, 5 km von Sigatoka entfernt gelegen. *240 Zi., Tel. 50 00 44, Fax 52 00 74, Kategorie 1*

Waidroka Bay Resort

Sehr ruhig und abseits der Hauptstraße gelegen, gut zum Schnorcheln und Tauchen. *Tel. 94 49 44, Fax 00679/30 31 60, Kategorie 2–3*

ZIELE IN DER UMGEBUNG

Sigatoka **(168/B 6)**

Als Tor zur Coral Coast kann man das 2000 Einwohner zählende Städtchen bezeichnen. Der *Sigatoka River* ist Fidschis längster Fluß. Am *River Jetty* (an der Hauptstraße vor der Flußbrücke) starten Boote, um Sie zu einsamen fidschianischen Dörfern flußaufwärts zu bringen. Tip: Unternehmen Sie bei Sigatoka eine kurze Wanderung zu den großen Sanddünen *(Info-Centre an der Queens Road, tgl. 8–17 Uhr).*

Die *Sigatoka Valley Road* verbindet die Südküste mit der Nordküste *(Ba)* und führt durch den urwüchsigsten Teil Viti Levus, vorbei an vielen Gemüse-Plantagen und stilvollen Dörfern in dem fruchtbaren Tal. Für die Strecke benötigt man ca. 5 Stunden mit dem PKW und bei trockenem Wetter.

INSELN IN DER UMGEBUNG

Vatulele **(169/D 2)**

Traumhaftes, kleines Insel-Resort ohne große Aktivitätenliste, das einem australischen Filmproduzenten gehört. Anreise über Nadi. *Ca. 1500 Mark pro Paar/Nacht und Mahlzeiten (auch Alkohol). Minimum-Aufenthalt vier Nächte. Reservierung über Sydney, Tel. 0061/29 32 61 055, Fax 0061/239 272764, Kategorie 1*

VITI LEVU: NADI

(168/B5) »Hub of South Pacific Islands« (Drehscheibe der Südpazifischen Inseln) nennt sich Fidschi stolz. Verkehrstechnisch trifft das sogar zu. Der internationale Flughafen von Nadi fungiert neben jenem von Tahiti als wichtigster Luftfahrt-Knotenpunkt in der Südsee. Hektische Betriebsamkeit herrscht meist nachts und frühmorgens, wenn die Maschinen der internationalen Linien zwischenlanden. Nicht nur deswegen ist Nadi touristisch die erste Adresse: Hier im Westen herrscht meist das sonnigere, trockenere Wetter.

Die recht langweilige Stadt ist mit rund 7700 Einwohnern die drittgrößte Fidschis und liegt eingebettet in ausgedehnte Zuckerrohr- und Gemüseplantagen. Durch das Zentrum mit bunt gemischten Geschäften, vorwiegend indisch, wie die Mehrheit der Bevölkerung, verläuft die *Queens Road,* die in ihrer ganzen Länge von 221 km an der Südküste entlangführt und *Lautoka* und *Suva* verbindet. Auf der Nordseite führt sie als *Kings Road* an der Küste entlang und ist nicht durchgängig asphaltiert (siehe Routen, S. 129).

BESICHTIGUNG

Garden of the Sleeping Giant

Die Orchideenplantage (die meisten Pflanzen sind importiert) wurde gegründet von dem 1993 verstorbenen amerikanischen Schauspieler Raymond Burr (»Perry Mason«). Die verschwenderische Blütenpracht wird ergänzt durch eine Ausstellung fidschianischer Farne. *Tgl. 9–17 Uhr, Wailoko Rd. (zwischen Nadi Airport und Lautoka)*

TOUREN

Blue Lagoon Cruise

★ Auf einem kleinen weißen Kreuzfahrtschiff durch die verschwiegenen Wasser und Buchten der *Yasawa-Inseln:* Der Traum vieler Touristen beginnt im Hafen von *Lautoka* (siehe S. 59). Je nach Dauer der Kreuzfahrt (zwischen vier und sieben Tagen) ankert das Schiff unterschiedlich oft und lange in türkisfarbenen Buchten und vor sichelförmigen, feinen, weißen Stränden. Ausflüge in die Dörfer der Insel und in Höhlen. Empfehlenswert ist die viertägige (drei Nächte) *Yasawa Islands Club Cruise. Abfahrten Mo und Do, ca. 1200 Mark pro Person (einschl. Mahlzeiten), Blue Lagoon Cruises, Lautoka, Tel. 66 16 22, Fax 66 40 98*

RESTAURANTS

Chef's-Je

Internationaler Standard. *Mo–Sa 9–22 Uhr, Sagayam Rd., Tel. 70 31 31, Kategorie 2–3*

Maharaj Restaurant

Empfehlenswert sind die indischen Speisen. *Mo–Sa 9–22 Uhr, So 7–22 Uhr, Nataly's Arcade, Namaka, 3 km außerhalb von Nadi Richtung Airport, Tel. 72 29 62, Kategorie 3*

HOTELS

Club Fiji Beach Resort

Das Resort liegt direkt am Strand. Luftige Bungalows, wenig Schatten, die nächste Siedlung ist weit entfernt. *21 Bungalows, Mehrbettzimmer, Wailoaloa-Beach, zwischen Airport und Nadi, Tel. 78 01 89, Fax 78 03 24, Kategorie 3*

First Landing/Vudu Point
Hübsche *Bures* neben einem Yachthafen und am schmalen Strand. Romantisches Freiluft-Restaurant, beliebt auch bei Reisegruppen. *15 Bures, Tel. 66 61 71, Fax 66 88 82, 15 Min. vom Flughafen Richtung Lautoka, Kategorie 2*

Tokatoka Resort Hotel
400 m vom Abflug-Terminal des Flughafens entfernt, trotzdem ruhig. Ein gutes Stop-Over-Hotel mit toller Pool-Landschaft. *110 Zi., Nadi Airport, Tel. 72 02 22, Fax 72 04 00, Kategorie 2 und 3*

SPIEL UND SPORT

Tauchen
Beste Anlaufadresse für Taucher: *The Dive Shop, Westpoint Arcade (gegenüber dem Postamt), Nadi, Tel. 78 06 26,* oder *Aqua-Trek, Tel. 70 24 13, Fax 70 24 12.*

AUSKUNFT

Das *Fiji Visitors Bureau* am Flughafen von Nadi *(Tel. 72 24 33, Fax 72 01 41)* ist geöffnet, wenn internationale Flüge eintreffen Fragen Sie nach den Broschüren *Fiji Magic, Fiji Calling* und *Fiji Travel Guide.*

ZIEL IN DER UMGEBUNG

Lautoka **(163/B 4)**
Die zweitgrößte Stadt Fidschis liegt *etwa 30 km nördlich von Nadi* und ist die größte Zuckermetropole der südlichen Erdhalbkugel. 22 000 Menschen auf Viti Levu leben vom Zucker. In die Rohrzuckerfabrik von Lautoka münden alle Gleise, auf denen die schmalen beladenen Zuckerrohrbahnen von den Plantagen anrollen. Besichtigungen der Fabrik sind nur möglich, wenn man sich

Zuckerrohrernte auf der Insel Viti Levu

in einer Absprache mit dem Geschäftsführer einer Schulklasse anschließt *(Tel. 66 08 00).* Ein paar Souvenirs und Nahrungsmittel kann man in der großen Markthalle am Busbahnhof kaufen.

INSELN DER UMGEBUNG

Denarau **(168/B 5)**
Die Insel mit drei Luxushotels liegt ca. 20 Min. Autofahrt vom Flughafen Nadi und sieben Min. zum Zentrum von Nadi entfernt und ist ideal als Ausgangspunkt für Ausflüge in und um Viti Levu. Eine kleine Brücke verbindet Denarau mit der Hauptinsel. Ein japanischer Investor steckt in das von Mangroven-Wäldern umgebene Eiland fast 500 Millionen Mark für den Bau einer riesigen Golfanlage und eines Yachthafens. Hier starten der rasante »Shotover Jet«, Katamarane zu den Mamanucas, Tagesausflüge mit Segelschiffen sowie Kreuzfahrten zu den Yasawa-Inseln *(Captain Cook Cruises, Tel. in Australien 0061/2/92 06 66 66, Fax 99 29 87 86).*

Auf Denarau befindet sich Fidschis stilvollstes Hotel, das *Sheraton Royal Denarau Resort,* mitten in einer prachtvollen Parklandschaft und mit Blick auf ein vorgelagertes *Motu* (Insel). Mindestens einmal pro Woche finden das »Vila-Vila-Irevi« *(Firewalking)* sowie ein »Meke« (Folklore und Buffet) statt. *290 Zi., Tel. 75 00 00, Fax 75 02 59, Kategorie 1*

Nur fünf Min. Fußmarsch entfernt, entlang des dunklen, feinsandigen Strandes, erreicht man das luxuriöse *Sheraton Fiji Resort.* Die Atmosphäre ist modern-amerikanisch, die Sonnenuntergänge schöner, das täglich wechselnde Buffet am Abend auf jeden Fall einen Besuch wert. Auch Gäste des Royal können davon profitieren, ebenso wie von der sehr guten und großzügigen Tennisanlage. *Sheraton Fiji Resort, 300 Zi., Tel./Fax s. Sheraton Royal (in Deutschland: 0130/85 35 35), Kategorie 1*

Mamanuca-Inseln **(168/A 4–5)**
★ An der Westküste Viti Levus liegen knapp ein Dutzend traumhafter Urlaubsinseln der *Mamanuca-Gruppe,* ideal für Wassersportler und Sonnenanbeter. Die kleinen Inseln sind alle vulkanischen Ursprungs. Mehrmals täglich verkehren Katamarane ab Denarau Marina zu den wichtigsten Inseln. An der Marina starten auch die Brigantine »Ra Marama« und die »Spirit« zu romantischen Ausflügen durch die Inselgruppe ebenso wie die »Whale's Tale«, ein auf alt getrimmter Schoner *(ca. 150 Mark pro Person, Tel. 72 24 55).*

Die besten Empfehlungen aus jeder Preiskategorie: Auf *Malolo Lailai* liegen *Plantation Island Resort, 104 Bungalows, Tel. 72 30 77, Fax 79 01 63, Kategorie 2,* und *Musket Cove Resort, 50 Bungalows, Tel. 66 22 15, Fax 66 62 33, Kategorie 2 (Mehrbettzimmer Kategorie 3),* belebt und sehr beliebt bei jungen Leuten und Seglern. Das *Beachcomber Island Resort, 25 Bungalows, 40 Betten in Mehrbettzimmern, Tel. 66 15 00, Fax 66 44 96, Kategorie 2,* ist die preiswerteste Möglichkeit, Abgeschiedenheit und Idyll einer Südsee-Insel kennenzulernen, *Castaway Island, Tokoriki* und *Treasure Island* sind teuer *(ca. 260 Mark pro Bungalow)* aber eine gute Alternative zu den unerschwinglichen Luxus-Resorts. *Castaway Island Resort (66 Bungalows, Tel. 66 12 33, Fax*

Mana Island heißt eine der feinsandigen Inseln der Mamanuca-Gruppe

66 57 53) und Tokoriki Island Resort (26 Bungalows), Tel. 66 19 99, Fax 66 52 95, Kategorie 1. Treasure Island, 67 Bures, Tel. 66 69 99, Fax 66 69 55

Ausflüge organisieren: South Sea Cruises, Tel. 70 14 45, Fax 79 03 46, Captain Cook Cruises (Ra Marama), Tel. 70 18 23, Fax 78 00 45

VITI LEVU: PACIFIC HARBOUR

(168/C6) Der kleine, gepflegte Ferienort mit Golfplatz und den Villen einiger reicher Fidschianer liegt an der Südküste Viti Levus, am östlichen Ende der Coral Coast. Pacific Harbour ist ein idealer Ausgangspunkt für Ausflüge in Sachsen »Kunst und Kultur«.

BESICHTIGUNG

Cultural Centre and Marketplace
★ Mit dem Floß wird man an neun künstlich angelegten, im alten Fidschi-Stil bebauten Inseln vorbeigefahren. Auf jeder Insel werden traditionelle Handwerkstechniken gezeigt. *Touren im Cultural Centre Mo–Sa alle 15 Minuten zwischen 9 und 10 sowie 12 und 15 Uhr, gute Folklore-Show Mo, Mi, Do, Fr 11 Uhr, Firewalking Ceremony, Di und Sa 11 Uhr, Tel. 45 01 77*

RESTAURANT

Sakura House
Hier gibt es japanische Küche auf fidschianisch. *Deuba Mo–Sa 18–22 Uhr, Tel. 45 03 00, Fax 45 02 51, Kategorie 3*

HOTELS

Centra Resort Pacific Harbour
Gepflegte Anlage mit Pool und schönem Strand. Ausgezeichnete Basis für Taucher und Hochseefischer. Umfangreiches Ausflugsangebot (Hinterland, Insel Beqa, Suva etc.). *83 Zi., Deuba, Tel. 45 00 22, Fax 45 02 62, Kategorie 1–2*

Deuba Inn
Einfache, saubere Unterkunft mit Restaurant, 1 km vom Centra Resort entfernt, zelten erlaubt. *19 Zi., Tel. 45 05 44, Fax 45 08 18, Kategorie 3*

SPIEL UND SPORT

Golf
Als Alternative zum Golfplatz auf der Denarau-Halbinsel bei Nadi ist der 6316 m lange Golf-Parcours in Pacific Harbour auch eine Herausforderung für Golfer (par 72). *Green Fee ca. 30 Mark, Ausrüstung ca. 20 Mark, tgl. 10–18 Uhr, Centra Resort, Tel. 45 00 22*

Rafting
Der *Navua River,* nur ein paar km von Pacific Harbour entfernt, eignet sich ideal für eine *Rafting Tour* auf einem Bambus-Floß *(Bilibili* genannt) oder für Kanu-Touren. Empfehlenswert ist »Awesome foursome«, eine Kombination verschiedener »Highlights«, inkl. einer Dorf-Besichtigung. *Discover Fiji Tours, Tel. 45 01 80, ab Centra Resort.*

Tauchen
Am Korallengürtel der Insel *Beqa* und vor *Yanuca* liegen die schönsten Tauchreviere von Viti Levu. Tagesausflüge *(ab 9 Uhr)* werden von Pacific Harbour aus angeboten *(zwei Tanks ca. 90 Mark). Beqa Divers, Pacific Harbour Marine, 75 Marine Dr., Tel. 36 10 88, Fax 36 10 47;* oder *Centra Resort (Aqua-Trek)*

INSEL IN DER UMGEBUNG

Beqa **(168/C 6)**
Die Insel in Sichtweite von Suva und Pacific Harbour birgt ein Mysterium, denn Beqa (ausgesprochen: *M'Bengga)* ist die Heimat der *Firewalker.* Die Männer aus Beqa, aber auch Nachfahren der um 1880 eingewanderten Inder, besitzen die Fähigkeit, barfuß über glühende Steine und Asche zu laufen – was abends in vielen Hotels an der Coral Coast eindrucksvoll vorgeführt wird. Die Steine, wovon sich jeder überzeugen kann, sind wirklich glühend heiß.

Eine Legende weiß die Hintergründe: Ein Fischer der Insel fing einen Aal, der jedoch ein verzauberter Gott war. Der flehte um seine Freilassung und versprach dem Fischer als Dank die Macht über das Feuer. Wer den Gang heute heil überstehen will, muß angeblich zwei Wochen zuvor dem Genuß von Kokosmilch und Sex entsagen. Auf Beqa gibt es nur eine Unterkunft (keine Tagestouren): *Marlin Bay Resort, Beqa Island, Tel. 30 40 42, Fax 30 40 28, Kategorie 1*

VITI LEVU: SUVA

☛ **Stadtplan in der hinteren Umschlagklappe**

(169/D 5–6) Rund 100 000 Einwohner zählt die Hauptstadt Fidschis, die zugleich die größte Metropole in der ganzen Südsee ist. Suva eignet sich nicht als Urlaubsort, dazu ist das Wetter an der Ostseite des Gebirges zu regnerisch, der Stadtverkehr zu laut, sind die Küstengewässer um den Hafen allzu verunreinigt.

Die besseren, in viel Grün eingebetteten Wohnviertel befinden sich an den Hängen oberhalb der Stadt. Unten in der City, um »The Triangle« *(Ecke Renwick/Thomson Sts.)* herrschen an Wochentagen Betriebsamkeit und Gedränge einer Großstadt. Der bunte Markt an der *Usher St.* ist besonders belebt am Samstagvormittag. Nur etwa einen Kilometer entfernt, am *Albert Park,* dehnt sich das gepflegte Regierungsviertel aus. Überall steht hier uniformiertes Wachpersonal, dessen *Sulus,* die traditionell drapierten Wickeltücher, am Saum akurat gezackt sind. Innerhalb weniger Stunden läßt sich die Innenstadt Suvas bequem zu Fuß erkunden.

BESICHTIGUNGEN

Regierungsgebäude

Schräg gegenüber des ehrwürdigen, derzeit geschlossenen Grand Pacific Hotels befinden sich die *Government Buildings (Queen Elizabeth Dr.,* erbaut 1935), Sitz des Premierministers. Die Turmuhr schlägt wie Londons Big Ben. Bis zum Putsch 1987 tagte hier auch das Parlament. Das *Government House (Albert Park, Queen Elisabeth Dr.),* nach einem Brand 1928 wieder neu aufgebaut, ist der Öffentlichkeit leider nicht zugänglich. Fragen Sie im *Visitor Bureau (Ecke Thompson/ Scott Sts.)* nach den Zeiten der Wachablösung vor dem Tor.

MUSEUM

Fiji Museum

Hier sind u.a. Relikte von der »Bounty« ausgestellt (z.B. das Ruder). Interessant ist auch die Abteilung, die sich mit der indischen Kultur beschäftigt. *Thurston Gardens (Botanical Gardens), Mo bis Sa 9.30–16.30 Uhr, So 10–16 Uhr*

RESTAURANTS

Bourbon Bluez

Kleine Snacks. *Tgl. 10–23 Uhr, Ecke MacArthur/Victoria Sts., Kategorie 3*

Mit buntgeschmückten Gräbern werden in Fidschi die Toten geehrt

The Galley Floating Restaurant (Tiko's Bar)
Originelle fidschianisch-europäische Küche, serviert auf einem ehemaligen Ausflugsdampfer. Auch die Bar lohnt den Besuch. *Stinson Parade (gegenüber Sukuna Park) Mo–Sa 10–22 Uhr, Tel. 31 36 26, Kategorie 2*

Great Wok of China
Gute Szechuan-Küche. *Mo bis Fr 12–14 Uhr und 18–22.30 Uhr, Ecke Bau St./Laucala Bay Rd., Tel. 30 12 85, Kategorie 3*

EINKAUFEN

Curio
Das offizielle *Government Handicraft Centre* bietet eine sehr große und gute Auswahl von fidschianischem Kunsthandwerk. *Mo–Fr 8–16.30 Uhr, Sa 9–12 Uhr, Ecke Victoria Parade/Mac-Arthur St., Tel. 21 13 06*

Wolf's Boutique
Hochwertige Auswahl an Kunsthandwerk aus der gesamten Südsee. *Mo–Fr 9–17 Uhr, Sa 9–12 Uhr, Thomson St. (nahe beim Visitor Bureau), Tel. 30 23 20*

HOTELS

Centra Suva
Bestes Haus am Platz (bis nebenan im Jahr 2000 das Grand Pacific Hotel eröffnet), gegenüber den *Government Buildings. 132 Zi., Victoria Parade, Tel. 30 16 00, Fax 30 02 51, Kategorie 1*

South Seas Private Hotel
Backpacker-Treffpunkt. *42 Zi (ohne Bad/WC), 6 Williamson Rd. (am Albert Park), Tel. 31 22 96, Fax 34 02 36, Kategorie 3*

Southern Cross Hotel
Zentral und ruhig gelegen, gleich nebenan ein Nachtclub und gegenüber die *Swiss Tavern,* ein gutes europäisches Restaurant. 36 Zi., *63 Gordon St., Tel. 31 42 33, Fax 30 29 01, Kategorie 2*

Travelodge (Raffles Tradewinds)
Direkt am Wasser gelegen (Yachthafen), 2 km außerhalb der Stadt, Pool und nettes »floating« Restaurant. *83 Zi., Lami, Tel. 36 24 50, Fax 36 14 64, Kategorie 2*

SPIEL UND SPORT

Golf
Major-General Sitiveni Rabuka, ehemaliger Putschist und nun Premierminister, spielt samstags häufig im *Fiji Golf Club 5719 m lang (par 72), Rifle Range Rd., Green Fee ca. 17 Mark, Tel. 38 18 71*

AM ABEND

Lucky Eddies/The Bad Dog and O'Reilly's
Pub-Zentrum von Suva. *Mo–Fr 19–1 Uhr, Sa 19–23.30 Uhr, Ecke MacArthur/Viktoria Parade, Tel. 31 29 68*

AUSKUNFT

Fiji Visitors Bureau
Mo–Do 8–16.30 Uhr, Fr 8–16 Uhr, Sa 8–12 Uhr, Ecke Thomson/Scott Sts., Tel. 30 24 33, Fax 30 09 70, gebührenfrei 0800/72 17 21, www.BulaFiji.com

INSEL IN DER UMGEBUNG

Toberua **(169/E 5)**
Das Resort auf der Mini-Insel ist eines der ältesten in Fidschi, immer noch empfehlenswert und

im Vergleich preiswert. *14 Bungalows, 45 Min. mit dem Boot ab Nausori Airport Landing, Tel. 47 91 77, Fax 30 22 15, Kategorie 1*

YASAWA-INSELN

(168/A–B 2–3) Sechs größere und viele kleine Inseln gehören zu dem langgezogenen, 135 qkm großen Archipel, das Captain Bligh erstmals sichtete. In den verzweigten Gewässern konnte er feindlich gesinnten Eingeborenen entfliehen, nachdem ihn die Meuterer der Bounty in einem kleinen Boot ausgesetzt hatten. Heute ist die Inselgruppe mit ihren feinen Sandstränden und dem klaren Wasser ein touristisches Traumziel, das viele mit der *Blue Lagoon Cruise (Viti Levu/Lautoka, Tel. 66 16 22, Fax 66 40 98, s. S. 58)* von Lautoka aus ansteuern. Wer die Inseln betreten will, benötigt in den meisten Fällen eine Erlaubnis des Häuptlings. Eine Ausnahme ist die Insel *Tavewa,* die auch einfachste Unterkünfte anbietet, und regelmäßig von kleinen Passagierbooten angefahren wird. Die rund 2000 Insulaner verdienen gut an den Besuchern von den Kreuzfahrtschiffen, die gerne zu Spenden etwa für Reparaturarbeiten an der dorfeigenen Kirche gebeten werden.

BESICHTIGUNG

Höhlen
Zwei mit Süßwasser gefüllte Kalksteinhöhlen sind mit dem Boot von *Sawa-I-Lau* aus zu erreichen. In die hintere Höhle muß man eintauchen. Bei Sonnenschein ist das Innere in faszinierendes Licht gehüllt. Die Haupthöhle birgt alte Felsmalereien.

HOTELS

Turtle Island Resort
Eine der exklusivsten und teuersten Privatinseln Fidschis. Hier wurden zwei Fassungen des Films »Blue Lagoon« gedreht. Als Gäste läßt der amerikanische Besitzer nur Paare zu, die für mindestens sechs Tage buchen. *14 Bungalows, Nanuya Levu (Flug mit dem Wasserflugzeug von Turtle Airways ab Newton Beach in Nadi), Tel. 66 38 89 oder 72 27 80 (Airport), Fax 79 00 07, (1400 Mark pro Paar/Tag), Kategorie 1*

Yasawa Island Resort
In großzügigen Bungalows übernachten die Gäste dieser Luxus-Anlage. Vollpension (exzellente Küche) und die meisten Aktivitäten sind im Preis von 1200 Mark/Paar/Tag enthalten. Das Resort bietet auch Ausflüge zu den Höhlen auf Sawa-I-Lau an. *16 Bures, 35 Flugmin. ab Nadi mit Sunflower Airlines, Yasawa, Tel. 66 33 64, Fax 66 50 44, Kategorie 1*

STRÄNDE

Alacrity Bay
Die Bucht von *Waya Island,* der höchsten Insel der Yasawas, ist ausgefüllt mit einem herrlichen weißen Strand und ruhigem Bade-Gewässer. Beliebter Ankerplatz für Segelyachten.

Vulawalu Beach
Auch »eight month beach« genannt, ist der Strand auf *Yasawa,* der größten und reichsten Insel der Gruppe. Er ist tatsächlich so feinsandig, daß er (mindestens) acht Monate lang noch irgendwo am Körper klebt. An diesem Strand ankert auch die Blue Lagoon Cruise.

Wenn die Marseillaise ertönt

Der Charme Französisch-Polynesiens hat seinen Preis

Die insgesamt 121 Inseln Französisch-Polynesiens bilden eine Landfläche von etwa 4180 qkm. Die zentralen Inselgruppen sind die 14 Gesellschaftsinseln, die sich wiederum gliedern in die »Inseln im Wind«, die dem Passatwind zugewandten Inseln *Tahiti* (mit der Hauptstadt *Papeete*), *Moorea, Maiao, Tetiaroa, Mehetia,* und die westlichen, abgewandten »Inseln unterm Wind« *Bora Bora, Huahine, Maupiti, Raiatea* und *Tahaa* sowie die Atolle *Motu One* und *Manuae.* Französisch-Polynesien ist seit 1957 ein französisches Überseeterritorium, das 1984 autonom wurde. Die rund 190 000 Einwohner sind wirtschaftlich vom Mutterland in Europa abhängig, das vertreten ist durch einen Hochkommissar. Aus Frankreich kommen selbst Waren des täglichen Bedarfs wie Gemüse, Fleisch und Getränke. Kritische Stimmen behaupten, die französische Regierung triebe ihre südpazifischen Untertanen ins soziale Elend. Denn die hohen Lebenshaltungskosten, die durch die wohlhabenden Franzosen entstanden sind, kann die »einfache Bevölkerung« finanziell nur mit großen Mühen tragen. Dennoch: Mehr als die Hälfte der Tahitianer ist, so Meinungsumfragen, entschieden gegen die Unabhängigkeit.

Die Polynesier sind stolz auf das seefahrerische Können ihrer Vorfahren, die in einfachen Booten den riesigen Pazifik erkundeten

Französisch und Tahitianisch sind die offiziellen Sprachen. Im 19. Jh. unterstützte der tahitianische Fürst Pomare I. die Christianisierung der Insulaner. Schon seine Nachfolgerin, Königin Pomare IV., mußte Frankreich als Schutzmacht anerkennen. Ihr Sohn, Pomare V., war der letzte der Dynastie und erhielt eine Pension, als die Inseln 1880 französische Kolonie wurden. Die Schönheit der Gesellschaftsinseln lernt nur kennen, wer über Tahiti hinauskommt. Die Flug- und Fährverbindungen sind gut, aber auch teuer. Der Flughafen in *Papeete* heißt *Faa'a* und ist zehn Auto-Min. (7 km) von der Innenstadt Papeetes entfernt. Von *Faa'a* aus startet Air Moorea mehrmals täglich zum Sieben-Minuten-Flug nach *Moorea. Hin- und Rückflug kosten ca. 85 Mark.* Reservierungen sind nur für den ersten und letzten Flug notwendig. Preiswerte Alternative, auch für schweres Gepäck: ab *Papeete* mit dem Katamaran nach *Moorea.* Fahrtzeit 12–25 Min, *ca. 30 Mark (Hin- und Rückfahrt). Air Passes von Air Tahiti* kosten zwischen *500* und *850 Mark,* sind 28 Tage gültig und schließen *Moorea, Huahine, Raiatea, Bora Bora* bzw. *Rangiroa* und *Manihi* ein. Ein Tagesausflug nach *Bora Bora* (Flugzeit ca. 45 Min.) *kostet ca. 500 Mark.* Die *Raromatai Ferry* braucht ca. 1½ Tage von *Papeete* nach *Bora Bora (ca. 130 Mark in einer einfachen Kabine pro Person, Tel. 43 19 88).* Für Reisen zu den *Marquesas* oder *Tuamotus* empfiehlt sich der Frachter *Aranui* mit komfortablen Kabinen für 90 Passagiere. Die 17 Tage dauernde Tour *kostet ca. 2400 Mark pro Person (mit Mahlzeiten).* Stilvoll kreuzt man mit dem Luxus-Schiff »MS Paul Gauguin« (320 Passagiere) nach *Bora Bora,* vorbei an *Huahine* und *Raiatea (eine Woche kostet ca. 4000 Mark, Buchung im Reisebüro).* Die exklusivste Form des Inselhüpfens: die Segelyacht, mit oder ohne Skipper, die man am besten in *Raiatea* mietet, z. B. bei *The Moorings (Uturoa [Apooiti Bay], Tel. 66 35 93, Fax 66 26 26). Air Moorea, Papeete, Tel. 42 44 29, Fax 43 58 97, Air Tahiti, Papeete, Bd. Pomare, Tel. 86 42 42 (Reservierung), Fax 86 40 69, in Deutschland: 069/ 256 61 00 (Air France). Fähren: Aremiti Channel Express (Moorea-Fähre), Tel. 42 88 88, Compagnie Polynésienne du Transport Maritime, Papeete, Tel. 42 62 40 (für Aranui)*

Ob Französisch-Polynesien sein Geld wert ist, muß jeder selbst entscheiden. Denn das In-

MARCO POLO TIPS FÜR FRANZÖSISCH-POLYNESIEN

1 Haifischfütterung
Auf Bora Bora fressen einem die Raubfische aus der Hand (Seite 69)

2 Le Belvédère
Aussichtspunkt mit herrlichem Blick über die Nordküste Mooreas (Seite 74)

3 Lili Shop auf Moorea
Die handbemalten Pareus (Wickeltücher) sind kleine Kunstwerke (Seite 74)

4 Marae Taputapuatea
Malerisch am Wasser stehen auf Raiatea die Ruinen der größten Tempelanlage Polynesiens (Seite 76)

5 Musée de Tahiti et des Iles
Das beste Museum in der ganzen Südsee informiert auf Tahiti über die Natur und Kultur der Gesellschaftsinseln (Seite 79)

6 Musée Gauguin auf Tahiti
Näher kann man auf Tahiti dem in die Südsee verliebten Maler nicht kommen (Seite 79)

7 Marché Municipal
Üppig sortierte Markthalle mitten in Papeete auf Tahiti: unten Nahrungsmittel, oben Souvenirs (Seite 81)

selparadies ist für Touristen mit Abstand das teuerste in der ganzen Südsee. Der Hauptgrund: Die Staatsausgaben werden ausschließlich von Verbrauchssteuern bestritten, was die Lebenshaltungskosten enorm erhöht. Seit 1993 wird von den Einwohnern allerdings zusätzlich eine Einkommenssteuer in Höhe von drei Prozent bei Verdiensten über 1000 Dollar verlangt. Traditionell billig sind lediglich die subventionierten Weißbrotstangen, 50 Pfennig pro Stück.

BORA BORA

(167/D 4, 176) Die farbenprächtige Lagune hat die 38 qkm große Insel, 240 km nordwestlich von Tahiti gelegen, berühmt gemacht. Das schützende Kranzriff bietet nur einen Durchlaß, den »Passe Teavanui« gegenüber dem Hauptort *Vaitape* Hier fährt auch regelmäßig der weiße Luxusliner »MS Paul Gauguin« auf seiner Kreuzfahrt in den Hafen ein.

Bora Bora, das ist Südsee-Tourismus pur. Vergeblich würde man hier polynesische Ursprünglichkeit suchen, statt dessen wird man hier mit einer »tourist tax« in Höhe von 2,50 Mark pro Tag zur Kasse gebeten. Über die Hauptinsel erhebt sich 727 m hoch der erloschene Vulkan *Otemanu*. Die Küste ist überraschend klippenreich, lediglich im Süden erstreckt sich ein langer Sandstrand. Südseeträume von Palmen und weißem Sand erfüllen jedoch die vielen vorgelagerten Laguneninseln.

Auf dem *Motu Mute* legten bereits die Amerikaner während des Zweiten Weltkriegs einen Flughafen an. Heute landen dort die Touristen und werden anschließend mit Booten über die Lagune nach *Vaitape* (20minütige Fahrt), bzw. zu ihren Hotels gebracht.

BESICHTIGUNG

Lagoonarium
Lehrreiches Unterwasser-Aquarium an einem Motu beim Fischerort *Anau* an der Ostküste.

TOUREN

Inselrundfahrt
Gemütlich kann man die Insel auf der 32 km langen Straße in vier Stunden mit dem Rad umfahren *(ca. 17 Mark)*, ein Mietauto für den gleichen Zeitraum *kostet ca. 100 Mark. Europcar Bora Bora, tgl. 8–18 Uhr, Vaitape, Fähranleger (und in Luxus-Hotels), Tel. 67 70 03*

Lagoon Cruise und Haifischfütterung
★ Eine dreistündige Lagunen-Rundfahrt läßt sich mit der Haifischfütterung und dem »Natural Lagoonarium« (kaum Unterschiede zum »Lagoonarium«) preiswert verbinden. Den 60 bis 80 Zentimeter großen Riff-Haien kommt man beim *shark feeding* wirklich hautnah. *(Poe iti Tours, Tel. 67 64 04, tgl. 9 Uhr, der Ausflug kostet 65 bis 80 Mark). Einige Hotels verleihen für ca. 170 Mark/Tag Video-Unterwasserkameras.*

Mietboote
Ein halber Tag ist ausreichend, um mit dem Miet-Boot die Lagune kennenzulernen *(ca. 100 Mark, maximal vier Personen)*. Man muß an einigen Riff-Stellen höllisch aufpassen. *Hotel Bora Bora Beach Club, Nunue, Tel. 67 71 16*

RESTAURANTS

Ben's Trading Outpost
Gute Steaks und Lasagne, Backpacker-Treffpunkt, *Matira, tgl. 11–20 Uhr, Di geschl. Tel. 67 74 54, Kategorie 3*

Bloody Mary's
Nicht alle Prominenten, die sich auf der Holztafel verewigt haben, waren auch im Restaurant. Was jedoch zählt, ist die gemütliche Atmosphäre und das gute Essen. *Matira, tgl. 10–22 Uhr, Tel. 67 72 86, Kategorie 2*

L'Espadon
An der Nordostküste, sehr abgelegen am *Revatua Club* (einem Hotel), gut und preiswert. *Anau, tgl. 7–9/12–14/19–21 Uhr, Tel. 67 71 67, Kategorie 2*

Pâtisserie
Preiswerter Tip fürs Frühstück, beim Bootsanleger. *Vaitape, tgl. 6.30–19 Uhr, Tel. 67 75 43*

EINKAUFEN

Art Boutique
Alain und Linda verkaufen eigene und fremde Malereien. *Amanahune, Pofai Bay, Mo–Sa 8.30 bis 18.30 Uhr, Tel. 67 70 32*

Boutique Gauguin
Die originellsten T-Shirts auf der Insel, *Amanahune, tgl. 9–13/14 bis 18 Uhr, Tel. 67 76 67*

HOTELS

Beach Club Bora Bora
Empfehlenswert sind nur die Beach Bungalows am attrakti-

Gehört zu den schönsten Hotelanlagen auf Bora Bora: das Sofitel Marara

ven Strandabschnitt von Bora Bora. Der Beach Club ist die auch nicht billige, aber etwas preiswertere Alternative zum benachbarten Sofitel Marara. *36 Zi., Matira Beach, Tel. 67 71 16, Fax 41 09 28, Kategorie 1*

Club Méditerranée
Geschmackvolle Einrichtung, dank Vollpension ist der Urlaub kalkulierbar. *148 Bungalows, Tel. 60 46 04, Fax 60 46 10, Reservierung in Deutschland Tel. 0211/86 21 02 10, Kategorie 1*

Hotel Le Méridien
Ein weiteres Top-Resort, das die paradiesische Atmosphäre der Lagune eindrucksvoll vermittelt, Bootstransfer vom Motu zur Hauptinsel. *Tel. 60 51 51, Fax 60 51 52, Kategorie 1*

Moana Beach Parkroyal
Wenn schon, dann auch richtig: traumhafte Lagune und großzügig-luxuriöse »Overwater-Bungalows« *(ca. 900 Mark/Nacht)*. Wer sparen will: Der benachbarte Strand ist öffentlich. *51 Zi., Matira Point, Tel. 60 49 00, Fax 60 49 99, Kategorie 1*

Sofitel Marara
Hotel mit Schwimmbad, gebaut für die Crew des Filmregisseurs Dino de Laurentis (»Hurricane«). *66 Bungalows, Matira Beach, Tel. 67 70 46, Fax 67 74 03, Kategorie 1*

Village Pauline
Kleine Hütten, Camping-Möglichkeit, Backpacker-Atmosphäre in der Nachbarschaft von Beach Club und Sofitel Marara. *10 Bungalows, Pointe Matira, Tel 67 72 16, Fax 67 78 14, Kategorie 3*

SPIEL UND SPORT

Wassersport
Für Tauchen, Schnorcheln, Fischen etc. sind der *Calypso Club (Vincent Soustrot, Tel./Fax 67 77 85)* und *Frank Sachse (Moana Adventure Tours, Tel. 67 61 41, Fax 67 61 26)* die richtigen Adressen.

AUSKUNFT

Bureau du Tourisme, Vaitape (Hafengebäude, neben den Marktständen), Mo–Fr 7.30–12/13.30–16.30, Sa. 8–11.30 Uhr, Tel./Fax 67 76 36

HUAHINE

(167/D 4, 177) Immer wenn Fähren oder Frachtschiffe am Kai des Hauptortes *Fare* anlegen, erwacht die 175 km nordwestlich von Tahiti gelegene Insel aus ihrem Dornröschenschlaf. Busse und Lastwagen rollen vor, Imbißwagen zünden den Grill an, und erstaunlich viele Rucksacktouristen kommen an Land. Die suchen und finden auf der 78 qkm großen Insel noch friedliches Südseeleben, Ruhe und unverdorbene Natur. Ein Zyklon verwüstete 1998 allerdings große Teile der Insel.

Die wenigen touristischen Einrichtungen stören das Idyll nicht. Außerdem hat Huahine archäologische Schätze zu bieten die *Maraes*, Kult- und Versammlungsstätten aus der Frühzeit, die auch auf einigen anderen polynesischen Inseln historische Bedeutung haben: Eine wirkliche Funktion haben die *Maraes* heute aber nur noch bei den Maori in Neuseeland. Zentrum dieser Stätte auf Huahine ist der Ort *Maeva* mit Resten von über 60

Maraes an der Lagune *Fauna Nui* und steinernen, jahrhundertealten Fischfallen, die heute noch benutzt werden. Die buchtenreiche Insel besteht eigentlich aus zwei Eilanden, *Huahine Nui* und *Huahine Iti,* die durch eine sehr schmale Landenge miteinander verbunden sind.

50 km Rundkurs auf der meist geteerten Straße – und man ist ein Kenner der Insel. Es genügt, sich für vier Stunden einen Jeep zu leihen (im Hotel teurer als bei *Europcar, Fare, direkt am Fähranleger, Tel. 68 88 03).* Für den schönsten Streckenabschnitt zwischen *Sofitel Heiva* und dem *Relais Mahana* sollten Sie sich Zeit nehmen. Das beschauliche polynesische Dorfleben auf *Huahine Nui* erlebt man mit dem Fahrrad (oder zu Fuß) besonders gut. Gute Touren bietet *»Huahine Land«* an *(Tel. 68 89 16).*

BESICHTIGUNGEN

Marae Matairea-rahi

Oberhalb des Orts *Maeva* im Nordosten der Insel befindet sich die interessante Kultstätte, die in den achtziger Jahren ausgegraben wurde. Der Weg dorthin ist beschwerlich. Warum derart viele Versammlungshäuser, Tempel und Wohnungen, einige davon restauriert, an dieser Stelle stehen, konnte bisher nicht geklärt werden.

Vanilla Plantage

Hier wird gezeigt, wie Vanille angepflanzt, nach neun Monaten geerntet und getrocknet wird.

Ihren Blütenschmuck besorgen sich die Polynesier gleich am Wegesrand

70 g kosten ca. 17 Mark. *Vanilla de Maeva Huahine chez Michele, Mo bis Sa 8–17 Uhr, Maeva, Tel. 68 88 96*

RESTAURANT

Te Marara
Gemütliches kleines Restaurant in Fare direkt am Meer, Freitagabends Folklore *Tgl. 9–21 Uhr, Tel. 68 74 33, Kategorie 2*

HOTELS

Hotel Bali Hai
Südsee-Romantik am (kleinen) Strand, umgeben von einem tropischen Park, Pool und Restaurant am Wasser. *43 Bungalows, Fare, Tel. 68 84 77, Fax 68 82 77, Kategorie 1*

Chez Guynette
Sehr saubere und preiswerte Backpacker-Unterkunft, zentral im Ort *Fare* gelegen. *8 Zi., Tel. 68 83 75, Kategorie 3*

Relais Mahana Noa Noa
Sehr gepflegte Anlage an einem schönen Strand, etwas abseits auf *Huahine Iti* gelegen, Autovermietung ist in der Nähe. *22 Bungalows, Avea Bay (Parea), Tel. 68 81 54, Fax 68 85 08, Kategorie 1*

SPIEL UND SPORT

Baden
Die schönsten Strände befinden sich in *Parea* und auf dem vorgelagerten *Motu Araara*

Reiten
Ein Ritt über Huahine gehört zu den besonderen Erlebnissen. *La Petite Ferme (zwischen Airport und Fare mit gemütlichem Bed and Breakfast), tgl. 8–18 Uhr, Tel./Fax 68 82 98*

Surfen
Überall in der Lagune, die besten Wellen bei Fare und Fitii. Bretter werden von den Hotels oft kostenlos verliehen.

MOOREA

(**167/D 4, 176**) Selbst der südseeerfahrene Captain Cook soll von der Schönheit der *17 km von Tahiti* entfernten Insel begeistert gewesen sein. Aus der üppigen Vegetationsdecke ragen schroffe Felswände, die höchste Erhebung ist mit 1207 m der *Tohiea.* Obwohl die Strände Mooreas nicht zu den allerschönsten gehören, ist die 136 qkm große, noch recht beschauliche Insel mehr wert als nur einen Tagesausflug (mit Fähre oder Flugzeug) von Tahiti aus. Touristisch am erschlossensten ist die Nordküste mit den zwei markanten, tief einschneidenden Buchten *Cooks Bay* und *Opunohu Bay,* wo Yachteigner vor der Kulisse der malerischen Bergkulisse gerne vor Anker gehen. Den herzförmigen Umriß der Insel wird wohl kein Besucher vergessen. Dafür sorgen die als Mini-Moorea geformten Kilometersteine entlang der Straße. Auf Moorea lebt auch Alex du Prel, der mit »Tahiti Blue« (Blaue Träume) ein eindrucksvolles Buch über das Leben in Französisch-Polynesien geschrieben hat.

BESICHTIGUNGEN

Inseltour
Die 60 km lange Inselrundfahrt ist mit dem Auto oder Motorroller bequem in vier Stunden zu bewältigen. Eine geführte Tour kostet ca. *25 Mark (Albert Activities Center, Tel. 56 13 53, Fax 56 10 42)*

Le Belvédère
★ An der *Opunohu Bay* (auch hier wurde mal ein Bounty-Film gedreht, diesmal mit Mel Gibson) biegt eine Straße ab ins Landesinnere. Sie führt zu einem Aussichtspunkt, von dem aus man einen herrlichen Blick auf die *Opunohu Bay*, die *Cook's Bay*, den *Mount Rotui* und den erloschenen Krater hat. Die Hinfahrt sollten Sie von *Opunohu* aus unternehmen. Auf dem Weg kommt man an den *Maraes Afareaito* und *Titiroa* vorbei, Teilen einer Siedlung aus dem 13. Jh. In diesen *Maraes* wurden anläßlich von großen Festen Männer als Opfer dargebracht.

Kirche Papetoai
Die schmucklose, achteckige Kirche aus dem Jahre 1826, die zum Gedenken an die Christianisierung von König Pomare I. erbaut wurde, gilt als ältestes noch genutztes europäisches Bauwerk im ganzen Südpazifik. *Papetoai (an der Hauptstraße)*

Tropical Aquarium Center
Zu besichtigen ist die Fischwelt Französisch-Polynesiens und die Zucht von schwarzen Perlen. *Eintritt 9 Mark, tgl. 9.30–12, 14.30–17.30 Uhr, Cook's Bay, Tel. 56 24 00*

Usine Jus de Fruits
Exotische Fruchtliköre und köstliche Marmelade aus Ananas, Pampelmuse und Papaya können hier probiert und gekauft werden. Besonders empfehlenswert: der »Tahiti Drink« aus Ananas und Vanille. *Zwischen Cook's Bay und Opunohu Bay, Mo–Fr 8.30–15 Uhr, Führungen zwischen 9 und 12 Uhr, Tel. 56 11 33, Fax 56 21 52*

MUSEUM

Tiki Theatre Village
Nachgebautes tahitianisches Dorf *(Di–So 11–15 Uhr)* im Stil eines Freilichtmuseums mit Kunsthandwerkern und Folklore. Es gibt eine Show *(Fr/So 11 Uhr, auf dem Gelände)* und ein tahitianisches Festessen *mit Show um 18 Uhr am Di, Mi, Fr, Sa. Varari, Tel. 56 18 97, Fax 56 10 86*

Die Malerin Claudia Gacek besitzt hier eine kleine Galerie *(Tel. 56 18 97)*, verkauft Pareus und führt auch eine interessante (deutschsprachige) vierstündige Tour durch die Bergwelt der Insel.

RESTAURANTS

L'Aventure
Fleisch und Fisch à la française. Nahe des Club Med. *Haapati, Mi–So Lunch und Dinner, Tel. 56 23 06, Kategorie 2*

Le Cocotier
Gute französische Küche. Probieren Sie unbedingt den rohen, marinierten Thunfisch in Kokos-Sauce. Einfach köstlich! *Maharepa, Mo–Sa 11–14 Uhr, 18 bis 21.30 Uhr, Tel. 56 12 10, Kategorie 2*

EINKAUFEN

Honu Iti
Interessante Pareus und thaitianische Mode. *Cook's Bay, tgl. 8–17.30 Uhr, Tel 56 26 01*

Lili Shop Curios
★ Die Französin Lili malt die ausgefallensten Motive auf die Pareus. *Maharepa, tgl. 10 bis 18.30 Uhr, Tel. 56 10 35*

Für Romantiker wie geschaffen: Cooks Bucht auf Moorea

HOTELS

Bali Hai
Ältestes Hotel der Insel mit viel Charme, einmaliger Atmosphäre und gutem Restaurant am gepflegten Strand. *63 Zi., Maharepa, P.O.Box 26, Tel. 56 13 59, Fax 56 19 22, Kategorie 1*

Camping Chez Nelson et Josiane
Zwischen Tiki-Theater und Club Med (in dessen Umgebung sich etliche nette Restaurants und kleine Boutiquen angesiedelt haben). Sauberer Campingplatz sowie einfache Bungalows und Mehrbettzimmer. Schöner Strand und Snack Bar, *Tumoana, Tel. 56 15 18, Kategorie 3*

Club Méditerranée
Große Anlage, gutes Sportangebot. *350 Bungalows, Haapiti, Tel. 55 00 00, Fax 55 00 10, Reservierung in Deutschland Tel. 0211/ 86 21 02 10, Kategorie 1*

Hibiscus
Preiswertere Alternative zum benachbarten Club Med, gutes Restaurant. *29 Bungalows (auch mit Küche), Hauru, Tel. 56 12 20, Fax 56 20 69, Kategorie 2*

Moorea Village
Zwar nur ein mäßiger Strand, aber ein sehr hübsches, vorgelagertes *Motu. 48 Bungalows (davon 15 mit Küche), Haura, P.O.Box 1008, Tel. 56 10 02, Fax 56 22 11, Kategorie 2*

Hotel Les Tipaniers
Zwischen Papetoai und Haura gelegene Bungalow-Anlage, sehr gutes Preis-Leistungsverhältnis, gutes italienisches Restaurant, 21 Bungalows, *Tel. 56 12 67, Fax 56 29 25, Kategorie 2*

AUSKUNFT

Bureau du Tourisme, Le Petit Village Haapiti (Einkaufszentrum, schräg ge-

genüber vom Club Med), Mo–Sa 9–18 Uhr, Tel. 56 29 09. Airport: Sa–Do 9–11 Uhr, Tel. 56 26 48; und am Fähranleger, Tel. 56 38 53

RAIATEA

(**167/D4**) 193 km liegt die mit fast 290 qkm zweitgrößte Insel Französisch-Polynesiens (9000 Ew. mit der Hauptstadt Uturoa) von Tahiti entfernt. Nur vier km nördlich, in derselben Lagune, befindet sich die viel kleinere Insel *Tahaa.* Auf beiden Inseln ist das Leben noch von ruhiger Gangart. Fischfang und Landwirtschaft, auf Tahaa Vanilleanbau, sind noch wichtiger als das Geschäft mit dem Tourismus. Dabei bieten die Buchten und Gewässer um Raiatea ideale Bedingungen für passionierte Segler, auch als Ausgangspunkt für Törns zu den anderen Inseln. Hübsche Strände befinden sich allerdings nur auf den *Motus.*

Den Ahnen der heutigen Polynesier war Raiatea als Königreich »Havai'i« bekannt, als politisches, kulturelles und religiöses Zentrum, von dem aus möglicherweise Polynesien besiedelt wurde. Die Ruinen des *Maraes Taputapuatea* lassen noch die gewaltigen Ausmaße der antiken Tempelanlage erkennen.

BESICHTIGUNG

Marae Taputapuatea

★ Ausgedehnte Marae-Anlage, die als bedeutendste Kultstätte dem höchsten polynesischen Gott, dem Kriegsgott Oro, geweiht war. Mit einer Grundfläche von 300 qm gilt das Marae als größte Tempelanlage Französisch-Polynesiens. *Opoa, an der Ostküste*

TOUREN

Inselumrundungen auf teilweise holperigen Wegen mit Mietwagen oder Mopeds möglich. Während der Ladenöffnungszeiten verkehren auch Busse (»Le Truck«). *Europcar, Tel./Fax 66 34 06.* Achtung: Außerhalb von Uturoa gibt es keine Einkaufsmöglichkeit.

RESTAURANTS

Restaurant Club House

Gute Fischgerichte, Lokal mit der schönsten Aussicht auf Lagune und Hafen. *Marina Apooiti, tgl. 7–22 Uhr, Tel. 66 11 66, Kategorie 2*

Jade Garden

Kantonesische Küche in der ersten Etage. *Uturoa, Tel. 66 34 40, Kategorie 2*

HOTELS

Hotel Atiapiti

Großzügige Bungalow-Anlage neben dem Marae Taputapuatea direkt am schmalen Strand auf grünem Rasen mit dem besten Preis-Leistungs-Verhältnis auf der Insel. *Tel./Fax 66 16 65, Kategorie 2*

Chez Marie-France

Speziell für Tauchsportler, zentral gelegen. Ausgangspunkt für Schnorcheltouren und Inselrundfahrten. *4 enge Mehrbettzimmer, 4 Bungalows mit Küche, Uturoa, Tel. 66 37 10, Fax 66 26 25, Kategorie 2*

Le Croix du Sud

Schöner Blick über die *Faaroa Bucht* (Anlegestelle der Stardust-Yachten), abseits gelegen, einfache Zimmer mit Bad, Mindestaufenthalt zwei Nächte. *5 Zi., Tel. 66 37 64, Kategorie 3*

Pension Yolande
Gute Küche, familiäre Atmosphäre, französische Sprachkenntnisse notwendig. *10 km bis Uturoa, Tel./Fax 66 35 28, Kategorie 3*

SPIEL UND SPORT

Segeln
Raiatea ist idealer Ausgangspunkt für Segeltouren (ob mit oder ohne Skipper) nach *Bora Bora, Huahine, Maupiti* oder innerhalb der *Lagune von Tahaa.* Auf Stand-by-Basis kann man ein Boot schon für ca. *700 Mark pro Tag* mieten. Normalerweise kosten *drei Tage ca. 3000 Mark (6 Passagiere). Stardust Marine, Faaroa Bay, Tel. 66 23 18, Fax 66 23 19; »The Moorings«, Uturoa (Apooiti Bay), Tel. 66 35 93, Fax 66 26 26*

Tauchen
Die Lagune ist eines der schönsten Tauchreviere Französisch-Polynesiens. Touren über *Raiatea Plongée (Pension Marie-France), Uturoa, Tel./Fax 66 37 10*

AUSKUNFT

Comité du Tourisme, Uturoa, Mo, Mi, Fr 8–11.30 Uhr, Di, Do 7.30 bis 11 Uhr, Mo–Fr 13.30–16 Uhr, Tel./Fax 66 23 33 (am Flughafen ist das Büro bei der Ankunft besetzt)

INSELN IN DER UMGEBUNG

Maupiti **(167/D 4)**
Die Insel ist die landschaftlich (fast) unberührte Alternative zur ca. 45 km östlich gelegenen Insel Bora Bora – allerdings ohne Restaurants und nur mit einem Dutzend (passablen) Pensionen *(ca. 100 Mark pro Person inkl. Mahlzeiten).* Die Lagune ist ideal zum Schnorcheln. Es gibt auf der Insel kaum Tourismus (Kreditkarten werden nicht akzeptiert!), aber schon ein Visitors Bureau *(Tel. 67 81 19).* Ait Tahiti fliegt dreimal wöchentlich ab Bora Bora bzw. Tahiti auf die Insel.

Tahaa **(167/D 4)**
Die Insel erreicht man per Boot von Raiatea aus *(Abfahrt in der Apooiti Bay, 2 km vom Flughafen entfernt).* Wegen der vielen Plantagen wird Tahaa als Vanille-Insel bezeichnet. Sie ist vom gleichen Riff wie Raiatea umgeben. Das gemütlichste Hotel ist der *Marina Iti Beach Club* in der *Baie de Apu.* Ausflüge (z.B. Flug mit dem Ultra-Light-Flieger) kann der Besitzer Philippe Robin organisieren. Der Transfer mit dem Schnellboot von Raiatea nach Tahaa kostet ca. *40 Mark/Person. Marina Iti Beach Club, Tahaa, Tel. 65 61 01, Fax 65 63 87, Kategorie 1*

TAHITI

(167/D 4, 176/177) Auf der mit über 1000 qkm größten Insel Französisch-Polynesiens (132 000 Ew.) ist der französische Einschlag am stärksten spürbar. Hier landete 1768 der französische Forscher Louis Antoine de Bougainville, der in seinem Reisebericht den Insel-Mythos begründete. In der Hauptstadt *Papeete* (Stadtplan in der hinteren Umschlagklappe) herrschen Hektik, Gedränge und Verkehrslärm einer modernen City. Aber schon wenige Kilometer ins menschenleere, dschungelbewachsene Innere, wo der erloschene Vulkan *Ohorena* mit über 2200 m in alpine Höhen aufragt, unterbricht nur das Rauschen der zahlreichen Wasserfälle die Ruhe. Keine Straße führt durch das wenig erschlossene Inselinnere. Tahiti besteht eigentlich aus zwei Inseln, *Tahiti-Nui* und der kleineren *Tahiti-Iti,* verbunden durch eine Landenge. 120 km legt man auf dem Rundkurs über Tahiti Nui zurück.

Tahiti-Itis Küsten sind im Norden und Süden jeweils nur bis zur Hälfte der Insel (insgesamt 36 km) befahrbar. Die beste Orientierung bieten die Kilometersteine: die dem Meer zugewandte Zahl nennt die Entfernung zu Papeete, die andere die Kilometer bis zu dem Ort *Taravao.* Ab Taravao ist die Zahl der Kilometer Richtung Papeete (etwa 60 km), dann wieder rückläufig. Die Westküste Tahitis ist touristisch besser erschlossen, weil es hier sehr viel weniger regnet als im Osten.

BESICHTIGUNGEN

Wenn Sie der Inselstraße im Uhrzeigersinn folgen, erreichen Sie während eines Tagesausflugs die folgenden Punkte in dieser Reihenfolge:

Grab von König Pomare V.

Das Grabmal wurde 1879 ursprünglich für *Queen Pomare* gebaut, dann jedoch für ihren Sohn, den letzten König von Tahiti, hergerichtet. Auf der Spitze des Grabmals befindet sich eine griechische Urne, die von den Tahitianern verächtlich als »Schnapsflasche« tituliert wird. Grund: König Pomare V. starb an Trunksucht. *Tombeau du Roi Pomare V, Arue, Kilometerstein 5*

Pointe Venus

In der *Matavai Bay* ankerten die Kapitäne Cook (1769), Wallis (1767) und Bligh (1788), letzterer mit seiner »Bounty«, hier landeten 1797 die ersten Missionare, hier wurde 1935 der erste von vielen Bounty-Filmen gedreht. Cook wollte von diesem Punkt aus beobachten, wie die Venus die Sonne kreuzt. Das Parkgelände rund um den Leuchtturm ist eine beliebte Picknick-Oase. Der Strand ist tiefschwarz. *Kilometerstein 10 bei Mahina*

Arahoho Blowholes

Mit mächtigem Druck schießen dicht neben der Straße Wasserfontänen aus Öffnungen im Gestein. Ein kräftiges *Blowhole* befindet sich auf der vom Meer abgewandten Straßenseite. *Tiarei, Kilometerstein 22*

Cascades de Fa'arumai

Kurz hinter den *Blowholes* biegt die Straße in ein dichtbewachsenes Tal ab. Besonders schöne Wanderungen führen von einem Parkplatz aus zu den *Vaimahuta-Wasserfällen (fünf Minuten). Tiarei, Kilometerstein 22*

Tahiti Iti

Ein schmaler Isthmus verbindet Tahiti Iti (die kleine Insel) mit Tahiti Nui. Lohnenswert ist die Fahrt auf das 400 m hohe *Plateau de Taravao* (Richtung *Tautira,* ausgeschildert). Über die Weidelandschaft hinweg hat man einen grandiosen Ausblick auf die Küstenlinie von Tahiti Nui und das Lagunen-Riff. Bei *Vairao* soll der polynesische Halbgott *Maui* einen Fußabdruck hinterlassen haben – beim Versuch, die Sonne mit Stricken festzuhalten.

Eine steinerne Götterstatue bewacht die Reste des Marae Arahurahu auf Tahiti

Marae Arahurahu
In der polynesischen Tradition zwar weniger wichtig als das *Marae Mahaiatea* (nur noch einige Steinhaufen blieben von dem einst 90 m langen Gebäude übrig – *Kilometerstein 39 bei Papara direkt am Meer*), dafür aber teilweise restauriert und malerisch an einem dicht bewachsenen Hang gelegen. Das *Marae* ist auch Stätte des *Heiva-Festes* im Juli. Vorsicht: Das Betreten der Steine ist Besuchern verboten. *Paea, Kilometerstein 22,5*

Maraa Grotto
Mehrere Grotten mit kleinen Wasserfällen an der Küstenstraße. Ein erfrischendes Badeerlebnis, vor allem in der Grotte *Vaipoiri. Paea, Kilometerstein 28,5*

TOUREN

Die Inselrundfahrten per Bus kosten beim Veranstalter *ca. 60 Mark pro Person.* Ein Mietwagen macht unabhängiger. Tip: Nehmen Sie Sonnenöl und Moskitoschutzmittel mit auf die Rundfahrt. Touren bieten an *Tahiti Nui Travel, Tel. 54 02 00, Fax 42 74 35*

MUSEEN

Musée de Coquillage (Muschelmuseum)
Über 7000 verschiedene Muschelschalen, einige davon kann man kaufen. *Kilometerstein 36, Papara, tgl. 8–16.30 Uhr, Tel. 57 45 22, Eintritt ca. 5 Mark*

Musée Gauguin
★ 1891 kam Paul Gauguin aus Frankreich nach Tahiti, lebte zunächst in *Mataiea* (Südküste), später dann in *Punaauia* (Westküste). Schließlich siedelte er auf die *Marquesas* über, wo er 1903 auf *Hiva Oa* im Alter von 55 Jahren, verarmt und an Syphilis erkrankt, starb. Keines seiner ca. 60 in Französisch-Polynesien gemalten Bilder, für die häufig seine polynesische Frau Teha'amana Modell stand, befindet sich noch auf den Inseln. Gezeigt werden lediglich einige Reproduktionen. Das Museum und ein kleines Restaurant liegen im *Harrison Smith Botanical Garden,* angelegt 1919 von einem amerikanischen »Aussteiger«, dem ehemaligen Physikprofessor Harrison Smith. *Kilometerstein 51, Papeari, tgl. 9–17 Uhr, Eintritt ca. 10 Mark, Tel. 57 10 58*

Musée de Tahiti et des Iles
★ Das beste und modernste Museum der Südsee-Inseln. Ausführlich und anschaulich werden Natur und Kultur der Gesellschaftsinseln sowie alle vorkommenden Muschel- und Korallenarten erläutert. Besonderheiten:

Umfangreiche Kanu-Ausstellung und ein Anker von Cooks Schiff, den er 1773 verlor. Erklärungen fast ausschließlich auf französisch. *Kilometerstein 15, Punaauia, 9.30–17.30 Uhr, Eintritt ca. 8 Mark. Tel. 58 34 76*

RESTAURANTS

Preiswerte Restaurants findet man in Französisch-Polynesien nur selten, genausowenig wie amerikanische Fast-Food-Ketten. Die Alternative sind einige Snackbars und die preiswerten und meist auch guten *Les Roulottes,* rollende Imbißbuden, die überwiegend Steak (11 Mark) und Hühnchen (9 Mark) mit Pommes frites, aber auch Crêpes anbieten. Bervorzugter Standort ist in Papeete die Anlegestelle der Fähre nach Moorea. Wenn Sie in Restaurants preiswerten Wein trinken wollen, bestellen sie *vin ordinaire* in der Karaffe.

Le Belvédère

Weniger die französische Küche als die Beobachtung des Sonnenuntergangs von dem auf einem Hügel gelegenen Restaurant bleiben unvergessen. *Reservieren Sie einen Tisch und lassen Sie sich gegen 17 Uhr in Ihrem Hotel vom Restaurantbus abholen (ohne Mehrkosten; rechnen Sie mit ca. 75 Mark pro Person/Menü). Fare Rau Ape Valley (bei Papeete), Do–Di 11.30 bis 14 Uhr, 18.30–21.30 Uhr, Tel. 42 73 44, Kategorie 1*

Captain Bligh Restaurant

Restaurant am *Lagoonarium* (einer kleinen Unterwasserwelt), wo am Sonntagmittag ein sehr beliebtes *Tamaara'a* (Essen aus dem Erdofen mit Folklore) zubereitet wird. *Punaauia (Kilometerstein 11),*

Die Meuterer der Bounty

Am 4. April 1789 hißte die »Bounty« unter dem Kommando von Captain William Bligh im Hafen von Tahiti ihre Segel und machte sich auf die Heimfahrt nach England. Sechs Monate lang hatte die Besatzung auf der Insel das Südsee-Leben genossen, vor allem die sexuelle Freizügigkeit der schönen Tahitianerinnen. Nach heftigen Auseinandersetzungen zwischen dem Ersten Offizier Fletcher Christian und Captain Bligh kam es an Bord schließlich zur Meuterei. Gründe waren wohl auch disziplinarische Maßnahmen des Kapitäns, aber keineswegs seine unmenschliche Grausamkeit, wie es in Filmen und Romanen nachzulesen ist.

Mit einigen Gefolgsleuten wurde der Captain in einem kleinen Boot auf offener See ausgesetzt und erreichte nach 8300 Kilometern über offene See die rettende Küste Indonesiens. Eine navigatorische Meisterleistung! Die Meuterer entdeckten die abgelegene Insel Pitcairn als Versteck und ließen sich gemeinsam mit einigen einheimischen Männern und Frauen aus Tahiti dort nieder. Mitte des 19. Jhs. war die kleine Insel bereits überbevölkert. Man siedelte auf andere Inseln um, einige kehrten auch nach Europa zurück. Ihre Nachkommen in der Südsee leben immer noch einsam, aber gesund – ohne Alkohol und Schweinefleisch.

Di–Sa 11.30–21.30 Uhr, So 11.30 bis 15 Uhr, Tel. 43 62 90, Kategorie 2

Le Dragon d'Or
Chinesisch, gut und teuer, *Di–So 11–13.45 Uhr, 18.30–21.40 Uhr. Papeete, Rue Colette (neben dem Hotel Le Mandarin Noa Noa), Tel. 42 96 12, Kategorie 1*

Restaurant du Musée Gauguin
Direkt an der Lagune, aus der die Meerestiere frisch auf den Tisch kommen. *Papeari (am Gauguin Museum), tgl. nur Mittagessen, Tel. 57 13 80, Kategorie 2*

L'O à la bouche
Ausgezeichnete französische Küche mitten in Papeete. *Passage Cardella, Mo–Fr Lunch, tgl. Dinner, Tel. 45 29 76, Kategorie 1*

L'Oasis
Kleines Cafe und Restaurant am *Vaima-Center (neben dem Air New Zealand-Büro)* mit einem phantastischen, nach Kokosnuß schmeckenden Ananassaft. *Papeete, Centre Vaima, Mo–Sa 8 bis 18 Uhr, Tel. 45 45 01, Kategorie 3*

EINKAUFEN

Irihonu Craft Centre
Qualitativ gute Produkte ortsansässiger Kunsthandwerker, denen man bei der Arbeit über die Schulter schauen kann. *Paea, Kilometerstein 20, Mo–Fr 9–17.30 Uhr, Sa 9–13 Uhr*

Marché Municipal
★ Mitten in *Papeete* befindet sich die Markthalle. Im Erdgeschoß werden Gemüse und Fisch verkauft (besonders frisch frühmorgens oder gegen 16 Uhr), im ersten Stock haben Sie die größte Auswahl an Souvenirs und Textilien in der Südsee. Vor allem sonntags zwischen fünf und sieben Uhr morgens scheint sich halb Tahiti auf dem Markt zum Einkaufen zu versammeln. Probieren Sie während des Marktbummels frische Vanillestangen. *Rue du 22 Septembre und Rue Cardella, Mo–Sa 4–19 Uhr, So 4 bis 12 Uhr*

Schwarze Perlen
Das *Tahiti Perles Centre (Papeete, Bd. Pomare [am Poafai Tempel], Mo bis Fr 9–17.30 Uhr, Sa 9–12 Uhr, Tel. 46 15 15)* hat eine große Auswahl und zeigt ausführlich und kostenlos in einem Museum, wo und wie die schwarzen Perlen gezüchtet werden. Ein weiteres empfehlenswertes Geschäft (schwarze Perlen ab ca. 200 Mark): *Vaima Pearls, Papeete, Vaima Shopping Centre, Mo–Fr 8 bis 17.30 Uhr, Sa 8–13 Uhr, Tel. 42 55 57, Fax 43 28 79*

HOTELS

Fare Nana'o
Kein Geheimtip, aber (fast) ein echtes Robinson-Erlebnis bei *Taravao.* Die urigen Baumhütten, teilweise über einer weißen Sandbank und der Lagune haben kein WC, manchmal aber eine Küche bzw. einen Kühlschrank. Stimmungsvolle Sonnenaufgänge. Tip: Reservieren Sie sich *Fare Aito* oder *Fare Hinareva. 6 Zi., Faaone (Kilometerstein 52), P.O. Box 7193, Tel. 57 18 14, Kategorie 2*

Le Mandarin Noa Noa
Solides Stadthotel, gutes Preis-Leistungs-Verhältnis. *37 Zi., Rue Colette, Papeete, Tel. 43 90 04, Fax 41 39 23, Kategorie 2*

Hotel Le Méridien
Sehr geschmackvoll gestaltetes Hotel, derzeit bestes Ferien-Resort der Insel. *150 Zi., Punaauia (Westseite), ca. 10 Min. vom Airport entfernt, 25 Min. bis Papeete, Tel. 47 07 07, Fax 47 07 08, Kategorie 1*

Royal Matavai Bay Hotel
Auf der Terrasse des an einem Hang ca. 10 km außerhalb von Papeete gelegenen Hotels präsentieren sich ab 17.30 Uhr die schönsten Sonnenuntergänge mit Blick auf Moorea und die Matavai Bay (auch für Nicht-Hotelgäste zugänglich). Gute Restaurants, sehr großzügige Swimmingpool-Landschaft, schwarzer Strand. *190 Zi., Arue, P.O. Box 1 47 00, Tel. 48 11 22, Fax 48 25 44, Kategorie 1*

Royal Papeete Hotel
Zentral an der Hauptstraße und in der Nähe der Anlegestelle für die Fähre nach Moorea. Einfach und manchmal turbulent (vor allem freitags im *La Cave-Nachtclub). 85 Zi., Papeete, Bd. Pomare, Tel. 42 01 29, Fax 43 79 09, Kategorie 2*

Tahiti Beachcomber Parkroyal
Sehr großzügig und geschmackvoll gestaltete Anlage mit Blick auf die gegenüberliegende Insel Moorea, nahe des Flughafens ge-

Traumaussicht vom Maeva Beach, Tahiti, auf die Nachbarinsel Moorea

legen. *181 Zi., Pointe Tata'a, Faaa, P.O. Box 60 14, Tel. 42 51 10, Fax 43 61 06, Kategorie 1*

Tahiti Country Club

Gutes Preis-Leistungs-Verhältnis, drei Kilometer vom Flughafen entfernt in Punaauia, vom Pool aus hat man einen schönen Blick auf Moorea. Weitere Häuser der THR-Gruppe befinden sich auf den Inseln Moorea, Huahine, Rangiora und Bora Bora. *66 Zi., Faaa, P.O. Box 130 19, Tel. 43 08 29 (zentrale Reservierung), Fax 41 09 28, Kategorie 1–2*

Tahiti Outrigger

Stadtnah, direkt am Wasser gelegen mit Blick auf Moorea und Hafen; das Hotel befindet sich 1999 im Umbau. Daten deshalb bei *Tahiti Tourisme* in Deutschland erfragen (S. 133)

SPIEL UND SPORT

Segeln

Am *Bd. Pomare, Papeete,* befinden sich in Hausbooten auf dem Wasser mehrere Yacht-Charterfirmen – Segelfans haben die Auswahl. Ein 10-Meter-Segelboot kostet *pro Woche ca. 4500 Mark* (April bis Dezember). Auf Raiatea ist es zwar nicht preiswerter, aber das Segelrevier bedeutend interessanter. In den Wintermonaten April bis September liegen die Yachties aus aller Welt in Papeete vor Anker. Wenn Sie eine Mitfahrgelegenheit auf andere Inseln oder nach Neuseeland suchen, sind Sie hier am Kai gerade richtig.

Surfen

Besonders die Nord- und Südwestküste steht bei Surfern hoch im Kurs. Gute Arrangements (auch Unterkunft in Mehrbettzimmern) bietet *Moana Surf Tours, Kilometer 8,3 an der Westküste, Tel./Fax 43 70 70.*

AM ABEND

Le Retro

Populäres Bistro französischen Stils in der Hauptstadt. *Vaima Shopping Centre, Papeete, tgl. 6.30 bis 24 Uhr, Tel. 42 86 83*

Tamaara'a

So heißt das tahitianische Festessen, dessen reichhaltige Zutaten im Erdofen gegart werden. Meist wird es am Freitagabend oder Sonntagmittag zubereitet *(z. B. auf Tahiti im Sofitel Maeva Beach für ca. 70 Mark pro Person).* Im *Tahiti Beachcomber, Papeete* treffen sich Freitagabends die wohlhabenden *locals* zum *Seafood Buffet.* Dort tritt auch die derzeit beste Folklore Truppe *Te Maeva* auf. *Sofitel Maeva Beach, Kilometerstein 7,5, Punaauia, Tel. 41 04 04*

Le Tamure Hut

Viele *locals,* gute tahitianische Live-Folklore (»tamure« werden die Folklore-Shows in Französisch-Polynesien genannt). *Eintritt am Wochenende ca. 18 Mark, inkl. eines Drinks. Bd. Pomare (neben dem Royal Papeete Hotel und dem La Cave), Papeete, Mi–Sa, 21–3 Uhr, Tel. 42 01 29*

AUSKUNFT

Tahiti Tourisme

Tahiti Tourisme Board, Fare Manihini, Bd. Pomare/Rue Paul Gauguin, Mo–Fr 7.30–17 Uhr, Tel. 50 57 00, Fax 43 66 19, www.tahiti-tourisme.com

INSELN IN DER UMGEBUNG

Austral-Inseln **(167/D 5)**
Südlich von Tahiti ziehen sich die sechs Inseln hin, darunter auch die heute (als einzige der sechs) unbewohnte *Ile Maria,* die als letztes polynesisches Königreich französisch wurde (1899). Die zwei Hauptinseln *Tubuai* und *Rurutu* liegen zwei Flugstunden von Papeete entfernt. Die rund 6500 Bewohner leben vom Ackerbau und Fischfang und von traditionellem Kunsthandwerk, das zum größten Teil in Papeete an Touristen verkauft wird.

Das im Innern der Inseln von Hügeln geprägte Landschaftsbild erinnert an die Marquesas. Auf den Austral-Inseln herrscht das kühlste Klima Französisch-Polynesiens, denn sie liegen knapp außerhalb der Tropen. Touristen verirren sich nur selten hierher. Air Tahiti fliegt mehrmals wöchentlich die Austral-Inseln *Rurutu* und *Tubuai* an, die übrigen Inseln der Gruppe erreicht man nur mit dem Schiff ab Papeete (zweimal monatlich). Übernachten kann man in kleinen Pensionen. Sehenswert sind übergroße steinerne *Tiki* auf *Raivavae,* die den Statuen auf der Osterinsel und den Marquesas ähneln.

Die etwa drei Meter hohen, auf der Insel errichteten Statuen sind teils schon sehr zerstört, andere Teile kann man heute im Gauguin-Museum auf Tahiti bewundern.

Gambier-Inseln **(167/E 5)**
Die zehn kleinen Inseln mit einer Gesamtfläche von nur ca. 30 qkm liegen inmitten eines großen Riffgürtels und immerhin 1800 km südöstlich von Tahiti. Man erreicht sie nur über Tahiti, entweder mit dem Flugzeug ab Papeete oder mit einem Versorgungsschiff, das ein- bis zweimal im Monat zu den Inseln fährt. Als die ersten Missionare die Inseln betraten, waren hier noch einige tausend Polynesier zu Hause, heute kann man allenfalls die Hauptinsel *Mangareva* mit rund 800 Einwohnern als »bevölkert« bezeichnen. Die leben relativ autark von Feldanbau, Fischfang und etwas Viehzucht. Außerdem hat sich die Perlmuschelzucht zu einem Hauptwirtschaftszweig entwickelt. Touristen finden bei den Einheimischen Übernachtungsmöglichkeiten.

Eine echte Sehenswürdigkeit befindet sich in *Rikitea* auf *Mangareva: St. Michel,* die größte Kathedrale Polynesiens, mit schimmerndem Innendekor aus Perlmutt. Errichtet wurde sie 1841 von Anhängern des fanatischen belgischen Katholikenführers Laval. Zum Besuch der Gambier-Inseln benötigt man eine spezielle Erlaubnis *(Informationen bei Tahiti Tourisme).*

Marquesas **(167/E 3)**
Sechs bewohnte Hauptinseln gehören zu dem gebirgigen, etwa 1300 km nordöstlich von Tahiti gelegenen Archipel. Mit der Entdeckung durch die Europäer kamen auch Elend und Tod über die einst 50 000 Insulaner. Am schlimmsten wüteten Sklavenjäger und der Alkohol. Die Bevölkerung schrumpfte innerhalb von 50 Jahren auf ein Zehntel.

Heute leben wieder etwa 8000 Menschen auf den Inseln. Der Maler Paul Gauguin starb hier und wurde in *Atuona* auf der Insel *Hiva Oa* begraben. Daneben fand der belgische Chansonnier Jacques Brel 1978 seine letzte Ruhestätte. Man erreicht die Inselgruppe nur über Tahiti, entweder mit dem Flugzeug ab Papeete oder mit einem Versorgungsschiff, das ein- bis zweimal im Monat zu den Inseln fährt. *Nuku Hiva* ist die Hauptinsel. Hier finden Touristen am ehesten ein Zimmer in den von Einheimischen geführten Gästehäusern.

Tetiaroa **(167/D 4)**
Das kleine Atoll ist Privatbesitz: Der amerikanische Schauspieler Marlon Brando kaufte Tetiaroa, nachdem er 1960 auf Tahiti den Film »Meuterei auf der Bounty« gedreht hatte. Aber er hat sich schon lange nicht mehr sehen lassen. Viel früher, als Tahiti noch Königreich war, wurden hier junge adelige Frauen vor ihrer Hochzeit »gemästet«, damit sie dem gängigen Schönheitsideal entsprachen.

Nur 42 km nördlich und 20 Flugmin. (oder zwei Stunden mit dem Schiff) von Papeete entfernt, kann das Atoll in einem Tagesausflug besucht werden. *Abflug gegen 8 Uhr, Rückkehr gegen 16.30 Uhr, ca. 500 Mark pro Person.* Für einen längeren Aufenthalt stehen eine Hotelanlage bzw. Hausboote zur Verfügung *(ca. 300 Mark pro Person inkl. Schiffstour und Verpflegung).* Tauchern und Schnorchlern bietet die geschützte Lagune ideale Bedingungen. Tetiaroa ist ein Vogelschutzgebiet, auf den langen Sandstränden nisten zahlreiche Seevögel. *Tetiaroa Village, 13 Fares,* teilweise großzügige Bungalows am makellosen Strand. *P. O. Box 2418, Tel. 82 63 02, Fax 85 00 51, Kategorie 1*

Tuamotu-Inseln **(167/E 4)**
Die unzähligen Atolle des Archipels verteilen sich über Hunderte von Kilometern im östlichen Pazifik, einige sind ca. 1500 km von Tahiti entfernt. Touristisch am interessantesten ist *Rangiroa,* das zweitgrößte Atoll der Welt und nur 335 km von Papeete entfernt. Die Insel ragt gerade einmal drei Meter über die Meeresoberfläche hinaus – verhängnisvoll für unachtsame Segler. Weniger die Korallenstrände als die Lagune ist einen Aufenthalt wert – für Taucher ein Paradies mit kleinen Haien und mächtigen Manta-Rochen. Man erreicht die Inselgruppe über Tahiti oder Bora Bora mit dem Flugzeug. Empfehlenswerte Unterkünfte: *Kia Ora Village, 45 Bungalows, Tel. 96 02 22, Fax 96 02 20, Kategorie 1. Rangiroa Beach Club, 26 Bungalows, Tel. 96 03 34, Fax 41 09 28, Kategorie 2. Pension Raira Lagoon, 10 Bungalows, Tel. 96 04 23, Fax 96 05 86, Kategorie 2–3.* Alle Übernachtungen mit Verpflegung. Restaurants gibt es nur in den Hotels und Pensionen. Fragen Sie das *Tourist Board* nach preiswerteren Privatunterkünften.

Als reizvoll gelten die Atolle *Fakarava* und *Manihi.* Letzteres ist bekannt für seine Perlenzucht, die Farmen können besichtigt werden. Ein Erlebnis ist das nächtliche Tauchen in der kristallklaren Lagune. Hotels: das frisch renovierte *Manihi Pearl Beach Resort, 19 Overwater-Bungalows, Tel. 43 16 10, Fax 43 17 86, Kategorie 1. Vainui Perles, Motu Taugaraufara, Tel. 96 42 89, Fax 96 42 00, Kategorie 2. Fangataufa* und *Moruroa* sind wegen der Atomtests für die Öffentlichkeit nicht zugänglich.

Wo alles begonnen haben soll

Samoa betrachtet sich stolz als Wiege Polynesiens

In der Mythologie ist Savai'i, der Name der größten samoanischen Insel, nur ein anderer Begriff für das sagenumwobene *Hawaiki'i*, die Heimat aller Polynesier. Deshalb gaben die Samoaner ihrem Land den Titel: »The cradle of Polynesia«, die Wiege Polynesiens. Etwa zehn Prozent der rund 162 000 Einwohner gelten als Euronesier. Sie haben vielfach deutsche Vorfahren, die zwischen 1899 und 1914, als West-Samoa Kolonie des deutschen Kaiserreichs war, auf den Inseln Upolu und Savai'i lebten. Noch heute klingen Vor- und Nachnamen so mancher Samoaner deutsch.

Dem damaligen Gouverneur Wilhelm Solf verdanken es die Deutschen, daß sie in dem 2900 qkm großen Inselstaat Anerkennung genießen. Er ließ Straßen und Schulen bauen und bemühte sich, die Landrechte der Insulaner zu schützen. Mit der Verpflichtung jedes Landbesitzers, im Jahr 50 Kokospalmen zu pflanzen, hat Solf die wirtschaftliche Basis Samoas geschaffen, denn Kokosprodukte haben noch heute den größten Anteil am Gesamtexportvolumen. Das allerdings wird um ein Sechsfaches überstiegen von den Importen.

Piula Cave Pool, ein Natur-Süßwasserbecken auf der samoanischen Hauptinsel Upolu

Die Inflationsrate liegt jährlich knapp unter zehn Prozent. Arbeitslosigkeit, aber auch das monotone, von den Häuptlingen *(Matais)* streng kontrollierte Dorfleben treibt viele junge Samoaner ins Ausland, hauptsächlich nach Neuseeland. Beängstigend hoch ist die Selbstmordrate unter Jugendlichen. Der in den zwanziger Jahren von der amerikanischen Anthropologin Margaret Mead geschaffene Samoa-Mythos von einer freien, unverdorbenen Gesellschaft entsprach schon damals kaum der Realität, heute noch weniger. Die ca. 15 000 Häuptlinge, die *Matais,* haben alle Macht in den Händen, auch politisch. Erst bei den Parlamentswahlen im Jahre 1991 wurde ein allgemeines Wahlrecht zugelassen.

»Fa'a Samoa« heißt die Lebensart im traditionellen, von alten Sitten und Gebräuchen bestimmten Gesellschaftssystem, an

MARCO POLO TIPS FÜR SAMOA

1 Piula Cave Pool
Der Natur-Pool auf Upolu mit kristallklarem Süßwasser ist ideal für ein erfrischendes Bad (Seite 90)

2 Robert Louis Stevenson Museum
Das letzte Zuhause des Schriftstellers, eine romantische Villa in den Hügeln von Vailima, läßt begeisterte Leser von der »Schatzinsel« träumen (Seite 91)

3 Marketi Fou in Apia
Der ursprünglichste Markt in der Südsee hat den ganzen Tag geöffnet (Seite 92)

4 Aggie Grey's Hotel
Aggie, schon zu Lebzeiten eine Legende, muß dem Hotel in Apia eine Seele eingehaucht haben (Seite 92)

5 Pulemelei Pyramide
Wie verwunschen liegt die gigantische steinerne Kultstätte im dichten Regenwald auf Savai'i (Seite 97)

6 Papa
Bei einem mysteriösen Naturschauspiel in dem kleinen Dorf Papa an der Küste von Savai'i spielen einmal im Jahr Würmer die Hauptrolle (Seite 97)

dem auf Samoa stärker festgehalten wird als anderswo in der Südsee. Dazu gehören auch die *Fa'afafine,* die Transvestiten, die ähnlich wie in Tonga erzogen werden, um die Frauen bei der Hausarbeit zu entlasten. Die Fa'afafine gehören zur Familie und werden in keiner Weise diskriminiert.

Immer wieder fegen Taifune über die Inseln, zerstören die Siedlungen, Strände und Kokospalmenplantagen. Und regelmäßig kommen die Aufbauarbeiten ins Stocken, weil die finanziellen Hilfen der Industrieländer bei den Politikern und *Matais* vor Ort in dunklen Kanälen versickern.

Der Flughafen heißt *Faleolo,* knapp 40 Min. Fahrt (ca. 30 km) mit dem Bus von der Hauptstadt Apia auf Upolu entfernt. Zum Flughafen *Tafuna* auf *Amerikanisch-Samoa* starten mehrmals täglich die kleinen Twin Otter von Samoa Air (20 Min. Flug, ca. 120 Mark hin und zurück). Mit dem Schiff fährt man von der *Mulifanua Wharf* (3 km vom Faleolo-Flughafen entfernt) aus für sechs Mark in 90 Min. nach Savai'i. Die Flüge nach Savai'i starten meist in *Fagali'i* (ca. 5 km östlich von Apia). Wenn Sie nach *Pago Pago* fliegen (ebenfalls von Fagali'i aus), bewahren Sie die Quittung von 16 Mark für die Ausreisegebühr auf. Sie gilt beim nächsten internationalen Flug innerhalb der folgenden 30 Tage. Samoa ist die Heimat von *Polynesian Airlines, Apia, NPF Building, Beach Rd., Tel. 22737, 22172, 23612 (Airport), Fax 20023. Samoa Air, Apia, Vaea St., Mo–Fr 8–17 Uhr, Sa 8 bis 12 Uhr, Tel. 22321, Fax 23851 (Tagestrips mit Besichtigungen ca. 240 Mark).*

UPOLU

(**166/B4, 172/173**) Auf der gebirgigen Hauptinsel Samoas leben mehr als zwei Drittel der Gesamtbevölkerung. Die schönsten Strände befinden sich im Süden und Osten. An der Nordküste liegen der internationale Flughafen und die Hauptstadt *Apia* (**173/D4**, Stadtplan in der hinteren Umschlagklappe), die auch das touristische Zentrum darstellt. Die staubige, laute Stadt ist alles andere als ein Südsee-Idyll. Ehemals prächtige Kolonialbauten sind vernachlässigt, die *Beach Rd.* verführt nicht zum Flanieren, und zur Rush-hour wollen die Autoabgase zwischen den Häuserzeilen nicht entweichen. Auch die buntbemalten offenen Busse erfreuen allenfalls optisch: Aus dem Innern dröhnt scheppernde Popmusik, je lauter, desto mehr Samoaner steigen zu. Zwei gläserne Betonhochhäuser an der Wasserfront beherrschen das Stadtbild. »Tottering Towers« (wackelige Türme) nennt der Volksmund das neue Regierungsgebäude und die Zentralbank, nachdem publik wurde, daß der Bau an einer Seite abgesackt war.

Außerhalb Apias spielt sich das Leben in einfachen, aber gepflegten Dörfern ab, in denen vielfach noch die traditionellen, nach allen Seiten hin offenen *Fales* (Hütten) stehen. Deren Mobiliar mutet tatsächlich deutsch an: mittendrin ein mit dicken Kissen versehenes Bettgestell und eine gläserne Vitrine.

BESICHTIGUNGEN

Mulinu'u Peninsula

Die *Mulinu'u Rd.* ist die westliche Verlängerung der *Beach Rd.* (ab

Körbe statt Regale: der Markt in Apia

Marktplatz) in *Apia* und führt an den Denkmälern für die 150 deutschen, britischen und amerikanischen Marinesoldaten vorbei, die auf ihren Schiffen im Hafen von Apia während des Zyklons im März 1889 ertranken. Zu besichtigen ist auch das *German Flag Memorial* zur Erinnerung an die deutsche Kolonialherrschaft. Am Ende der Straße, gegenüber dem Denkmal zur Unabhängigkeit Samoas, befindet sich das runde Parlamentsgebäude, *Fono,* das den 52 Abgeordneten Platz bietet. Ein paar Schritte weiter steht die Wetterbeobachtungsstation.

Piula Cave Pool

★ ◎ Kristallklares Wasser in einem Natur-Süßwasserpool, der von einer kalten Quelle gespeist wird; dicht am Meer auf dem Gelände des Piula Methodist Theological College. *Mo–Sa 8 bis 16.30 Uhr, bei dem Ort Lufilufi im östlichen Teil der Nordküste, Eintritt ca. 1 Mark.*

TOUREN

Verschiedene Tagesausflüge auf *Upolu* organisiert *Samoa Scenic Tours (Tel. 228 80, Fax 236 26, Aggie Grey's Hotel, Apia).* Tagestouren nach *Savai'i* und *Amerikanisch-Samoa (ca. 150 Mark)* buchen Sie am besten über *Oceania Travel and Tour (Mulinu'u Rd., Tusitala Hotel, Mo–Fr 8.30–17.30 Uhr, Sa 8 bis 11 Uhr, Tel. 225 52, Fax 222 55).* Tips für Touren erhalten Sie auch im *Rainforest Restaurant (Beach Rd., Tel. 250 30,* deutschsprechende Besitzer).

Benimmregeln für Samoa

Die Samoaner sind ein besonders gastfreundliches, aber auch sehr stolzes Volk. Wer eine Siedlung besuchen will, muß zuvor die Einwilligung des Dorfvorstehers einholen. Eine Versammlung des Häuptlingsrates verlangt ungewöhnlichen Respekt: Gehen Sie gemessenen Schrittes vorbei, auf keinen Fall im Auto oder auf dem Fahrrad das Palaver passieren. Nehmen Sie gegebenenfalls den Rucksack von den Schultern und klappen Sie den Schirm ein!

Betreten Sie ein »Fale« niemals ohne Einladung, geschweige denn mit Schuhen. Bei der Begrüßung des Gastgebers nicht die Matte auf dem Boden überqueren, sondern außen herumlaufen. Wenn Ihr Gegenüber im Fale bereits sitzt, lassen Sie sich ebenfalls schnell nieder. Aber auf keinen Fall mit ausgestreckten Beinen, es sei denn, Sie können diese z. B. mit einem Tuch bedecken. Gäste werden zuerst bedient, gegessen werden darf aber erst nach dem gemeinsamen Gebet. Mehr oder weniger stillschweigend erwarten die Samoaner Gastgeschenke, möglichst in Form von Naturalien wie Zigaretten, T-Shirts oder Konserven. Wer als Besucher einer Familie eine andere Einladung annimmt, beleidigt die Gastgeber schwer. Wenn Sie ein Foto machen möchten, fragen Sie zuvor um Erlaubnis.

Einem Fale nachempfunden ist Samoas Parlamentsgebäude

MUSEEN

Robert Louis Stevenson Museum

★ Am Fuß des *Mount Vaea* kauften die Stevensons Land, das sie *Vailima* nannten, »nahe am Wasser«. Fünf Jahre lang lebte der Autor von »Dr. Jekyll and Mr. Hyde« und »Die Schatzinsel« hier; in »In der Südsee« hat er seine Jahre auf den Inseln beschrieben. Am 3. Dezember 1894 starb Stevenson im Alter von 44 Jahren an einem Gehirnschlag (und nicht an Tuberkulose, die ihn jahrelang kränkeln ließ). Das Familiengrab auf *Mount Vaea* erreicht man nach ca. 55 Min. über einen markierten, schmalen Weg vom Haus aus. Stevenson liebte Samoa, und die Samoaner liebten ihn, verliehen ihm den Titel »Tusitala«, Geschichtenerzähler. Lange von der Regierung zu Repräsentationszwecken genutzt, wurde das Haus nun aufwendig renoviert und steht Besuchern offen, die sich über Stevensons Leben in Samoa informieren wollen. *Mo–Fr 8 bis 15.30 Uhr, Sa 8–12 Uhr, Eintritt ca. 10 Mark, Vailima (5 km südlich von Apia an der Cross Island Rd.), Tiavi Rd.*

RESTAURANTS

Belle Ile Restaurant

Bestes Restaurant in Apia. *Beach Rd., nahe Aggie Grey's, Mo bis Fr 11.30–14 Uhr, Mo–Sa 18.30 bis 22.30 Uhr, Kategorie 1–2*

Giodano's

Gute Pizzeria. *Motootua, Apia, Vailima Rd. (gegenüber dem Hotel Insel Fehmarn), Di–Sa 11–22 Uhr, So 17–21 Uhr, Tel. 259 85, Kategorie 3*

Sails

Restaurant in einem alten deutschen Kolonialhaus. *Beach Rd., Tel. 206 28, Kategorie 1–2*

Treasure Garden

Chinesische Spezialitäten. *Apia, Fugalei St., Mo–Fr 12–14 Uhr, 17–22 Uhr, Sa 17–22 Uhr, Tel. 225 86, Kategorie 2*

EINKAUFEN

Aggie's Gift Shop
Sehr große Auswahl an Souvenirs und Büchern. *Apia, Beach Rd. (neben dem Hotel), Mo–Sa 9–18 Uhr, Tel. 228 80*

Kava and Kavings Handicraft
Harry Paul verkauft Kunsthandwerk aus dem gesamten Pazifik-Raum. *Apia, Beach Rd., Mo–Fr 8 bis 16.30 Uhr, Sa 8–12 Uhr, Tel. 241 45*

Marketi Fou
★ Seit der Markt vom Wasser weg verlegt wurde und auch nicht mehr als »Wohn-Schlafraum« der Samoaner dient, ging viel Atmosphäre verloren *(tgl. 7–18 Uhr, Apia, Fugali Rd.)*. In den alten Markthallen *(Beach Rd.)* befindet sich nun ein Flohmarkt.

HOTELS

Aggie Grey's Hotel
★ Das Südsee-Hotel mit einer Legende: Um die gastfreundliche Aggie, die 1988 im Alter von 91 Jahren starb und noch bis zuletzt den samoanischen Siva tanzte, ranken sich unzählige Geschichten. Aggies Nachkommen führen das Haus, das nach wie vor viel Atmosphäre ausstrahlt, weiter. Die Bungalows tragen die Namen von Schauspielern (Marlon Brando, Gary Cooper etc.), die hier anläßlich von Dreharbeiten übernachtet haben. Am Mittwoch eine sehenswerte *Fiafia* (Folklore mit Buffet), die man auch als Nichthotelgast bei einem Bier genießen kann. *156 Zi., Apia, Beach Rd., Tel. 228 80, Fax 236 26, Kategorie 1*

Beach Fales
Einen Kilometer vom *Cape Tapaga* entfernt stehen auf weißem Strand einfache *Fales* (Hütten), Moskitonetze und Matten werden gestellt, eigene Schlafsäcke muß man mitbringen. Fliegen! *Lalomanu, 15 Mark pro Hütte.* Auch im Aleipata-Distrikt gibt es Beach Fales, z. B. *Boomerang Creek.*

Kein Strand aber viel Atmosphäre: Aggie Grey's Hotel in Apia

Coconut Beach Club
Das originellste Hotel und eines der besten Restaurants (direkt am Meer) auf der Insel. Die Zimmer wurden von einem Filmarchitekten aus Hollywood gestaltet. Passabler Strand, Ausflüge in samoanische Dörfer. Am Wochenende meist ausgebucht. 12 Zi., Overwater Bungalows und Beach Fales. *Si'umu (Südküste), 22 km von Apia entfernt, Tel. 248 49, Fax 200 71, Kategorie 2*

Hotel Insel Fehmarn
Zweckmäßig eingerichtet, nicht unbedingt ein Urlaubshotel, oberhalb von Apia. *54 Zi., Falealili Rd., Tel. 233 01, Fax 222 04, Kategorie 2*

Samoan Outrigger Hotel
Mehrbett- und Doppelzimmer in einem Kolonialhaus. Erste Wahl für Backpacker. Kein Strand. Ca. 10 Gehminuten bis Apia-Zentrum. *7 Zi., Vailima, Beach Rd., Tel./Fax 200 42, Kategorie 3*

Sinalei Reef Resort
Geräumige Zimmer, hübscher Pool und Sunset-Bar. Gutes Preis-Leistungs-Verhältnis. *20 Bungalows, Siumu (Südküste, nahe Coconut Beach Club), Tel. 251 91, Fax 202 85, Kategorie 1*

SPIEL UND SPORT

Baden
Die schönen Strände der Südküste haben durch verheerende Zyklone mächtig gelitten. Im westlichen Teil der Küste liegen unweit voneinander der *Salamumu Beach* und der nach dem Hollywood-Streifen benannte »Return to Paradise«-Strand bei *Matautu (Lefaga Bay)*, an dem sich 1952 während der Dreharbeiten Gary Cooper und Roberta Haynes räkelten.

Im östlichen Teil der Südküste befinden sich traumhafte, langgezogene weiße Strände bei *Lotofaga, Vavau* sowie zwischen *Saleapaga* und *Cape Tapaga*. Für die Strandbenutzung werden manchmal ca. 2 Mark Gebühr verlangt. So profitieren auch die Dorfbewohner vom Tourismus. Tip: Kaufen Sie vorher in Apia flaschenweise Wasser. In den Kiosken an der Straße bekommen Sie meist nur Limonade. Zur körperlichen Entspannung ist die *Roseberg Clinic* ideal (Massagen/Kosmetik), *Rosa Schreckenberg, Apia, Hospital Rd., Tel. 249 81.*

Papase'ea Sliding Rocks
Lieblingstreff und Grillplatz der Städter am Wochenende. Über moosbewachsene Felshänge rutscht man in die Naturbecken des Flusses. *Ca. 5 km außerhalb von Apia*

AM ABEND

An Pubs und Abendunterhaltung herrscht in Apia kein Mangel. Zwei Kneipenmeilen gibt es: Die *Beach Road* zwischen *Apia Inn* und der katholischen Kathedrale mit den Lokalen *On the Rocks (Nicht-raucher!), Otto's Reef* und *The Love Boat* sowie die *Mulinu'u Road* am *Hotel Kitano Tusitala* vorbei. Ebenfalls beliebt: die Bar des *Tusitala-Hotels* und die *Beach Bar* mit einer schönen Aussicht übers Meer (beide *Mulinu'u Rd.*). Im *Mount Vaea Club (Ecke Vaea/Vaitele Sts.)* geht es am Wochenende hoch her, gemütlich ist es in *Margrey-Ta's Lagoon Beer Garden, Beach Rd., Matautu.*

Feuchtfröhliche Rutschpartie: Papase'ea Sliding Rocks

AUSKUNFT

Samoa Visitors Bureau
Informative Broschüren (sehr gute Landkarte von Samoa!). *Mo bis Fr 8–16.30 Uhr, Sa 8–12.30 Uhr, Apia, Beach Rd., Tel. 223 71, Fax 208 86, www.samoa.co.nz*

INSELN IN DER UMGEBUNG

Amerikanisch-Samoa (166/B 4)
Als nichtintegriertes Territorium der Vereinigten Staaten ist die 145 qkm große Insel *Tutuila* das Zentrum Amerikanisch-Samoas. Mehr als 90 Prozent der rund 35 000 Einwohner leben hier. Sie besitzen keine amerikanische Staatsbürgerschaft, dürfen aber ohne Beschränkung in den USA leben und arbeiten. Aber auch in der Südsee geht es den Amerikanisch-Samoanern dank Unterstützung aus den Staaten gut. Der Wohlstand ist sichtbar: Nicht traditionelle *Fales,* sondern moderne Wohnhäuser prägen mehr und mehr das Siedlungsbild.

Mehrere Orte bilden die größte Ansiedlung *Pago Pago* (gesprochen: Pango Pango). Dazu gehören auch das Verwaltungszentrum Utulei und Anua mit den großen Thunfisch-Konservenfabriken, den Verursachern der enormen Wasserverschmutzungen im Hafenbereich von Pago Pago. Das Örtchen, als Regenloch verschrien, liegt am Ende einer imposanten, fjordähnlichen Hafenbucht, unterhalb hoher schroffer Berge. 1916/17 hielt sich hier der Schriftsteller Somerset Maugham auf und schilderte seine Eindrücke in der Kurzgeschichte »Regen«.

Sehenswert ist bei einem Tagesausflug die zweitgrößte Siedlung Tutuilas, *Leone,* einst Hauptstadt. Heute besitzt Leone noch eine imposante weiße Kirche, der älteste Bau in Amerikanisch-Samoa. Ca. 1,6 km entfernt befinden sich die *Leone-Wasserfälle* mit einem erfrischenden Pool. Auf den 487 m hohen Berg *Mount Alava* fährt eine 1,8 km lange

Drahtseilbahn über die Hafenbucht. Oben bietet sich, besonders frühmorgens, eine spektakuläre Aussicht, an manchen Tagen bis Samoa. *Pago Pago, Solo Hill Cable Car Terminal, tgl. 8–16 Uhr.*

Eine sehenswerte Sammlung von alten samoanischen Gebrauchs- und Kultgegenständen befindet sich im *Jean R. Haydon Museum (Pago Pago, Ortsteil Fagatogo, Mo–Sa 10–15 Uhr).* Neben Tutuila gehören noch sechs kleine Eilande zu Amerikanisch-Samoa. Erwähnenswert sind allenfalls die Mau'a-Inseln *Ofu, Olesage* und *Ta'u,* stellenweise mit langen weißen Sandstränden.

Empfehlenswerte Unterkünfte sind das *Apiolefaga Inn,* fünf Min. vom Flughafen und außerhalb von *Pago Pago* gelegen, mit großen, relativ neuen, auf jeden Fall sauberen Räumen, Restaurant *(12 Zi., Pago Pago, Tel. 699 91 24, Kategorie 3)* sowie das *Rainmaker Hotel.* Trotz dringend notwendiger Renovierung ist das in den 60er Jahren im Falestil erbaute Hotel noch immer erstes Haus am Platz. Von der Terrasse bietet sich ein herrlicher Ausblick auf die Hafenbucht *(190 Zi., Pago Pago, Tel. 633 42 41, Fax 633 59 59, Kategorie 2).* Achten Sie bei Ausflügen darauf, daß samoanische Währung außerhalb Samoas nicht gewechselt wird. Auskunft erteilt: *American Samoa Office of Tourism, Pago Pago, Tel. 00684/633 10 91, Fax 00684/633 10 94*

Apolima (Samoa) (172/A 4)

Das kleine, felsige Eiland vulkanischen Ursprungs liegt in der gleichnamigen Meeresstraße, außerhalb des Riffgürtels, der Upolu und Manono umschließt. Ca. 150 Menschen leben in dem einzigen Dorf. Der Leuchtturm der Insel belohnt den mühevollen Aufstieg mit einem herrlichen Weitblick. Ornithologisch Interessierte können auf den Klippen nistende Seevögel beobachten. Man kommt nicht ganz leicht auf die Insel, am besten erkundigt man sich bei den Fischern in Manono-uta am westlichen Punkt von Upolu nach Bootstransfers.

Manono (Samoa) (172/A 4)

Etwa 1500 Menschen leben auf der kleinen, naturbelassenen Koralleninsel, die fast 4 km westlich von Upolu liegt und den Schriftsteller James Michener zu »Bali Hai« inspirierte. Es gibt keine Autos, weder Hotels noch Restaurants, aber immerhin Strom. Wer über Nacht bleiben will, kann nur privat unterkommen und sollte ausreichend Lebensmittel mitbringen. Rundherum bietet die Insel hübsche Strände, im Inselinnern ist ein altes Häuptlingsgrab zu sehen, dessen 99 Steine für die Anzahl der Ehefrauen stehen sollen. *Eine halbe Stunde dauert die Fahrt mit dem Boot, Ausflüge organisieren Veranstalter in Apia, oder man fragt einen der Bootsbesitzer am Cape Lefatu oder in Manono-uta.*

SAVAI'I

(166/B 4, 173) Die mit 1800 qkm größte samoanische Insel liegt 16 km nordwestlich von Upolu. Feinsandige Strände und schroffe Klippen mit *blowholes* formen die Küste. Die ausgedehnten Lavafelder entstanden Anfang des 20. Jhs. bei mehreren Eruptionen im unwegsamen Inselinnern. Einige

Vulkane sind heute noch aktiv. Dichter Regenwald beherrscht die Vegetation und überwuchert stellenweise bedeutsame archäologische Stätten wie die *Pulemelei Pyramide.*

Die rund 47 000 Bewohner leben noch in ursprünglichen Dörfern entlang der Küste, immer wieder gebeutelt von Zyklonen. Im Südosten, rund um Fähranlegestelle und Flugplatz, ist die Besiedlung am dichtesten und die Infrastruktur am besten. Hier werden auch Fahrzeuge an Touristen vermietet. Öffentliche Busse verkehren sehr unregelmäßig. Besucher sollten sich mehr als einen Tag Zeit für die naturbelassene Insel nehmen. Die Straßen sind zwar mittlerweile asphaltiert, die Entfernungen aber groß (Rundreise ca. 250 km). *Polynesian Airlines* fliegt täglich von *Upolu* vom internationalen Flughafen *Faleolo* oder vom Flughafen *Fagali'i (bei Apia)* nach *Asau* oder nach *Salelologa (Maota Flughafen)* auf *Savai'i (ca. 100 Mark Hin- und Rückflug).* Zwischen dem Ort *Mulifanua* an der Westküste der Insel *Upolu* und dem Ort *Salelologa* auf *Savai'i* verkehrt drei- bis viermal täglich eine Fähre, die die 20 km in rund 90 Min. bewältigt *(etwa 12 Mark Hin- und Rückfahrt).*

Die offenen Fales der Samoaner garantieren ein angenehmes Raumklima

BESICHTIGUNGEN

Cape Mulinu'u

An der Nordwestspitze der Insel in eindrucksvoller Landschaft führen zwei Öffnungen im Fels laut Mythologie ins Totenreich. Ein Tor ist den Häuptlingen vorbehalten, das andere ist für das gemeine Volk. In der Nähe in *Falealupo-uta* beherbergt eine Höhle den steinernen Thron eines Häuptlings, eines *Matais.* Ca. zwei Stunden sollte man für den Abstecher rechnen.

Lavafelder

Von *Asau* im Nordwesten führt die Straße nach Osten über Sasina durch ausgedehnte Lavafelder, denen Anfang des 20. Jhs. eine ganze Siedlung zum Opfer fiel. Verschont hat die Lava eine kleine Kirche und das »Grab der Jungfrau«.

Lover's Leap

Die Klippe nördlich des Dorfes Fagafau bietet (gegen Entgelt) einen hübschen Ausblick. Laut Legende hat sich hier eine von ihrem Mann verlassene Frau mit dem gemeinsamen Kind in den Tod gestürzt. In Schildkröten verwandelt, sollen Mutter und Kind seitdem einmal jährlich hier an Land schwimmen.

Pulemelei Pyramide

★ An der Südküste bei *Palauli* führt eine Abzweigung ca. 3 km ins Landesinnere zu einem hohen Steinbau, der als der größte im Südpazifik gilt. Vermutlich diente die Anlage als Kultstätte. Mitten im dichten Regenwald gelegen, ist das Bauwerk schwierig zu finden, am besten Einheimische fragen.

HOTELS

Beach Fales

Schöne *Beach Fales* (einfache Unterkünfte bei Familien) finden Sie auf der Nordostseite der Insel, z. B. die *Tanu Beach Fales* in *Manase (mit Vollpension ca. 25 Mark).*

Safua Hotel

Bungalows im *Fale-Stil,* nach allen Seiten offen. Die Besitzerin Vasili Moelagi Jackson ist eine der wenigen weiblichen *Matais* (Häuptlinge) in Samoa. Ausflüge werden angeboten, außerdem landestypisches Restaurant. *12 Bungalows, Lalomalava, Tel. 512 71, Fax 512 72, Kategorie 3*

Siufaga Beach Resort

Direkt am Badestrand von Faga Beach. Auch Organisation von Touren. *7 Bungalows mit eigener Küche, Tel. 535 18, Fax 535 35, Kategorie 1–2*

STRÄNDE

Fagalele-Bucht

Abgeschiedener, traumhafter Strand an der Nordwestspitze der Insel (zwischen Falealupo und Papa), den man ausnahmsweise unentgeltlich genießen kann.

Papa

★ Romantisches Dorf an der Nordküste mit einem der schönsten Badestrände der Insel. Eine Bucht ganz in der Nähe wird jedes Jahr Ende Oktober/Anfang November zum Schauplatz des *Palolo Day,* wenn genau sieben Tage nach Vollmond die sogenannten Palolo-Würmer aus dem Riff kriechen (s. Südsee-Kalender, S. 37).

Wovon eine Südsee-Majestät träumt

Im Königreich Tonga wird noch an alten Traditionen festgehalten

Jeder Tag auf der Welt beginnt in Tonga. Westlich, dicht neben der internationalen Datumsgrenze gelegen, begrüßt der annähernd 700 qkm große und 170 Inseln zählende Staat immer als erster den neuen Tag. Tonga besteht im wesentlichen aus vier Inselgruppen: *Tongatapu, Ha'apai,* den *Niua-Inseln* und *Vava'u,* die sich alle erstaunlich voneinander unterscheiden. Tongatapu und Vava'u sind am besten auf Touristen eingestellt und bieten Erholung mit Südseeflair. Taucher zieht es vor allem in die Korallengärten rund um Vava'u und die unzähligen Riffe von Ha'apai, passionierte Wanderer sind meist von der wilden Landschaft der Niua-Inseln fasziniert. Alle Tonga-Besucher sind sich aber in einem immer einig: Das Land bezaubert mit seinen sauberen, türkisfarbenen Wasserbuchten, den endlosen feinsandigen Stränden, dem Überfluß an saftigen Früchten, seinen Tänzen und Legenden und durch die sorglose Lebenslust seiner Bewohner.

Haàmonga-à-Maui, das rätselhafte Steintor auf Tongatapu

Als einziges Land in der Südsee war Tonga nie Kolonialbesitz. Auf über 1000 Jahre Monarchie können die rund 100 000 Einwohner zurückblicken. Seit dem Tod der beim Volk beliebten Königin Salote im Jahre 1965 regiert ihr Sohn König Taufa'ahau Tupou IV. in Tonga.

Der schwergewichtige Herrscher bestimmt die Mitglieder des Kabinetts, des Kronrates und einen Teil der Parlamentsabgeordneten. Viele sind Adelige und/oder mit der Königsfamilie verwandt. Laut Verfassung gehört alles Land dem König, aber jeder Tongaer hat das Recht auf 3,4 Hektar, die er innerhalb eines Jahres mit 200 Kokospalmen bepflanzen muß – zumindest auf dem Papier.

Demokratisches Gedankengut ist noch suspekt, doch Reformdruck und Opposition wachsen. Immer häufiger wird die Vetternwirtschaft der 33 Adelsfamilien entlarvt, manchmal auch verhindert, wie die Verbrennung von Giftmüll aus den USA, an der die Königstochter gut verdienen wollte. Aufgeflogen ist auch das Geschäft mit tonganischen Pässen, die Tupou IV. vorzugsweise an zahlungskräftige Chinesen verkauft hatte. Crownie, der kräftig an seinem Playboy-Image arbeitende Kronprinz, hat sich außerhalb der Stadt einen neuen, gut gesicherten Palast mit Hubschrauberlandeplatz gebaut – sicherheitshalber!

Doch der größte Teil der Tongaer scheint der Monarchie noch ergeben. »Freundliche Inseln« nannte James Cook das Neuland, nach den liebenswerten Einheimischen, die heute noch »dick« schön finden, obwohl immer häufiger vor den damit verbundenen Gesundheitsschäden gewarnt wird. Auch der übergewichtige, inzwischen über 80 Jahre alte König bemüht sich ums Abspecken: Öffentlichkeitswirksam und mit Leibwächtern radelt und rudert er sich fit.

Noch liegt Tonga etwas abseits der internationalen Flugverbindungen. Der Flughafen auf der Hauptinsel *Tongatapu* heißt *Fua'amotu,* ist zweieinhalb Flugstunden von Auckland und 15 Min. Fahrt von Tongas Hauptstadt *Nuku'alofa* entfernt. *Royal Tongan Airlines* fliegt mindestens dreimal täglich nach *Vava'u,* der reizvollsten Insel der Gruppe *(Hin- und Rückflug ca. 280 Mark).* Der 75 Minuten-Flug gehört, bei klarem Wetter, zu den schönsten Flugerlebnissen der Südsee (am besten auf der rechten Flugzeugseite), auch wenn die engen Propellermaschinen ängstlichen Naturen die Lust am Anblick der Inselgruppen im tiefblauen Pazifik nehmen können. Gleiches gilt für den Flug von *Vava'u* nach *Pago Pago (Amerikanisch-Samoa)* mit *Samoa Air (ca. 290 Mark einfacher Flug).* Berücksichtigen Sie eventuelle Verspätungen, um den Anschluß an Ihren internationalen Flug nicht zu verpassen! Fliegen Sie lieber 24 Stunden früher ab. *Royal Tongan Airlines, Nuku'alofa, Tel. 234 14, Fax 240 56*

MARCO POLO TIPS FÜR TONGA

1 **Flying Foxes**
Bäume voller Fledermäuse, und das makabererweise auf einem kleinen Friedhof in Kolovai auf Tongatupu (Seite 102)

2 **Haàmonga-à-Maui**
Das tonnenschwere, imposante Steintor bei Niutoua auf Tongatapu ist Archäologen immer noch ein Rätsel (Seite 102)

3 **Tongan National Centre**
In der Hauptstadt Nuku'alofa auf Tongatapu bietet dieses Freilichtmuseum die anschaulichste Gelegenheit, etwas über die tongaische Kultur zu erfahren (Seite 103)

4 **Kunsthandwerk**
Auf Vava'u findet man das hochwertigste tongaische Kunsthandwerk zu relativ günstigen Preisen (Seite 107)

5 **Swallows' Cave**
Über Wasser und unter Wasser: eine Bootstour führt in eine bizarre Höhlenwelt auf Vava'u (Seite 107)

Die Haupttouristenströme haben den Weg nach Tonga bislang nicht gefunden, noch ist die Inselgruppe wenig vom Tourismus verändert.

Männer wie Frauen tragen auf der Straße ihre *Ta'ovala,* die traditionell um die Hüften gewickelte Bastmatte – je kleiner, desto größer der gesellschaftliche Status des Trägers. Trotz Überbevölkerung wird Kinderreichtum als Segen betrachtet. Geachtet werden auch Transvestiten, sogenannte *Fakaleitis,* zu denen Knaben oft erzogen werden, wenn Mädchen als Hilfe im Haushalt fehlen.

TONGATAPU

(**166/A4–5, 170/171**) Auf der mit 257 qkm größten und am dichtesten besiedelten Insel Tongatapu, »das heilige Tonga«, liegt auch die Hauptstadt *Nuku'alofa.* Feinsandige Strände findet man nur auf den der Nordküste vorgelagerten kleinen Eilanden, auf denen auch Hotelanlagen stehen. Östlich von Nuku'alofa greift eine seichte Meeresbucht ausladend ins Inselinnere. An deren Ufer ging auch Captain Cook 1777 an Land.

Der größte Teil der Südküste ist schroff und klippenreich. Schmucklos sind die Dörfer auf der flachen Insel, nicht selten ärmlich. Und die einfachen Häuser umgibt schlammiger Morast, verursacht von suhlenden Schweinen, die zu allem anderen auch noch Scharen von lästigen, ewig surrenden Fliegen anziehen.

BESICHTIGUNGEN

Blowholes
Bis zu 30 m hohe Wasserfontänen schießen bei Flut aus den zerklüfteten Felsen der südlichen Korallenküste. Ein kleines Restaurant garantiert für den Ausblick im Trockenen. *Houma*

Imposante Blowholes an der Südküste Tongatapus

Flying Foxes auf Tongatapu: große aber harmlose Fledermäuse

Flying Foxes

★ Seit Jahrhunderten hängen die kleinen Fledermäuse schon in den Kasuarinabäumen von Kolovai wie dicke schwarze Früchte – ausgerechnet über mehreren Gräbern. Aber die Tiere saugen kein Blut, sondern fressen friedlich Obst. *Flying Foxes* sind, obwohl heilig, eine beliebte Delikatesse und werden gegrillt. *Kolovai (an der Hauptstraße)*

Gottesdienst

Einzige Veranstaltung am Sonntag: der Gottesdienst am Vormittag, dessen Besuch sich lohnt. (Achten Sie auf gute Garderobe!) Die Königsfamilie nimmt um *10 Uhr* in der *Centennial Church of The Free Wesleyan Methodist Church of Tonga (Nuku'alofa, Vaha'akolo Rd.)* an der Messe teil.

Haàmonga-à-Maui

★ Tor aus drei mächtigen Korallenblöcken, das in seiner Rätselhaftigkeit gerne mit dem englischen Stonehenge verglichen wird. Vermutlich wurde mit dem 35 Tonnen schweren Koloß die Konstellation der Sterne bestimmt. Oder bildete es doch das Tor zu einem Versammlungsort? Niemand kann sagen, wie das Tor vor ca. 800 Jahren transportiert und errichtet wurde. *Haàmonga Trilithon, Niutoua*

Home Visit System

Das *Tonga Visitors Bureau* in *Nuku'alofa* organisiert einen kostenlosen Tagesbesuch von Touristen bei tongaischen Familien, um einander besser verstehen und kennenzulernen.

Royal Palace

Der 1867 im viktorianischen Stil erbaute Königspalast in *Nuku'alofa* ist nur von außen zu betrachten, die Uferstraße führt ehrfurchtsvoll um ihn herum. *Vuna Rd.*

Royal Tombs

Gegenüber der *Centennial Church of the Free Church of Tonga* liegen die königlichen Gräber (seit 1893), die für die Öffentlichkeit nicht zugänglich sind. *Nuku'alofa, Laifone Rd.*

Terrassengräber
Historischer Sitz der *Tuì Tonga Dynastie* (Nachkommen des polynesischen Halbgottes *Maui)*, mit mächtigen, ca. 50 x 25 m großen Gräbern, *Otu'Langi* genannt. Sie dienen jeweils als Grabplatz für einen (!) Herrscher. *Lapaka*

Tongan Wildlife Centre Bird Park
Ein Deutscher baute die Vogelstation auf und präsentiert Tongas Vogelwelt. *Liku Rd., Veitonga, tgl. 9–17 Uhr*

TOUREN

Was Tongatapu an Sehenswertem zu bieten hat, kann man an einem Tag erleben. Weil die Beschilderung auf der Insel dürftig ist, nimmt man besser ein Taxi *(ca. 50 Mark, fragen Sie den Fahrer zuvor nach seinen Englischkenntnissen)* oder an einem organisierten Ausflug teil. *Kingdom Tours, Nuku'alofa, Air New Zealand Building, Tel. 252 00, Fax 234 47, ca. 30 Mark, oder Quick Tours, Heilala Guest House* *(Siehe S. 105)*

MUSEUM

Tongan National Centre
★ Ein Freilichtmuseum mit Amphitheater, das mangels Besuchern meist ziemlich verlassen wirkt. Die Führungen sind jedoch sehr informativ und vermitteln sehr gut die alten Traditionen (Tanz und Kunsthandwerk) der Tongaer. Abends gibt's eine gute Folklore-Show mit reichhaltigem Buffet *(Di und Do). Mo–Fr 9–16 Uhr, Führung um 14 Uhr, Taufa'ahau Rd., Nuku'alofa, Tel. 230 22*

Tonga-Zeit

König Taufa'ahau Tupou IV. spricht von Tonga gern als dem «Land, in dem die Zeit beginnt«, denn jeder Tag beginnt in Tonga. Grund dafür ist ein etwas seltsamer Haken, den die internationale Datumsgrenze nördlich von Tonga schlägt. Weil Tonga tatsächlich aber gute 20 Minuten östlich des 180. Breitengrades liegt, wurde eine neue Zeitzone eingerichtet, die Tonga 13 Stunden Vorsprung vor der Greenwich-Zeit gibt. 11 Uhr mittags in Tonga entspricht daher 23 Uhr am Vorabend in Frankfurt (Winterzeit in Deutschland), 15 Uhr am Tag zuvor in Los Angeles und 9 Uhr vormittags desselben Tages in Sydney; und auf Samoa, nördlich von Tonga gelegen, hat der vorangegangene Tag gerade die Mittagsstunde erreicht. Tonga-Zeit bedeutet aber weit mehr als eine neue Zeitzone. Grob gesagt ist Tonga-Zeit gleichbedeutend mit »vielleicht später«. Das »Land, in dem die Zeit beginnt«, ist nämlich auch das Land, in dem strikt nach einem Grundsatz gehandelt wird: »Was Du heute kannst besorgen, das verschiebe ja auf morgen!« Auf den Inseln haben selbst Hähne nicht den blassesten Schimmer, wieviel Uhr es wohl gerade sein mag.

RESTAURANTS

Fakalato
Chinesisch. *Mo–Fr 11.30–14 Uhr und 17.30–22 Uhr, Sa 17.30 bis 22 Uhr, Nuku'alofa, Salote Rd., Tel. 221 01, Kategorie 3*

Little Italy Restaurant
Der Italiener Angelo serviert prima italienische Küche. Nahe dem Seaview Restaurant. *Nuku'alofa, Vuna Rd., Tel. 233 13, Kategorie 2*

Seaview Restaurant
Fragen Sie nach fangfrischem Lobster. Der Koch spricht deutsch. *Mo–Sa ab 18 Uhr, Nuku'alofa, Vuna Rd., Tel. 237 09, Kategorie 2*

EINKAUFEN

Kokosnuß-Post
Wenn Sie eine Kokosnuß kaufen (die älteren sind leichter), beschriften, frankieren (ca. 17 Mark Porto für »air mail«) und absenden, wird die Überraschung in der Heimat groß sein. *Postamt, Nuku'alofa, Taufa'ahau Rd.*

Korallenschmuck
Handcrafted South Seas Jewelery, Mickey Guttenbeil, Nuku'alofa, Vuna Rd. (zwischen dem Visitor Bureau und dem International Dateline Hotel), Mo–Fr 9–18 Uhr, Sa 9 bis 15 Uhr

Tapa
Tapas sind aus der Rinde des Maulbeerbaums gepreßte Filze, kunstvoll bemalt. Beste Qualität gibt es bei *Langafonua Women's Association.* Eine besonders gute Auswahl an tongaischem Kunsthandwerk führt *Kalia Hand Crafts (Friendly Islands Marketing Cooperative, FIMCO), Fatafehi Rd./Salote Rd., Mo–Fr 8.30–17 Uhr, Sa 8–16 Uhr, Tel. 219 88, Fax 219 72. Langafonua Handicraft Centre, Taufa'ahau Rd., (schräg gegenüber dem Hauptpostamt), Nuku'alofa, Mo–Sa 8.30–17 Uhr, Tel. 210 14*

HOTELS

Fafa Island Resort
Auf einem *Motu* gelegen, ca. 30 Min. mit dem Boot von Nuku'alofa entfernt. Ein Tages-

Monumentales Tapa im Tongan National Centre

ausflug dorthin kostet *ca. 40 DM (tgl. 11–16 Uhr)*. Dafür bietet Fafa Island Resort sehr schöne Strände und traumhafte Ruhe. Preiswerte Übernachtung in originellen *Fales* (Bungalows), ziemlich hohe Nebenkosten im Restaurant *(Halbpension ca. 50 Mark, Cocktail ca. 12 Mark). 14 Bungalows, Fafa Island, Tel. 228 00, Fax 235 92, Kategorie 2*

Friendly Islander Hotel
Drei Kilometer von Nuku'alofa entfernt, Vermietung von Motorrollern, gutes Restaurant. Freitagabend *'Ofa Atu Nite Club* mit populärer Live-Musik. Besitzerin ist die ehemals einzige weibliche Abgeordnete des tongaischen Parlaments. Ausflugsmöglichkeiten, 26 Bungalows (einige mit Küche und Klimaanlage). *Vuna Ave., Tel. 238 10, Fax 241 99, Kategorie 2*

Ha'atafu Beach Motel
Ca. 22 km von Nuku'alofa entfernt, ein echter Geheimtip für Surfer, einfache Zimmer. 7 Bungalows (ohne Sanitäreinrichtungen), Sandstrand. *Ha'atafu Beach (bei Kolovai), Tel. 410 88, Fax 229 70, Kategorie 2*

Heilala Guest House
Einfache Unterkunft, 3 km vom Zentrum Nuku'alofa. Die engagierte Deutsche Waltraud Quick unternimmt mit den Gästen auch Ausflüge. *12 Zi., Tofoa, Tel. 299 10, Fax 294 10, Kategorie 3*

Villa McKenzie
Gemütliches Kolonialhaus, nette neuseeländische Besitzer, gepflegte Zimmer, auf Wunsch auch Vollpension, stadtnah. *4 Zi., Vuna Rd., Tel./Fax 249 98, Kategorie 2*

SPIEL UND SPORT

Baden
Populärer Strand für die *locals* mit einfachem Restaurant und Unterkünften. Abgestorbene, kantige Korallenreste schmälern das Badevergnügen. *The Good Samaritan Beach, Kolovai*

Surfen
Geheimtip ist der *Ha'atafu Beach, bei Kolovai.*

Tauchen
Die Österreicherin Barbara und ihr Freund Aldo kennen die besten »Spots« (z. B. *Kings Reef, Ha'atafu Beach, Hakaumama'o Reef*) und vermieten die Ausrüstung. Die durchschnittliche Wassertemperatur liegt im Winter bei 21–24 Grad. *Etwa 80 Mark pro Tauchausflug (zwei Tauchgänge), Beluga Diving, Vuna Rd., Nuku'alofa, Tel./Fax 235 76*

AUSKUNFT

Tonga Visitors Bureau
Sehr gute Broschüren, auch zum Thema Tanzen, Kunsthandwerk, Architektur. *Mo–Fr 8.30–17 Uhr, Sa 9–13 Uhr, Nuku'alofa, Vuna Rd., Tel. 217 33, Fax 221 29, www.vacations.tvb.gov.to*

INSELN IN DER UMGEBUNG

Eua **(166/A 4–5)**
Die 87 qkm große Insel gehört zur Tongatapu-Gruppe. Nur wenigen Touristen ist Eua mehr als einen Tagesausflug wert. Es gibt einen kleinen Flughafen, aber nur zwei einfache Gästehäuser und mäßige Strände.

Der Reiz der Insel liegt in der landschaftlichen Vielfalt. Steile

Klippen, Karsthöhlen, Savannen und dichter Regenwald liegen eng beieinander. Der reiche Baumbestand ist einzigartig in ganz Tonga. Große Teile der Bevölkerung leben von der Holzwirtschaft, wobei Abholzung und Aufforstung staatlich kontrolliert werden. Die Insel ist ein interessantes Wandergebiet. Campingausrüstung und Verpflegung sollte man möglichst mitbringen.

Ha'apai-Inselgruppe **(166/A 4)**
Die ca. 40 überwiegend unbewohnten Inseln liegen auf der Flugroute von Tongatapu nach Vava'u und bieten, bei wolkenlosem Himmel von oben betrachtet, ein herrliches Bild: Korallen- und Sandbänke, Lagunen und grüne, von weißem Sand umsäumte Inseln mitten im Pazifik, der sich hier in allen Blauschattierungen präsentiert. Wer die Inseln per Flugzeug von Tongatapu aus besucht, landet auf der Hauptinsel *Lifuka,* wo ein großer Teil der insgesamt 12 000 Insulaner lebt und die einzigen (wenigen) Übernachtungsmöglichkeiten zu finden sind. Entsprechend dünn ist das übrige touristische Angebot an Aktivitäten und Ausflügen. Es gibt hübsche Strände, doch die exzellenten Tauchreviere können nur mit eigener Ausrüstung erobert werden. »Don't worry, be Ha'apai«: Das *Sandy Beach Resort* mit 12 gemütlich ausgestatteten Bungalows liegt auf *Foa* (bei Lifuka) an einem Traumstrand und bietet viele Sportmöglichkeiten, wie Reiten und Tauchen. Das Restaurant ist ausgezeichnet, *Vollpension kostet ca. 65 Mark.* Die Besitzer kommen aus Deutschland. *Tel. 606 00, Fax 602 00, Kategorie 1*

Niua-Inseln **(166/A–B 4)**
Drei kleine vulkanische Inseln, *Niuatoputapu, Tafahi* und *Niuafo'ou,* bilden die Gruppe, etwa 250 km nördlich von Vava'u gelegen. Von den wenigen Besuchern kommen die meisten mit eigenen Yachten. Am leichtesten erreichbar ist *Niuatoputapu* per Flugzeug und gelegentlicher Fährverbindung von Tongatapu aus. Auf der Insel befindet sich auch das einzige Gästehaus.

VAVA'U

(166/B 4, 170) Die reizvollste Inselgruppe Tongas mit der gleichnamigen Hauptinsel (11 000 Ew.) liegt ca. 240 km nördlich von Nuku'alofa entfernt. Unter Seglern sind die buchtenreichen, zerklüfteten Küsten und die zahllosen, zum Teil winzigen und unbewohnten Eilande mit weißen Badestränden berühmt. Die Skipper werfen in dem malerischen Naturhafen *Port of Refuge* gerne Anker und füllen im Hauptort *Neiafu,* der zweitgrößten Stadt Tongas, die Vorräte auf.

Mit verrückten Typen aus allen Teilen der Welt besitzt der kleine Ort oberhalb des Hafens saisonweise ein geradezu kosmopolitisches Flair. Es gibt noch einige alte Holzhäuser aus der Kolonialzeit. Auch die Königsfamilie bewohnt hier ein Wochenendhaus.

Nur wenige Südseetouristen finden den Weg nach Vava'u und landen dann auf dem kleinen, neugestalteten Flugplatz. Das liegt auch an unzureichenden Werbemaßnahmen der Regierung auf Tongatapu, mutmaßt man auf Vava'u, wo man schon immer zum Aschenputtel-Dasein verdammt war.

BESICHTIGUNGEN

Eisfabrik

Ein Deutscher produziert und verkauft am alten Hafen Eis am Stiel. Die Zutaten kommen aus Neuseeland. *Vava'u Ice Product, Neiafu Tahi am Garden Bay Village Resort, Mo–Fr 8–12 und 13–17 Uhr, Sa 8–12 Uhr*

Mount Talau

Von der Dorfmitte *Neiafus* erreicht man das 131 m hoch gelegene Plateau zu Fuß in ca. 40 Min. Die Ausblicke auf die Bucht sind vor allem am Nachmittag wunderbar.

Vanilla Plantage

Manager August Hoeft (spricht nur tongaisch und englisch) erklärt den Vanille-Reifeprozeß. Geerntet wird zwischen Mai und Juli. Eine neue Methode läßt die Vanillestangen, das »braune Gold« Vava'us, bereits in sieben Tagen trocknen. *Neiafu, Mo–Fr 9–16.30 Uhr, Tel. 700 38*

TOUREN

★ Ein Ausflug mit dem Boot zur *Swallow's Cave* gehört zum Höhepunkt des Vava'u-Aufenthaltes. Von dunkelblau bis smaragdgrün schillert das Wasser, die Sichtweite nach unten liegt bei 10–20 m. Schnorchler kommen an der Korallengarten-Plattform vor *Port Mourelle (Insel Kapa)* auf ihre Kosten. Die Höhlen *Swallows' Cave* (hier trübt allerdings Vogelkot das Schnorchelvergnügen) und *Mariner's Cave* (zunächst 1,50 m tief tauchen, um sich dann ca. 3 m an einem Felsen entlang in die Höhle zu hangeln) sind weitere Höhepunkte.

Touren kann man über das *Paradise Hotel* oder das *Marcella Resort* (s. Hotels) buchen. Rundfahrten auf der Insel unternimmt *Soane's Scenic Tours (Tel. 702 11).*

RESTAURANT

Mermaid

Das beste unter den wenigen Restaurants auf *Vava'u,* nahe der Yacht-Vermietung »The Moorings«. *Neiafu, Mo–Sa 12–15 und 18–22 Uhr, Tel. 707 30, Kategorie 2*

EINKAUFEN

Kunsthandwerk

★ Die *Friendly Islands Marketing Cooperative (FIMCO)* verkauft die gleichen Waren wie in Nuku'alofa, nur etwas preiswerter. Spezielle Wünsche werden berücksichtigt. *Mo–Fr 8–16 Uhr, Sa 8 bis 12 Uhr, Neiafu (am Bootsanleger), Tel. 702 42, Fax 706 14*

HOTELS

Hilltop

Einfache Zimmer ohne Bad, Gemeinschaftsküche. *6 Zi., 1 Mehrbettzi., Neiafu, Kalauta Rd., Tel. 702 09, Fax 705 22, Kategorie 3*

Marcella Resort

Traumaussicht auf den Hafen von Neiafu, sehr saubere Bungalows mit überdachter Terrasse, ausgezeichnetes Restaurant. Vermittlung von Touren, eigenes Segelboot, am Wochenende gutes »Tongan Feast«, deutschsprechender Besitzer. *6 Bungalows, Tel. 706 87, Fax 708 46, Kategorie 2–3*

Paradise Hotel

15 Gehminuten von Neiafu entfernt. Als Ersatz für den feh-

lenden Strand gibt es einen Swimmingpool, sehr schöne Aussicht über den *Port of Refuge.* Zu empfehlen sind die Zimmer 40–48. *Neiafu, Tel. 702 11, Fax 701 84, Kategorie 2–3*

Tongan Beach Resort

20 Min. Auto- oder Bootsfahrt (ca. 10 Mark pro Strecke) von Neiafu entfernt. Das Resort liegt direkt am Wasser, aber leider ist der Strand nur durchschnittlich. Abends ist man auf sich selbst und das (gute) Restaurant angewiesen. Trotzdem – für Wassersportler ist der Platz ideal. Minimumaufenthalt 3 Tage. *12 Zi., Utungake, Tel./Fax 703 80, Kategorie 2*

SPIEL UND SPORT

Gamefishing

Bereits nach 30 Min. Fahrt zeigen die Neuseeländer Keith und Pat

Der Markt ist das Einkaufszentrum auf Vava'u

McKee die Heimat kapitaler Schwertfische (400–600 Pfund). Kostenpunkt: *ca. 700 Mark/Tag für bis zu 4 Personen.* Keith unternimmt auch Tagesausflüge (u. a. Whale Watching) mit dem Boot *für ca. 70 Mark pro Person. Kiwi Magic, Neiafu, neben Vava'u Guest House, Tel./Fax 704 41*

Kayaking

Ausflüge mit Kajak und Zelt zu den einsamen Inseln von Vava'u. Mehrtägige Reisen werden angeboten, aber auch Unterricht in einer Kajakschule mit kürzeren Exkursionen für ungeübte Teilnehmer. *Sharon and Doug Spence, Friendly Islands Kajak Company Neiafu, Tel./Fax 701 73 (nur Mai bis Nov.)*

Segeln

Segeln in den Gewässern rund um Vava'u ist einfach und ohne Risiko. Hunderte kleiner Buchten auf unbewohnten Inseln laden zum Übernachten und Baden ein, der Wind weht meist um 15 Knoten von Osten und sorgt innerhalb des Inselgewirrs für ausgeglichene Segelverhältnisse. Beliebte Ankerplätze sind *Port Mourelle,* die kleine, blütenweiße Strandzunge bei *Nuku,* die Inseln *Ngau* und *Taunga* (südlich von Kapa) sowie die Bilderbuchinsel *Vaka'eitu.* Tagestouren werden zwar auch angeboten, fünf bis sieben Tage sollte man aber für die Segelpartie unbedingt ansetzen, die Investition lohnt allemal. Ein ausführliches »Cruising Guide Book« wird von den Yachtvermietern mitgeliefert. Eine 13-m-Yacht (bis fünf Personen) kostet *pro Woche ca. 2800 Mark (The Moorings, Neiafu, Tel. 700 16, Fax 704 28).*

Tauchen

Die Sichtweite unter Wasser beträgt stellenweise 40 bis 50 m. Attraktionen sind ein Schiffswrack und Höhlen. *Tauchkurse auch in deutscher Sprache, zwei Tauchgänge ca. 100 Mark. Beluga Diving, Neiafu, Bootsanleger nahe Paradise Hotel, Tel. 703 27*

Whale Watching

Vor allem zwischen Juli und August (Saison zwischen Juni und November) können Buckelwale (Humpback Whales) mit ihrem Nachwuchs in den Gewässern von Vava'u beobachtet werden. Die Boote nähern sich den Tieren auf 300 Meter. Am professionellsten unternimmt die Touren *Sailing Safaris, Neiafu, Tel./Fax 706 50.*

AM ABEND

Tongan Feast

Sehr beliebt sind die Feste samstagabends am *Lisa Beach* und *Ano Beach* (beide auf Pangaimotu Island) sowie im *Marcella Resort.* Buchungen über das *Tonga Visitors Bureau.*

Vava'u Club

Das »Watering hole« der Insel. Manchmal turbulent, aber immer mit schöner Aussicht auf den *Port of Refuge. Neiafu, Fatafehi Rd. (am europäischen Friedhof)*

AUSKUNFT

Tonga Visitors Bureau

Fragen Sie nach der neu aufgelegten, sehr informativen Broschüre »A Walking Tour of Neiafu«. *Neiafu, Fatafehi Rd., Mo bis Fr 8.30–16.30 Uhr, Tel. 701 15, Fax 221 29*

Was sonst noch aus der Südsee ragt

Fern der Haupttouristenströme liegen unzählige Inseln und Eilande

Die meisten Südseeinseln wird man in kaum einem europäischen Reisekatalog finden, einige von ihnen sind allenfalls dabei, eine gewisse touristische Infrastruktur aufzubauen. Andere haben sich auf Besucher aus Ostasien spezialisiert. Die Routen europäischer Südseebesucher sind fest gesteckt und beschränken sich weitgehend auf die in diesem Buch bereits ausführlich behandelten Inseln. In der gewaltigen Wassermasse des Pazifiks liegen freilich noch unzählige andere Inseln, manchmal wie winzige Landkleckse und weit verstreut. Einzig Papua-Neuguinea hat richtige Landmasse zu bieten.

MELANESIEN

Neukaledonien **(165/D–E 6)**
Der nach Papua-Neuguinea und Neuseeland mit 19 000 qkm drittgrößte Staat im Südpazifik ist französisches Überseeterritorium mit entsprechender Lebensart, ein Sonderfall in ganz Melanesien. *La Grande Terre,* die langgezogene, aber höchstens 50 km breite Hauptinsel, stellt mit fast 17 000 qkm den größten Teil des Inselstaates dar.

Rund um die Küste zieht sich ein Korallenriff, das nach dem australischen Barrier Reef als das zweitlängste der Welt gilt. Das Relief der Insel ist geprägt von bis zu 1628 m hohen Bergrücken, die den Namensgeber Captain James Cook während seiner Expedition im Jahre 1774 an Schottland bzw. Caledonia, so die lateinische Bezeichnung, erinnerten. Gewaltige Nickelvorkommen, die annähernd ein Drittel der Weltvorräte darstellten, weckten später das Interesse der Europäer. Rund 165 000 Menschen leben in Neukaledonien. Die melanesischen Ureinwohner, die *Kanaken,* machen heute noch nicht einmal die Hälfte der Bevölkerung aus. Neben polynesischer und asiatischer sind viele Einwohner europäischer Abstammung, Nachkommen französischer Häftlinge, die in die 1864 eingerichtete Sträflingskolonie Neukaledonien verfrachtet wurden.

Die zu Chile gehörende Osterinsel, im östlichen Pazifik gelegen, ist berühmt für ihre bis zu 20 Meter hohen, mystischen Steinskulpturen

Der Begriff »Kanake«, der mit »Mensch« übersetzt werden kann, steht für das neue Selbstbewußtsein und die Unabhängigkeitsbestrebungen der Neukaledonier. Nach teilweise blutigen Auseinandersetzungen in den 80er Jahren einigten sich Kanaken und Franzosen im Jahre 1998 schließlich auf eine »Teilung der Souveränität«, die das Territorium zwischen 2013 und 2018 »auf den Weg der vollen Souveränität« bringen soll.

Noch ist die Amtssprache Französisch, und die Atmosphäre

MARCO POLO TIPS FÜR DIE SÜDSEE

1 Ile des Pins
Wegen ihrer herrlichen Landschaft und den Traumstränden wird die kleine Insel Neukaledoniens auch »Juwel des Pazifiks« genannt (Seite 113)

2 South Pentecost
Die Insel des Staates Vanuatu ist Schauplatz todesmutiger Kopfsprünge, bei denen um die Füße gewickelte Lianen für Halt sorgen (Seite 117)

3 Asaro-Tal
Im Innern Papua-Neuguineas sind die für ihre eindrucksvollen Lehmmasken berühmten »Mud Men« zu Hause (Seite 115)

4 Babeldaob
Die größte Insel Palaus bietet ein interessantes Museum mit einem der letzten langgezogenen, spitzgiebeligen Männerhäuser (Seite 122)

5 Pohnpei
Die zu den Föderierten Staaten von Mikronesien gehörende Insel besitzt ein archäologisches Kleinod: die imposante Ruinenstadt Nan Madol (Seite 117)

6 Christmas Island
Interessant ist die geschützte Insel der Kiribati-Gruppe vor allem für Ornithologen, u. a. wegen der größten Seeschwalbenkolonie der Welt (Seite 119)

7 Saipan
Mit ihren hübschen Stränden hat sich die Hauptinsel der Nördlichen Marianen zu einer belebten Tourismusmetropole entwickelt (Seite 121)

8 Niue
Der zerklüftete Küstenverlauf mit wassergefüllten Höhlen und Schluchten macht den Reiz der Insel aus (Seite 123)

9 Norfolk
Die Insel ist ein Paradies für Wanderer, die hier Haine voller Norfolktannen durchstreifen können (Seite 124)

10 Osterinsel
Unzählige monströse Steinskulpturen auf der Insel sind den Archäologen trotz vieler Theorien bis heute ein Rätsel (Seite 127)

Klein, aber fein: Nur 150 qkm groß ist die traumhafte Ile des Pins vor Grande Terre

in der an der Südwestküste gelegenen Hauptstadt *Noumea* vom Savoir-vivre geprägt. Rund um die *Place des Cocotiers* in der Innenstadt finden sich Modegeschäfte, Parfümerien und Restaurants mit eindeutig französischer Küche. Ein Stadtrundgang führt vorbei an den alten kolonialen Häusern, deren Fassaden, wie in einer französischen Kleinstadt üblich, mit verzierten eisernen Balkongittern versehen sind. Aber schon kleine Ausflüge auf der Insel führen in typisch melanesische Dörfer, in denen noch viel von der alten Kultur präsent ist. Hauptattraktion *Noumeas* ist das 1956 eröffnete Aquarium, in dem einzigartige fluoreszierende Korallen im Sonnenlicht ein herrliches Farbenspiel bieten. Mehrere schöne Strände liegen in Stadtnähe. Traumziel für einen Badeaufenthalt ist allerdings die 110 km entfernte kleine ★ *Ile des Pins.* Das Eiland, von den Einheimischen »Juwel des Pazifiks« genannt, ist berühmt für seine herrliche Landschaft und schneeweißen Strände mit Blick auf die blaue Lagune.

Das Preisniveau in ganz Neukaledonien ist recht hoch, preisgünstige Hotels auf den Inseln findet man noch am ehesten in den »Gîtes«, kleinen Hotelpensionen. Eine empfehlenswerte stadtnahe Unterkunft bietet sich in *Le Méridien, 253 Zi., Noumea, Anse Vata Beach, Tel. 00678/ 26 50 00, Fax 00678/26 51 00, Kategorie 1).* Außerdem gibt es einen Club Méditerranée in Pointe Magnin am südlichen Ende des Anse-Vata-Strands mit sehr guten Windsurf-Verhältnissen. *280 Zi., Tel. 26 12 00, Fax 26 70 71, Reservierung in Deutschland Tel. 02 11/ 86 21 02 10, Kategorie 1.*

Auskunft erteilt Nouvelle Calédonie Tourisme 20, Rue Anatole France, Noumea, Tel. 00687/24 20 80, Fax 00687/24 20 70, www.newcaledonia.org Neukaledonien erreicht man mit *Air Calin* von Tahiti und Fidschi sowie von Brisbane (Australien) aus. *AOM* und *Air France* (über Tokio) fliegen ab Paris.

Papua-Neuguinea (164/B–C 4)
Die mehr als vier Millionen Bewohner leben verstreut auf einer Fläche (ca. 463 000 qkm), die fast zweimal so groß ist wie die Großbritanniens. Rund 700 Stämme mit noch mehr verschiedenen Sprachen und Kulturen machen es schwer, Papua-Neuguinea als einen Staat zu betrachten. Hinzu kommt die Unwegsamkeit der von tropischem Urwald beherrschten, gebirgigen Regionen der Hauptinsel, der immerhin zweitgrößten Insel der Erde.

In dem zerklüfteten Hochland leben über zwei Drittel der Gesamtbevölkerung. Weite Gebiete wurden erst gegen Mitte dieses Jahrhunderts erschlossen, und viele Stämme in den abgelegenen Tälern des Hochlandes – der letzte wurde im Juni 1993 entdeckt – leben auch heute noch wie Steinzeitmenschen, allerdings stark bedroht von der Neuzeit, die mit wirtschaftlicher Erschließung, Technologie und Konsumgütern die alten Kulturen nach und nach zerstört. Auch der Tourismus, der in Papua-Neuguinea noch in den Anfängen steckt, spielt dabei keine unbedenkliche Rolle.

Aber auf den baut die Wirtschaft des Landes mehr und

Kunstvolle Lehmmasken tragen die Mud Men in Papua-Neuguinea

mehr, auch wenn bisher der Abbau der reichen Bodenschätze, vor allen Dingen von Kupfer, und der Anbau von Kokosnußpalmen, Kakao, Kaffee und Tee weitaus mehr Devisen einbringen. Ca. 20 000 »echte« Touristen jährlich wurden bisher registriert, Tendenz steigend. Das Angebot umfaßt in den touristisch erschlosseneren Gebieten, insbesondere im Bereich der Hauptstadt *Port Moresby,* First-class-Hotels, aber auch komfortable Lodges im Hochland. In vielen Dörfern können anspruchslose Besucher auch in sehr einfachen Village-Guest-Houses übernachten.

Der Reiz Papua-Neuguineas liegt vor allem im Landesinnern, besonders im ★ *Asaro-Tal,* wo die wegen ihrer eindrucksvollen Lehmmasken berühmten »Mud Men« zu Hause sind. Oder man besucht die *Highland Show in Goroko* oder *Mount Hagen,* bei der einzelne Stämme ihre traditionelle Folklore präsentieren. Flußtouren führen Touristen in die Sepik-Region mit ihren nur den Männern zugänglichen Geisterhäusern und den dämonenhaften, riesigen Masken.

Papua-Neuguinea erreicht man u. a. mit *Air Niugini* von Singapur, Cairns und Brisbane. Gute Touren im Landesinneren vermittelt *Trans Niugini Tours, Tel. 00675/542 14 38, Fax 00675/542 24 70.* Empfehlenswerte Unterkunft im Landesinneren: *Ambua Lodge, P.O. Box 371, Mount Hagen, Tel. 00675/52 14 38, Fax 00675/52 24 70, 20 Bungalows, Kategorie 1.*

Auskunft erteilt: *Papua New Guinea Tourism/Air Niugini, Kaiserstr. 47, 60329 Frankfurt/M., Tel. 069/63 40 95, Fax 069/631 33 32.*

Salomon-Inseln (165/D–E 4–5)
Sechs große sowie unzählige kleine Inseln, insgesamt mehr als 800, gehören zu dem Staat, der als unabhängige konstitutionelle Monarchie die englische Königin als Oberhaupt anerkennt. Fast überall prägen Gebirge und tropisches Urwalddickicht die Landschaft. Der Tourismus mit knapp 10 000 Besuchern im Jahr beschränkt sich weitgehend auf die Hauptinsel *Guadalcanal* mit der Hauptstadt *Honiara,* die aus einem amerikanischen Militärcamp gewachsen ist.

Benannt wurden die Salomon-Inseln von spanischen Seefahrern, die hier Mitte des 16. Jhs. den legendären Goldschatz des Königs Salomo vermuteten. Von den rund 330 000 Einwohnern, die meisten leben auf den Inseln *Malaita* und *Guadalcanal,* sind die Mehrzahl Melanesier, die jedoch über 80 verschiedene Dialekte sprechen und sich meist nur in dem typischen Pidgin English untereinander verständigen können. Ausgerechnet die politisch so unbedeutenden, verschlafenen Salomon-Inseln nahmen im Zweiten Weltkrieg eine entscheidende Rolle ein, als sie Schauplatz erbitterter Kämpfe zwischen Amerikanern und Japanern wurden. Mehr als 21 000 Soldaten, überwiegend Japaner, kamen dabei ums Leben, die meisten starben auf Guadalcanal.

Die Spuren des Krieges sind noch heute sichtbar: Zerschossene Betonbunker trotzen der Verwitterung, verrostete Munitionsreste liegen zuhauf auf den hellen Stränden im Schatten romantischer Kokospalmen, und Wracks von Kriegsschiffen und Kampfflugzeugen in den umliegenden Gewässern sind bevorzugte Ziele von Tauchern. Für japanische und US-Touristen sind die Kriegsschauplätze echte Sehenswürdigkeiten. In der *Mendana-Avenue in Honiara* bezeichnen Schilder den wechselnden Frontverlauf. Ansonsten lohnen die Ursprünglichkeit von Landschaft und Kultur, seltene Schmetterlingsarten und riesige Korallengärten den Besuch anderer, auch abgelegener Inseln. Gute Eco-Touren und Vermittlung von privaten Unterkünften in Dörfern: *Soltravel, Tel. 00677/224 76, Fax 240 65.*

Malaita mit seinen künstlichen, bewohnten Eilanden in der Lagune gehört ebenso zum Pflichtprogramm wie die Insel *Savo,* wo sogenannte Großfußhühner *(Megapoden)* leben, die ihre Eier einen halben Meter tief im Sand vergraben.

Die Übernachtungsmöglichkeiten außerhalb von Guadalcanal sind allerdings sehr bescheiden. Etwa 200 Hotelzimmer, wenige in Häusern mit internationalem Standard, werden in der Hauptstadt Honiara angeboten. Empfehlenswerte Unterkunft: *Solomon Kitano Mendana Hotel, 96 Zi., P. O. Box 384, Honiara, Tel. 00677/200 71, Fax 00677/239 42, Kategorie 1*

Die Salomon-Inseln erreicht man mit dem Flugzeug direkt von Vanuatu und Fidschi sowie von Papua-Neuguinea und Cairns/Brisbane aus.

Vanuatu **(165/D–E 5)**

Aus der Luft ist der Inselstaat leicht auszumachen: Wie ein Y fügen sich die rund 83 Inseln aneinander. »Vanuatu« heißt soviel wie »das Land, das schon immer uns gehörte«. Der bedeutsame Name existiert erst seit dem 30. Juli 1980, dem Tag der Unabhängigkeit. Zuvor war das französisch-britische Kondominium (mit zwei Staatsoberhäuptern!) als »Neue Hebriden« auf den Landkarten vermerkt.

Von der insgesamt fast 15 000 qkm großen Landfläche ist *Espiritu Santo* die größte Insel. Auf der Insel *Efate* befindet sich die Hauptstadt *Port Vila,* von vielen als schönste Stadt im Südpazifik geschätzt und trotz ihrer Kleinstadtgröße eine Metropole – jedenfalls was die Palette an Restaurants internationaler Küche, an Nachtklubs, Diskos und Geschäften betrifft. In Vanuatu zählt noch etwas anderes: Geld. Als »tax haven« (Steuerfestung) wird ausländisches Geld auf der Insel nicht kontrolliert.

In einer Tagestour kann man *Efate* von *Port Vila* aus umrunden. Die meisten anderen Inseln haben weder Asphaltstraßen noch Elektrizität, dafür ursprüngliche landschaftliche Schönheit mit üppiger tropischer Vegetation. *Tanna,* im Süden gelegen, ist eine noch relativ naturbelassene Insel. Hier heizt Mutter Erde kräftig ein: Heiße Quellen brodeln, das Meer kocht, und der Vulkan *Yasur* (45 Min. dauert der Aufstieg) kommt nicht zur Ruhe. Viele Bewohner der Insel sind Anhänger des sogenannten *John-Frum-Kultes,* d. h. sie haben sich mit der Hoffnung auf großen Reichtum erst einmal ursprünglichen Lebensformen verschrieben, praktisch als Prüfung. Ihr Messias John Frum hat in den 30er Jahren gewirkt.

Im Innern der Insel *Malekula* leben noch ziemlich isoliert und auf Steinzeitniveau die Stämme der *Big* und *Small Nambas.* Die Frauen tragen lediglich Baströcke, und die Kleidung der Männer beschränkt sich auf Basthüllen für den Penis.

Für die waghalsigen Kopfsprünge der Eingeborenen ist die Insel ★ *South Pentecost* berühmt (eine Flugstunde von Port Vila). Traditionell an Samstagen im April und Mai, nach der Ernte der *Yamswurzeln,* lassen sich die Männer von einem 35 m hohen, hölzernen Gerüst fallen, lediglich gehalten von um die Füße gewickelten Lianen. Die Mutprobe gilt als Vorläufer des *Bungee Jump,* bei dem die Lianen durch dicke Gummibänder ersetzt sind. Ein Tagesbesuch bei den »Land Dives« muß zuvor bei *Horizon Group Tours (Tel. 00678/250 50, Fax 250 53)* gebucht werden. Ab 1999 sollen die Sprünge auch nahe Port Vila gezeigt werden. Die Gewässer zwischen den Inseln sind ideal für Wassersportarten wie Segeln, Schnorcheln und Tauchen.

Über 100 Dialekte sind unter den 150 000 Einwohnern der Insel, meist Melanesier, verbreitet. *Bislama,* eine Art *Pidgin English,* ist Nationalsprache. Aber auch Englisch und Französisch sind üblich.

Vanuatu erreicht man von Fidschi, Papua-Neuguinea, Neuseeland und Australien. Empfehlenswerte Unterkunft: *Iriki Island Resort, 70 Bungalows, P. O. Box 230, Port Vila, Tel. 00678/233 88, Fax 00678/238 80, 3 Bootsminuten von Port Vila entfernt, Kategorie 1.*

Auskunft: *National Tourism Office of Vanuatu, P.O. Box 209, Lolam House, Port Vila, Tel. 00678/ 226 85, Fax 00678/238 89, www. vanuatu.net.vu.*

Als Mutprobe und Ernteritual wird das »Landtauchen« auf South Pentecost zelebriert

MIKRONESIEN

Föderierte Staaten von Mikronesien (164, 165/B–D 2–3)
Diesen Staatenbund bilden die Inseln der östlichen Karolinen, d. h. *Kosrae, Truk* und *Pohnpei* sowie *Yap,* zu den westlichen Karolinen gehörend. Mit rund 350 qkm bietet ★ *Pohnpei* die größte Landmasse. Hier liegt auch *Kolonia,* die Hauptstadt des Staatenbundes (nicht zu verwechseln mit *Colonia* dem Hauptort der mit 100 qkm kleineren Inselgruppe *Yap).*

Von Tourismus ist überall noch wenig zu spüren. Entsprechend lückenhaft ist die Infrastruktur. Auf vielen Inseln werden nur einfache Hütten zum Schlafen angeboten.

Yamsbeet: Yamswurzeln sind die wichtigsten Feldfrüchte Neukaledoniens

Die interessanteste Sehenswürdigkeit auf Pohnpei ist mit über 100 massiven Steinhäusern zweifellos die Ruinenstadt Nan Madol, eine Ansammlung von über 90 künstlichen Inseln in einer flachen Lagune, vor rund 1000 Jahren als kultisches Zentrum errichtet. Der Legende nach wurde die Anlage aus mächtigen, bis zu zehn Tonnen schweren Basaltblöcken von spanischen Piraten errichtet. Doch wie und warum ist Archäologen bis heute ein Rätsel. Die Blütezeit erlebte Nan Madol im 16. Jh., und auch 1830 lebten immer noch rund 1000 Menschen dort. Hundert Jahre später war *Nan Madol* verlassen. Am besten besichtigt man die eindrucksvolle Anlage bei Hochwasser mit dem Boot.

Eng mit alten Traditionen verhaftet ist noch das Leben auf den *Yap-Eilanden,* die für ihr Steingeld berühmt sind. Dabei handelt es sich um in der Mitte durchlöcherte Steinscheiben von bis zu vier Metern Durchmesser, die einst den Reichtum eines Dorfes repräsentierten und noch heute ihre Bedeutung haben. Rund 10 000 solcher steinernen Prestigeobjekte existieren noch.

Truk verfügt über insgesamt 15 Mini-Inselgruppen mit einer Gesamtfläche von 118 qkm. Die größten Sehenswürdigkeiten befinden sich hier allerdings unter Wasser, auf dem Grund der Lagune. Über 60 Schiffe der japanischen Flotte wurden hier bei einem Angriff der Amerikaner im Jahre 1944 auf einen Schlag versenkt. In der Ansammlung von Wracks tummeln sich heute zahlreiche Taucher. Die sehr abgelegene Vulkaninsel *Kosrae* gilt wegen ihrer landschaftlichen Schönheit als Geheimtip.

Die Inseln erreicht man am besten von Japan oder Hawaii aus.

Auskunft: Kosrae State Tourism, Tel. 00691/3702223, Fax 00691/3702066. Yap: Beyond the Reef Charters, P.O.Box 609, Tel./Fax 00691/3503733 oder Yap Tourism Office, P.O.Box 36, Colonia, Tel. 00691/3502298, Fax 0069/3507015; Pohnpei Tourist Commission, P.O. Box 66, Kolonia, Tel. 00691/3202421, Fax 00691/3206019. Truk (Chuuk) Visitors Bureau, Weno, Tel. 00691/3304133, Fax 00691/3304194.

Guam **(164/B 2)**

Die mit 549 qkm größte Insel Mikronesiens ist Territorium der USA, die rund 130 000 Einwohner sind amerikanische Staatsbürger. Zuvor haben über 300 Jahre lang die Spanier als Kolonialherren Kultur, Architektur, Religion und Sprache geprägt. Die Hauptstadt ist *Agana.* In ganz Mikronesien bietet Guam die beste touristische Infrastruktur, dem Yen der Japaner sei Dank! Sie hatten die Insel 1941–44 besetzt und schätzen sie jetzt als Urlaubsziel – die Japaner machen 90 Prozent des Touristenaufkommens aus. Im Freihafen werden ihnen für japanische Verhältnisse recht günstige zollfreie Einkaufsmöglichkeiten in modernen *Shopping Centres* geboten. Deshalb beteiligen sich auch japanische Investoren an dem Bau von Ladenzentren, Golfanlagen und Hotelkomplexen. Ein Nachteil des Baufiebers ist für die Einheimischen der rasante Preisanstieg auf dem Immobilienmarkt, etwas gebremst durch die Asien-Krise Ende der neunziger Jahre.

In einem Freilichtmuseum in der Siedlung *Inarajan* werden in dem typischen *Chamorro-Dorf* mit primitiven Hütten alte Handarbeitstechniken und Bräuche demonstriert. *Chamorros* nannten die Spanier die dunkelhäutigen Ureinwohner. »Two Lovers Point«, eine Klippe nördlich von *Agana,* lockt bei Sonnenuntergang verliebte Paare an.

Guam erreicht man mit *Continental/Air Micronesia* von Hawaii aus. Empfehlenswerte Unterkunft: *Guam Hilton, 695 Betten Tamuning (Tumon Bay), Guam, Tel. 00671/6461835, Fax 00671/6466038, Kategorie 1.*

Auskunft: Guam Visitors Bureau, 401 Pale Son Vitores Rd., Tumon, Guam, Tel. 00671/6468516, Fax 00671/6458861

Kiribati **(166, 167/A–D 2–3)**

Auf einer Meeresfläche von immerhin 3,5 Millionen qkm verlieren sich 33 Inseln. Die meisten sind Atolle, mit einer Landmasse von insgesamt nur 822 qkm. »Kiribas«, wie »Kiribati« gesprochen wird, gliedert sich in die *Gilbert-, Phönix-* und *Line-Inseln.* Zur letzteren Gruppe gehört ★ *Christmas Island* (oder *Kiritimati*), mit etwa 388 qkm die größte Koralleninsel der Welt und nicht zu verwechseln mit einer Namensvetterin im Indischen Ozean. Etliche Seevogelkolonien haben hier ihre Brutstätten, auch die größte Seeschwalbenkolonie der Welt. Wegen der artenreichen Vogelwelt wurde die seenreiche »Weihnachtsinsel« zum Schutzgebiet erklärt, nachdem 1962 die USA und Großbritannien ihre Kernwaffenversuche eingestellt hatten und Anfang der siebziger Jahre auch wieder Menschen angesiedelt wurden.

Auf dem Atoll *Tarawa* liegt die Hauptstadt *Bairiki,* eher eine Ansammlung einzelner Zentren und Siedlungen auf dem schmalen Landstreifen zwischen Ozean und Lagune. Über Regenwassertanks gibt es eine Wasserversorgung, was nicht selbstverständlich ist. Denn mit Trinkwasser, das generell abgekocht werden muß, haben viele der von Überbevölkerung bedrohten, vegetationsarmen Eilande Probleme. Schlechtes Wasser ist schuld an der hohen Säuglingssterblichkeit (zehn von hundert Babys überleben nicht). Die Ressourcen sind äußerst begrenzt, als Hauptnahrungsquelle dient den rund 70 000 Menschen das Meer, einziges Exportgut ist Kopra.

Der Tourismus ist noch ziemlich schwach entwickelt. Acht Hotels gibt es und einfache Pensionen. Bis auf die Hauptinseln, wo auch Englisch gesprochen wird, kann die Verständigung daher schwierig werden.

Kiribati erreicht man mit *Air Nauru* und *Air Marshall Islands* von Japan, Fidschi, Australien oder Hawaii aus. Empfehlenswerte Unterkunft: *Otintaai Hotel, 40 Zi., P.O. Box 270, Bikenibeu, Tarawa, Tel. 00686/280 84, Fax 00686/280 45, Kategorie 2*

Auskunft: Kiribati Visitors Bureau, P.O. Box 510, Betio, Tarawa, Tel. 00686/261 57, Fax 00686/262 33

Marshall-Inseln (165/D 2, E 2–3)
Wie Stecknadelköpfe schwimmen, von oben aus dem Flugzeug betrachtet, die über 1150 flachen Inseln im blauen Wasser. Die meisten sind Atolle, nur 25 von ihnen bewohnt. Der Inselstaat mit einer Landmasse von etwa 170 qkm hat den Status einer Republik in freier Assoziierung mit den USA. Für die Vereinigten Staaten ist die Lage der Inseln auf halbem Weg nach Asien von großer strategischer Bedeutung.

Von den über 40 000 Marshallesen lebt heute etwa die Hälfte auf den Eilanden des Hauptatolls *Majuro,* auf dem der *American Way of Life* pulsiert. Nachdem die Amerikaner auf der Ostseite des Atolls einen Luftwaffenstützpunkt eingerichtet hatten, verließ die Bevölkerung ihre alten Behausungen im Westen und ließ sich neben dem Militär nieder, wo Beschäftigungsmöglichkeiten und die Reize von Zivilisation und Konsum lockten. Das Atoll zog magisch Menschen von den anderen Inseln an. Innerhalb kurzer Zeit, von 1972 bis 1982, hat sich die Einwohnerzahl Majuros verdoppelt. Trotz einer Entsalzungsanlage für Meerwasser ist die Trinkwasserversorgung äußerst problematisch. Da hilft auch wenig, daß Start- und Landebahn des Flughafens das Regenwasser auffangen. Die Bevölkerungsdichte schadet auch den ursprünglich recht schönen Stränden, die inzwischen verschmutzt und überlaufen sind.

Auf den anderen Eilanden der Marshalls findet man weitaus attraktivere Bade- und vor allen Dingen Tauchmöglichkeiten – die Schauplätze der Atomwaffenversuche ausgenommen, die für Touristen auch gar nicht zugänglich sind. Besondere Sehenswürdigkeiten bieten die Marshall-Inseln nicht, auch die Kultur Mikronesiens ist weitgehend verlorengegangen. Dafür gibt es moderne Hotels und den US-Dollar als Währung.

Die Marshall-Inseln erreicht man am besten von Fidschi

über Tuvalu, Kiribati oder von Hawaii direkt mit *Air Marshall Islands.* Empfehlenswerte Unterkunft: *Outrigger Marshall Islands Resort, 150 Zi., P. O. Box 3279, Majuro, Tel. 00692/625 25 90, Fax 00692/625 55 55, Kategorie 1*

Auskunft: Marshall Islands Visitors Authority, P.O. Box 17 27, Majuro, Tel. 00692/625 32 62, Fax 00692/625 32 18

Nauru (165/E 3)

Die oval geformte, 22 qkm große Insel, ein gehobenes Korallenriff, gehört nach dem Pro-Kopf-Einkommen zu den reichsten Staaten der Erde. Grund ist die wertvolle, dem südamerikanischen Düngemittel Guano ähnliche Phosphatschicht, die sich über Jahrmillionen hinweg aus dem Kot nistender Vögel gebildet hat.

Entdeckt wurden die Phosphate Ende des 19. Jhs., als die Insel vorübergehend (ca. 26 Jahre lang, bis zum Ersten Weltkrieg) deutsches Kolonialgebiet war. Etwa 70 Prozent des Inselbodens enthielten damals Phosphate in einer auf der ganzen Welt einmalig hohen Konzentration. Ab 1906 wurde die Schicht abgebaut. Am meisten verdienten dabei australische Gesellschaften, die der Inselbevölkerung verhältnismäßig bescheidene Abschlagssummen zahlten.

Zwei Jahre nach der 1968 erlangten Unabhängigkeit Naurus konnten die Insulaner endlich in die eigene Tasche wirtschaften, die Abbaugesellschaft wurde nationalisiert. Doch die Quelle des Reichtums droht schon Anfang des 21. Jhs. zu versiegen. Dann sind nämlich die Phosphatvorräte erschöpft, und große Teile der Inseloberfläche werden als unwirtliche Mondlandschaft zurückbleiben. Auch die 107 Millionen australische Dollar, die laut Urteil des Internationalen Gerichtshofs in Den Haag die Australier als Entschädigung für den ausbeuterischen Phosphatabbau gezahlt haben, werden den Lebensunterhalt auf Dauer nicht sichern können.

Doch noch zählen die 4500 Nauruer (die restlichen 3600 Inselbewohner sind Gastarbeiter) zu den reichen Erdenbürgern, haben aber paradoxerweise eine besonders kurze Lebenserwartung, gemessen am Weltdurchschnitt. Zwei von drei Erwachsenen leiden an Diabetes. Unterstützt wird die Krankheit durch die hier mehr noch als auf anderen Südsee-Inseln vorherrschende unausgewogene, kalorienreiche Wohlstandsernährung in der »coca-colonisation«. Mangels landschaftlicher oder kultureller Reize ist Nauru als touristisches Ziel kaum von Interesse. Falls Sie dennoch hinwollen:

Die Insel erreicht man am besten von Melbourne, Sydney und Auckland aus mit *Air Nauru, Auskunft: Air Nauru, Tel. 00674/444 31 41, Fax 00674/444 37 05*

Nördliche Marianen (164/B 1–2)

Die nordöstlichste Inselgruppe Mikronesiens besteht aus 17 Eilanden, von denen ★ *Saipan* die Hauptinsel ist. Auf ihr leben fast 90 Prozent der insgesamt 20 000 Staatsbürger.

Haupteinnahmequelle ist der Tourismus. Über 400 000 Besucher kommen jährlich, Dreiviertel davon aus dem nicht weit entfernten Japan. Ähnlich wie Guam hat sich Saipan zur Urlaubermetropole entwickelt. Die schönsten Strände liegen an der Westküste, am *Micro Beach* stehen die meisten Hotels. Im Norden fallen Klippen atemberaubend steil ins Meer ab. Vom *Suicide Cliff* sprangen gegen Ende des Zweiten Weltkriegs Hunderte von japanischen Soldaten in den Tod, um der Gefangennahme durch die Amerikaner zu entgehen. Spuren des Krieges und der kurzen japanischen Besetzung sind noch überall präsent, sogar in der Vegetation: Die gesamte Inselgruppe ist heute überwuchert von *Tangan-Tangan*-Büschen, einer Akazienart, die sich auf den im Krieg kahlgeschossenen Böden schnell breitmachte.

Die nördlichen Marianen erreicht man am besten von Korea, Japan und Hawaii aus mit *Continental/Air Micronesia.*

Auskunft: Visitors Bureau, P.O. Box 861, Saipan, Tel. 00670/ 23483 25, Fax 00670/234 35 96

Palau **(164/A 2–3)**

Traditionell trägt die 500 qkm große Republik den mikronesischen Namen Belau, doch während spanischer, deutscher und japanischer Herrschaft wurde die Inselgruppe Palau genannt – und so blieb es bis zum heutigen Tag.

Nur acht von den insgesamt 343 Inseln sind besiedelt. Auf *Babeldaob,* der mit Abstand größten Insel, liegt der Flughafen, eine Betonbrücke führt hinüber auf das Nachbareiland mit der Hauptstadt *Koror,* in der zwei Drittel der insgesamt 16 000 Einwohner leben. Entlang der *Main Road* bietet die Stadt modernen amerikanischen Lebensstil mit Supermärkten, Hotels, Bars und viel Verkehr. Selbst kürzeste Strecken werden von den Einheimischen mit dem Auto zurückgelegt, die Durchschnittsgeschwindigkeit beträgt dabei freilich nur 25 km/h.

Überall und jederzeit laufen die Fernsehgeräte, Fast food ist populärer als frisches Obst und Gemüse. Die ökonomische Abhängigkeit von den USA hat Folgen. Am besten ißt man in den hervorragenden japanischen Restaurants. Auch in Palau befinden sich überall Relikte aus dem Zweiten Weltkrieg, eine der blutigsten Schlachten tobte auf dem feinsandigen *Scarlet-Strand.*

Für Taucher gehören die Gewässer rund um die Inselgruppe, insbesondere die Lagunen, zu den interessantesten in der Südsee. Höhepunkt ist ein Tauchgang in dem kleinen *Jellyfish Lake (Rock Islands, südwestlich von Koror):* In dem Brackwassersee schwimmt man unbeschadet zwischen goldfarbenen Quallen, die im Laufe der Zeit mit sinkendem Salzgehalt des Gewässers ihre ätzenden Nesselkapseln verloren haben. Gute Strände gibt es wenig (Ausnahme: Die Naturschutzgebiete der Rock Islands, einen Tagesausflug von Koror entfernt), *Babeldaob* besitzt lediglich einen künstlich aufgeschütteten Privatstrand am exklusiven *Palau Pacific Resort (100 Zi., P.O. Box 308, Koror, Tel. 00680/488 26 00, Fax 00680/488 16 06, Kategorie 1).*

Von den drei noch übriggebliebenen imposanten, langgezogenen, spitzgiebeligen Männerhäusern, die ihren Ursprung in Indonesien haben, ist nur noch eines zu besichtigen. Es gehört zum kleinen, aber interessanten ★ *Museum auf Babeldaob,* wo auch das berühmte Muschelgeld

Reich verziert waren die zu Versammlungen genutzten Männerhäuser auf Palau

(Frauengeld) ausgestellt ist (bunte, feingeschliffene Muschelstükke, die von Generation zu Generation vererbt und von den Frauen als Halskette getragen werden). Beliebte Souvenirs sind sogenannte *Story Boards,* Holzbretter, in die Legenden und mit erotischen Szenen angereicherte Geschichten geschnitzt sind. Hergestellt werden die meisten der kleinen Kunstwerke im Gefängnis von Koror von den Häftlingen, die damit ihr Taschengeld aufbessern.

Palaus Airai International Airport erreicht man von Guam (1300 km) und Manila (850 km) aus. Auskunft in Palau: *Palau Visitors Authority, P.O. Box 256, Koror, Tel. 00680/488 27 93, Fax 00680/488 14 53*

POLYNESIEN

Niue **(166/B 4)**

★ Weil James Cook im Jahr 1774 von den Insulanern ausgesprochen feindselig empfangen wurde, nannte er das ovale, etwa 250 qkm große Eiland »Savage Island«, Wilde Insel. *Nukututaho,* die für sich stehende Insel, oder *Fonuagalo,* die vergessene Insel, hieß sie später. Denn die Landmasse von Niue liegt ganz isoliert – das größte gehobene Korallenatoll der Welt.

Heute verwalten sich die rund 2500 Einwohner selbst in freier Assoziierung mit Neuseeland. Von dort kommen auch die meisten Nahrungsmittel und Gebrauchsgüter sowie die Währung: der Neuseeland-Dollar. Im

Melanesier heißen die Bewohner der westlichen Südsee-Inseln

Gegenzug sind bisher mehr als 12 000 Insulaner nach Neuseeland übergesiedelt. Der größte Teil der Bevölkerung lebt in der Inselhauptstadt *Alofi.*

1991 wurde das einzige Gefängnis mangels Insassen geschlossen. Erst Anfang 1993 wurde ein junger Dieb zu einem Jahr Gefängnis verurteilt. Doch in einem Revisionsverfahren wurde die Strafe in sechs Wochen Arbeitsdienst umgewandelt. Die »Wiederbelebung« des Gefängnisses hätte die Regierung mehr als 20 000 Dollar gekostet.

Die Besonderheit Niues ist der zerklüftete Küstenverlauf. Dort, wo das Saumriff Lücken aufweist, haben sich an der Küste tiefe Schluchten, *blowholes,* und Höhlen gebildet, deren Dach vielfach eingestürzt ist, und die jetzt z.B. bei *Vaikona* regelrechte natürliche Schwimmbecken bilden. Reizvoll sind auch die Wasserbecken von *Limu,* in denen sich Süß- und Salzwasser mischen, oder die Felsschlucht von *Togo* mit ihrem herrlichen Strand. Insgesamt sieben Übernachtungsmöglichkeiten, Mittelklassehotels, ein einfaches Motel und ein kleines *Guest House,* bietet die Insel. Empfehlenswerte Unterkunft: *Matavai Resort, 24 Zi., P. O. Box 133, Alofi, Tel. 00683/43 60, Fax 00683/43 61, Kategorie 2.* Niues *Hanan International Airport* erreicht man von Tonga oder von Auckland aus am besten mit *Royal Tongan Airlines.*

Auskunft: Niue Tourism Office, P.O. Box 42, Alofi, Tel. 00683/ 42 24, Fax 42 25, e-mail:niuetourisme@mail.gov.nu

Norfolk **(165/D 6)**

★ Die 35 qkm kleine Insel liegt am weitesten südlich, außerhalb der tropischen Zone. Bis nach Auckland in Neuseeland sind es nur etwas mehr als 1000 km. Bis auf die Umgebung der Hauptstadt *Kingston* besteht die 32 km lange Küstenlinie der Vulkaninsel hauptsächlich aus steilen Klippen. Typisch für die Vegetation ist die Norfolktanne.

Norfolk war unbewohnt, als es am 10. Oktober 1774 von James Cook entdeckt und nach einer englischen Familie benannt wurde. 1804 lebten bereits 1100 Menschen, britische Sträflinge, aber auch erste Siedler, auf der Insel. Zehn Jahre später kapitulierten die Bewohner vor der Abgeschiedenheit und den harten Lebensumständen. Alle verließen die Insel. Elf Jahre später war Norfolk verschrien als »Hölle auf Erden«, nachdem sie zum zweiten Mal Sträflinge, diesmal unter unmenschlichen Lebensbedingungen, aufnehmen mußte. Die Gebäude sind heute noch zu sehen. 1856 ließ sich die gesamte Bevölkerung der kleinen, im östlichen Pazifik gelegenen Insel *Pitcairn,* die auf 194 Menschen angewachsene Gruppe der Nachfahren der Bounty-Meuterer, auf der Suche nach einer neuen Heimat vorübergehend auf Norfolk nieder.

Norfolk ist heute australisches Territorium mit rund 1800 Einwohnern, die fast alle Lebensmittel einführen müssen. Es gibt Hotels und einfache Gästehäuser. Empfehlenswerte Unterkunft: *Christian Fletcher Apartments, 13 Zi., P.O. Box 144, Tel. 0061 (für Australien)/6723/22169, Fax 0061/6723/23178, Kategorie 2.* Die Insel eignet sich hervorragend für Wanderungen und Rundfahrten. Die Norfolk-Inseln erreicht man am besten von Australien und Neuseeland aus.

Auskunft: Tourism Norfolk Island, P.O. Box 211, Taylors Rd. Tel. 0061/6723/22147, Fax 0061/6723/23109

Pitcairn **(167/F 5)**

Die Insel selbst ist nur 4,5 qkm klein, und damit nur gut doppelt so groß wie Helgoland, bildet aber mit einigen unbewohnten Atollen eine Landfläche von insgesamt 36 qkm. Vielleicht wäre auch die Hauptinsel, die aus einem erloschenen Vulkan entstanden ist, heute noch unbesiedelt, hätten sich nicht gegen Ende des 18. Jhs. die Meuterer der »Bounty« auf die Suche nach einem Versteck gemacht. Schwer erreichbar ist Pitcairn heute noch. Es gibt keinen Flugplatz, keine Fährverbindung. Lediglich unregelmäßig abfahrende Kreuzfahrt- und Versorgungsschiffe sowie Privatyachten steuern das im östlichen Pazifik gelegene Eiland an. Immerhin soll bis zum Jahre 2000 eine 1400 m lange Flugpiste entstehen.

Den etwa 50 Einwohnern sieht man ihre Abstammung von den europäischen Meuterern an. Nicht ungewöhnlich sind blaue Augen in einem bronzefarbenen Gesicht, für das wiederum polynesische Vorfahren gesorgt haben. Und echt englisch klingen noch heute die Familiennamen: Adams, Young, Christian, McCoy. In *Adamstown,* der einzigen Siedlung auf Pitcairn, sind Besucher willkommen. Die Unterbringung und Verpflegung erfolgt privat. Auskunft: *British Consulate General, Pitcairn Island Administration, Private Bag 92014, Auckland, New Zealand.*

Tokelau **(166/B 3)**
Kleiner geht's kaum noch: Auf einer Meeresfläche von 290 000 qkm verteilen sich drei flache Atolle *(Fakaofo, Nukunono, Atafu)* mit einer Landmasse von etwa 12 qkm. Das Treuhandgebiet von Neuseeland mit Verwaltungssitz in der 500 km entfernten samoanischen Hauptstadt Apia zählt 1700 Einwohner. Die führen noch ein abgeschiedenes, ursprüngliches Leben. Eine Flugverbindung existiert nicht, nur einmal im Monat kommt ein Schiff aus Apia an. Mangels Hotels kann man nur privat übernachten. Auskunft: *Office for the Tokelau Affairs, P.O. Box 8 65, Apia, Samoa, Fax 00685/217 61.*

Gegessen wird, was Lagune, Kokospalme und die kleinen Gärten liefern. Sogenannte »schwimmende Schweine« bringen Fleisch auf den Tisch. Die Tiere wühlen in Strandnähe im flachen Wasser und ernähren sich von Meerestieren.

Tuvalu **(165/E–F 4)**
Vom Fischen und der Produktion von Kokosfleisch, Kopra, leben die meisten der 9000 Einwohner. Trotz dieser geringen Einwohnerzahl gehört Tuvalu, nur 26 qkm klein, zu den Ländern mit der weltweit höchsten Bevölkerungsdichte. Viele Männer sind ausgewandert oder haben auf einem Schiff angeheuert. Die nährstoffarmen Kalkböden der neun kleinen Atolle geben nicht viel her. Um zu sparen, hat das Mitglied des Commonwealth den Posten des Premierministers mit dem des Generalgouverneurs zu einem Präsidentenamt vereint. Die farbenfrohen Briefmarken sind der einzige Exportartikel. Gesprochen werden *Tuvaluanisch,* ein dem Samoanischen eng verwandter Dialekt, sowie Englisch. Der Tourismus beschränkt sich auf 200 bis 300 Besucher jährlich. Es gibt nur ein Hotel in der Hauptstadt *Fongafale* auf dem *Funafuti-Atoll (Vaiaku Lagi Hotel, 16 Zi., P.O. Box 10, Funafuti, Tel. 00688/205 00, Fax 00688/205 03), Kategorie 2.*

Auf diesem Atoll befindet sich auch der Flughafen, auf dem Maschinen der *Air Marshall Islands* aus Fidschi oder Kiribati landen.

Auskunft: Tuvalu Tourism Office, P.O. Box 33, Funafuti, Tel. 00688/201 84, Fax 00688/208 29

Wallis und Futuna **(166/A 4)**
Das 274 qkm große, französische Überseeterritorium besteht aus drei Inseln: *Wallis* (polynesisch: *Uvea*), 240 km davon entfernt *Futuna* und in deren Nachbarschaft die unbewohnte Insel *Alofi.* Die Hauptstadt *Mata Utu* liegt auf Wallis, wo auch mehr als die Hälfte der insgesamt 14 000 Einwohner leben. Auf beiden Inseln werden ganz unterschiedliche polynesische Dialekte gesprochen. Der Grund: Futuna wurde von Samoa aus besiedelt, Wallis von Tonga aus. Trotz schöner Strände und einiger kleiner Hotels auf Wallis hat sich noch keine Tourismusindustrie entwickelt. Dafür hat vor allen Dingen die ablehnende Haltung der Häuptlinge gesorgt. Uneingeladene Besucher müssen auch heute noch damit rechnen, nicht allzu freundlich und als Eindringlinge behandelt zu werden.

Der Kampf ums Überleben ist auf dieser Inselgruppe besonders deutlich zu spüren. Nur etwa 1000 Bewohner üben eine bezahlte Erwerbstätigkeit aus, die anderen leben von dem, was die Natur hergibt. Für fast die Hälfte der Staatsfinanzen kommt die französische Regierung auf. Wallis und Futuna erreicht man mit *Air Calin* auf dem Weg von Neukaledonien nach Tahiti.

Osterinsel (O)

★ Die im östlichen Pazifik gelegene, 171 qkm große, wie ein gleichschenkliges Dreieck geformte Insel gehört seit 1888 zu Chile. Spanisch ist neben Polynesisch die offizielle Sprache. Drei erloschene Vulkane mit Kraterseen, karge Hochebenen und rauhe Steilküsten prägen die Oberflächengestalt der Insel. Im Umkreis von rund 3600 km befindet sich außer Pitcairn keinerlei Land. Von ca. 1100 bis 1700 dauerte die Blütezeit der Insel an. Damals entstanden die berühmten aus Stein gehauenen, monumentalen Statuen, von denen fast tausend rund um die Insel in Küstennähe stehen. »Moai« heißen die bis zu 20 m hohen und 80 Tonnen schweren rätselhaften Plastiken, um deren Bedeutung sich verschiedene wissenschaftliche Theorien ranken. Vermutlich handelte es sich dabei um kultische Machtsymbole der einzelnen Stämme, die untereinander verfeindet waren und in kriegerischen Auseinandersetzungen auch die Statuen der Gegner umwarfen und zerstörten. Auf jeden Fall war die Insel um 1700, als auch die letzten Steinfiguren entstanden, überbevölkert und kahlgeschlagen.

Heute leben etwa 2000 Menschen auf der Osterinsel. 1967 wurde sogar ein Flughafen fertiggestellt, auch um den Tourismus anzukurbeln. Es gibt 40 Hotels und Gästehäuser in der einzigen Stadt *Hanga Roa*. Die Osterinsel erreicht man von Tahiti oder von Chile aus mit *Llan Chile*. Empfehlenswerte Unterkunft: *Hotel Hotu Matua, 57 Zi., P.O. Box 17, Easter Island, Tel. 0056/32/10 04 44, Fax 0056/32/10 04 45.*

Im Licht der untergehenden Sonne wirken die Moais der Osterinsel besonders geheimnisvoll

Südseeromantik zu Wasser und an Land

Die hier beschriebenen Routen sind in der Übersichtskarte im vorderen Umschlag und im Reiseatlas ab Seite 164 grün markiert

① COOK-INSELN: DURCH DIE LAGUNE VON AITUTAKI

Ein Muß für Südsee-Träumer: in blaugrünen Pastelltönen schimmerndes Wasser, darin bunt-schillernde Fische und drum herum blendend weiße Strände. Die Lagune von Aitutaki ist zweifellos der »Schönheitsfleck« der Cook-Inseln, wie von Meisterhand koloriert. Lagoon Cruise heißt der Ausflug ins Südsee-Paradies zu glasklaren Schnorchelgründen und strandgesäumten Motus.

Nachdem die letzte zweimotorige Propellermaschine Tagesausflügler von Rarotonga herangeflogen hat, können die Boote nahe dem *Aitutaki Lagoon Hotel* endlich starten *(siehe auch S. 41)*. Routinearbeit für die eingespielte Crew, die mit polynesischer Gelassenheit aufs Wasser hinauspaddelt, um in sicherer Entfernung von der empfindlichen Uferzone doch noch die Motoren aufheulen zu lassen.

Im kühlen Fahrtwind und unter dem schattenspendenden Dach sind die schon gleißenden Strahlen der Vormittagssonne schnell vergessen. Deshalb mahnen die Besatzungsmitglieder die Passagiere, Sonnenschutzmittel aufzutragen, denn die weite Wasserfläche erhöht die Strahlungsintensität enorm. Leichtsinn wird unweigerlich mit einem Sonnenbrand bestraft.

Nach einer halben Stunde Fahrt bietet sich die erste Gelegenheit, in die wohltemperierte Lagune einzutauchen: 23 Grad – was die sonnenverwöhnten Polynesier mit »weder warm noch kalt, eher erfrischend« kommentieren. An Deck werden Schnorchelausrüstungen verteilt. Auch Ungeübte trauen sich, denn im nur sanften Wellenspiel der Lagune ist die Handhabung von Schnorchel und Brille ein leichtes. Sinnvoll ist es, das T-Shirt im Wasser anzubehalten, um den Rücken beim steten Blick nach unten vor der Sonne zu schützen. Nichts trübt den Blick zum Grund der Lagune, wo sich plumpe Seegurken zwischen farbenfrohen Korallengebilden in den Sand graben und exotische Fische über imposanten Riesenmuscheln dahingleiten.

Wieder an Bord, verzückt die Aussicht auf neue Schnorchelreviere und fangfrischen Fisch zum Lunch. Schnell nimmt das Boot wieder Fahrt auf und steuert jetzt geradewegs auf die weiß schäumende Gischt am fernen Riffgürtel zu. Ziel ist eines der in unregelmäßigen Abständen aus dem Korallenring ragenden Motus – winzige, unbewohnte Eilande, in deren weichem Sand genug Kokospalmen Wurzeln geschlagen haben, um als romantische Südseekulisse zu dienen. »Visit Heaven, while you're on Earth« – der Werbeslogan der Cook-Inseln scheint hier keine Übertreibung. Das kleine Motu wird für ein paar Stunden zum Himmel auf Erden.

Vom kreisrunden Sandstrand gleiten die Schnorchler über bezaubernde Korallengärten, in denen es von bizarren Meerestieren nur so wimmelt. Währenddessen brutzeln an Land handgroße Lagunenfische auf dem Grill, werden leckere Salate und saftige Früchte zu einem appetitlichen Lunch-Büfett unter Palmenwipfeln arrangiert.

Ein voller Bauch schwimmt nicht gern. Also wird nach dem Essen im Schatten gedöst, ein kleiner Spaziergang um die Insel gemacht oder mit den liebenswürdigen Einheimischen geplaudert. Dabei erfährt man zum Beispiel auch, wie eine Kokosnuß fachgerecht geknackt wird und daß Aitutaki von der Besatzung des Meutererschiffs »Bounty« entdeckt wurde.

Bei der Rückfahrt am Nachmittag künden dunkle Wolken einen tropischen Regenguß an. Nichts ungewöhnliches, aber empfindlich abkühlend. Glücklich, wer jetzt noch ein trockenes Handtuch um die fröstelnden Schultern hüllen kann – eine Zitterpartie nonstop bis zum Anlegeplatz. Unterwegs offenbart sich linker Hand die dichtbewaldete Ostseite der Insel Aitutaki: eine steil abfallende Küste ohne Badestrände, dafür mit Grundstücken in reizvoller Hanglage, die ihren Besitzern die unverbaute Aussicht auf die betörende Lagune bieten.

② FIDSCHI: AUF VITI LEVUS KINGSROAD VON SUVA BIS LAUTOKA

Die Kings Road ist sicherlich nicht der schnellste Weg von Suva nach Lautoka, aber zweifellos reizvoller als die dichtbefahrene Queens Road im touristisch erschlossenen Süden Viti Levus. Wer auf der Hauptinsel Fidschis Kurs auf den verschwiegenen, weitgehend unbekannten Norden nimmt, durchquert tropischen Dschungel und saftiges Weideland, passiert rauhe Felsküsten und sanft abfallende Strände, erreicht stille Eingeborenendörfer und lärmende Provinzstädte. Vierradantrieb ist bei gutem Wetter nicht notwendig, auch nicht auf dem unbefestigten Teilstück der Kings Road. Anders bei bzw. nach starken Regenfällen: Dann gibt es auf der schlammigen Piste oft kein Durchkommen mehr. Auskunft über die Beschaffenheit der Straße erteilt das Fiji Visitor Bureau am Flughafen von Nadi (S. 59) oder in Suva (S. 64).

Ab Suva leiten die mit »Airport« beschrifteten Hinweisschilder auf verschlungenen Wegen, aber verläßlich nach *Nausori.* Auf dem überwiegend national genutzten Flugplatz der 20 km entfernten Kleinstadt landet, wer nach Suva will. Frühmorgens sind die Vororte der Hauptstadt erfüllt von hektischer Betriebsamkeit: Vollbesetzte Busse bahnen sich hupend einen Weg durch Karawanen uniformierter Schüler, am Straßenrand hasten Menschen zur Arbeit, schleppen Frauen in Körben und Taschen ihre Waren zum Markt und treiben Männer ihre Kühe zum Grasen.

6 km hinter Nausori, sobald die Straße sich vom Ufer des breiten Nausori River abwendet, wird die Gegend zusehends ländlicher. Die vorläufig letzte größere Ansiedlung ist *Korovou.* Hier beginnt der ungeteerte Abschnitt der Kings Road ins Inselinnere Richtung Lautoka. Machen Sie sich gefaßt auf eine fast 50 km lange Rüttelstrecke bis *Dama* – falls die Teermaschine zwischenzeitlich nicht ein Stück vorangekommen ist. In besonders ruppigem Zustand ist die Piste, wenn kurz zuvor eine neue Geröllschicht aufgetragen wurde. Mehr als 50 km/h sind jedenfalls nicht drin.

Bald liegen Wiesen und Felder hinter Ihnen. Die Fahrt geht jetzt durch dichten Regenwald. Und mitten in der Wildnis eine willkommene Überraschung: *Urus Snackbar!* Die notdürftig zusammengehauene Imbißbude flankiert einen ansehnlichen Wasserfall. Grund genug, auszusteigen und sich die Füße zu vertreten. Ein schmaler Pfad endet am kleinen Felsbecken unterhalb des Wasserfalls, wie geschaffen für ein erfrischendes Bad.

Die Piste ist hier im Landesinneren nur wenig befahren. Freundlich winkende Eingeborene am Straßenrand zeugen von dörflichem Leben im Dschungel. Tatsächlich folgen einfache, aber ausgesprochen gepflegte Siedlungen in nur wenigen Kilometern Abstand aufeinander. Am meisten macht *Naqaia* her, ein von wucherndem Grün eingefaßtes Dorfidyll. Immer wieder strecken einem Kinder Obst oder Wurzelknollen entgegen: 15 Bananen für einen Fidschi-Dollar, Touristenaufschlag inklusive.

Nach hundert unwegsamen Minuten verwöhnt die Kings Road wieder mit einem glattgewalzten Teerbelag. 16 km sind es jetzt nur noch bis zur Küste. Wer in Suva bei Regen abgefahren ist, kann sich hier wahrscheinlich über blauen Himmel freuen, denn die Kings Road überquert im Inselinneren die Wetterscheide zum klimatisch begünstigten Norden.

Unmerklich öffnet sich die Landschaft: Ausgedehnte Zukkerrohrfelder halten den wuchernden Regenwald in Schach. Sie sind ein eindeutiges Indiz dafür, daß hier Inder leben und den Boden bestellen. Von nun an prägen Flachdächer, zweistöckige Steinhäuser, vollgeräumte Kramläden und pastellfarbene Moscheen die Siedlungen.

122 km hinter Suva dringt endlich wieder Meeresrauschen ans Ohr, denn an der *Viti Levu Bay* ist der Pazifik und damit die Nordküste erreicht. Im weiteren Verlauf kann die Kings Road nicht mehr vom Ozean lassen, passiert *Ellington Wharf,* wo das Boot zum *Mokusigas Island Resort* (s.u.) ebenso ablegt wie die Fähre zur zweitgrößten Fidschi-Insel *Vanua Levu.*

Mit Aussicht auf schroffe, bis zu den Gipfeln mit tropischem Dickicht bedeckte Bergketten macht sich *Rakiraki* als nördlichste Stadt Viti Levus in der weiten

Küstenebene breit. Zum eigentlichen Geschäftszentrum Vaileka gelangt man über einen kurzen Abzweig ins Landesinnere. In Rakiraki hat Udre Udre, einer der blutrünstigsten Kannibalen Fidschis, seine letzte Ruhestätte gefunden – recht pietätlos am Ortsausgang, gleich neben dem linken Fahrbahnrand der Kings Road. Ausgedehnte Weiden prägen jetzt die Landschaft. Hinter dem eintönigen Straßendorf *Togowere* markiert eine Tafel mit der Aufschrift »Yaqara« die Grenze zur größten Rinderfarm Fidschis. Auf über 7000 Hektar, bis hin zu den fernen Berghängen im Inneren, erstreckt sich der Besitz. Hier muß man damit rechnen, daß einzelne Rinder achtlos auf die Straße laufen. Schon deshalb ist von einer Fahrt bei Dunkelheit abzuraten.

Der bunte Markt neben dem Busbahnhof ist die einzige Attraktion *Tavuas.* Um so mehr verspricht die ins Inselinnere abzweigende Goldfields Road. Sie endet in der Tat an einem Goldbergwerk, in *Vatukoula.* Seit den 30er Jahren wird hier unterirdisch und im Tagebau nach dem wertvollen Metall gesucht. Der größte Teil der über 1500 Beschäftigten lebt vor Ort in mineneigenen Siedlungen: je höher die Position, desto besser die Ausstattung der Wohnung.

Lange bevor man die 13 000 Einwohner zählende Stadt *Ba* erreicht, bestimmt die Allgegenwart des Zuckerrohrs das Landschaftsbild. Immer wieder kreuzen Schmalspurgleise die Kings Road – während der Erntezeit pausenlos befahren von schwerbeladenen Zügen auf dem Weg zur Zuckerfabrik. Attraktionen sucht man in Ba vergebens, dennoch lohnt ein kurzer Besuch der orientalisch anmutenden Stadt, die überwiegend von Indern bevölkert wird. Die Kings Road führt als Umgehungsstraße weitern und überquert den Ba River auf einer beachtlichen Brückenkonstruktion, die mit EU-Geldern finanziert wurde, nachdem ein Zyklon 1993 die alte Brücke zerstört hatte.

12 km vor *Lautoka* gewährt eine Anhöhe den ersten Blick auf die in der Niederung von Zuckerrohrfeldern umgebene zweitgrößte Stadt Fidschis. Hier, 257 km von Suva entfernt, endet die Kings Road – und beginnt die Queens Road. Jetzt noch 220 km, und Sie sind wieder in Suva, haben Viti Levu einmal umrundet.

Bis *Nadi* sind es von Lautoka noch ca. 35 km auf der Schnellstraße. Alternativ führt die abzweigende alte Landstraße vorbei am traditionsreichen Dorf *Viseisei* (Achtung Straßenschwellen!) und an der Zufahrt zum *Vuda Point* mit der hübschen Marina und dem gemütlichen Freiluftrestaurant *First Landing* nebst dazugehörigen Bures *(S. 59).*

Eilige bewältigen die knapp 300 km lange Strecke von Suva nach Nadi leicht in einem Tag. Wer lieber zwischendurch übernachten will, findet in Rakiraki, Tavua und Ba einfache, landestypische Hotels. Weitaus mehr Komfort bieten das *Wananavu Beach Resort (Tel. 69 44 33, Fax 69 44 99, Kategorie 1–2)* und das *Mokusigas Island Resort* auf dem Wananavu gegenüberliegenden Nananu-i-Ra Island *(10 Min. mit dem Boot, Tel. 72 07 55, Fax 72 05 79, Kategorie 1–2).*

WELCOME! TO PARADISE BEACH. NOW OPEN
PLEASE STOP 'N' PAY HERE!
TAXIS, PICKUPS, VANS, etc - $5-00.
DYNAS, MINIBUSES, TRUCKS etc - $10-00.
MOTORCYCLES - $3·00. WALK $1-00 per pe
SLEEPING - $10·00 a night.
NOTICE :- FISHING IS BROHIBITED
CLEAR THE RUBBISH BEFORE YOU LEAVE, SWIMMING COSTU
IS NOT ALLOWED IN THE VILLAGE ONLY AT THE BEACH.
MOMENT. ENJOY YOUR PICNIC. THANK-YOU.
O MEA E FAASĀINA:- OLE FAGOTA-FANAÍA, LAMA, UPEGA, 'OFE, I O'O FAIVA 'AFA, UPEGA-SAINA, PŌ + AO.
ELĒ FAATAGAINA FOI. SE ONEONE, MAAMAA, FAFIE. E SĀ SE LAAU-MALOSI (FA
TAGĀ PALOLO UMA, SILASILA I LUGA O LE TOTOGI LAVA E TASI, PO & A

Von Auskunft bis Zoll

Hier finden Sie die wichtigsten Adressen und Informationen für Ihre Südsee-Tour

AUSKUNFT

Südpazifik-Informationen
Interface International
Petersburger Str. 94
10247 Berlin
Tel.: 030/42 25 60 26
Fax: 030/42 25 62 87, www.tcsp.com

Tahiti Tourisme
Informationen über Französisch-Polynesien
Bockenheimer Landstr. 45
60325 Frankfurt/M.
Tel.: 069/971 48 40
Fax: 069/72 92 75, www.tahiti-tourisme.com

BOTSCHAFTEN

Embassy of the Federal Republic of Germany
90–92 Hobson Street, Wellington,
Tel. Neuseeland 0064-4- 473 60 63,
Fax 0064-4-473 60 69

Consulate-General of Austria
22, Garrett Street, Wellington,
Tel. 0064-4-801 97 09,
Fax 0064-4-385 46 42

Achtung: Strandgebühr auf Upolu

Embassy of Switzerland
22–24 Panama St., Wellington,
Tel. 0064-4-472 15 93,
Fax 0064-4-499 63 09

EINREISE

In die meisten *SPTO-Staaten* können Bürger aus Deutschland, Österreich und der Schweiz ohne Visum und mit einem Reisepaß (muß noch sechs Monate über das Rückreisedatum hinaus gültig sein!) einreisen, wenn sie nicht länger als 30 Tage bleiben wollen (Tonga 21 Tage). Ausnahmen: Jeder Besucher benötigt ein Visum für Papua-Neuguinea *(Botschaft von Papua-Neuguinea, Moltkestr. 44–46, 53173 Bonn, Tel. 0228/ 935 61-0).* Auf den Salomonen benötigen Österreicher ein Visum, und für Kiribati müssen Deutsche und Österreicher ein Visum beantragen *(Honorarkonsulat der Republik Kiribati, Rödingsmarkt 16, 20459 Hamburg, Tel. 040/36 14 61 12).* Bei der Einreise muß man das Rück- oder Weiterflugticket zeigen. Oft, auf jeden Fall auf den Cook-Inseln, muß man für die erste Nacht eine Unterkunft angeben. Die Aufenthaltsdauer kann um zwei bis fünf Monate mit Visum verlängert werden.

FAMILIEN

Wenn Sie Ihre Reise mit Kindern planen, sollten Sie sich bei der Hotelbuchung vergewissern, daß Kinder willkommen sind. Nicht alle Luxus-Resorts nehmen Kinder unter 12 oder 13 Jahren als Gäste auf. In jedem Fall sollten Sie vor der Reise mit Ihrem Kinderarzt sprechen und die notwendigen Impfungen, ganz besonders die Malariavorsorge, klären.

Babys und kleine Kinder werden von den Insulanern verhätschelt (Sie werden immer einen liebevollen Babysitter finden!), aber die sorglose Kinderzeit endet in der Südsee wesentlich eher als bei uns. Schon recht früh werden Kinder mit in die Verantwortung des Familienalltags eingespannt, aus diesem Grund gibt es wenige speziell kindgerechte Einrichtungen, wie etwa Spielplätze. Die Strände sind zwar Kinderparadiese, bergen aber gerade für kleine Kinder besondere Gefahren. Neben der starken Sonneneinstrahlung, gegen die Kinder besonders geschützt werden müssen, gibt es viele Tiere am Strand, die äußerlich Steinen oder Pflanzen ähneln. Warnen Sie Ihre Kinder davor, mit irgend etwas anderem als Sand zu spielen.

FKK

Auch wenn bunte Prospekte aus Französisch-Polynesien die Freizügigkeit in der Südsee propagieren – es geht fast überall ziemlich puritanisch zu. FKK ist verpönt, oben ohne zu baden erregt nur in Französisch-Polynesien kein Aufsehen. Nicht nur wegen der starken Sonneneinstrahlung zieht man lieber ein Kleidungsstück mehr als zu wenig an. Das gilt vor allem beim Besuch der Inseldörfer in Tonga, Samoa und Fidschi. Frauen steigen meist mit einem Wickeltuch ins Wasser.

FLUGVERKEHR

13 der 14 *SPTO-Staaten (South Pacific Tourism Organization)* besitzen je eine eigene Fluggesellschaft, die ein oder zwei meist geleaste Düsenflugzeuge (Boeing 737) oder einige Propellerflugzeuge (Saab, ATR, Twin Otter) betreiben, um sich nicht in zu große Abhängigkeit von der dominierenden Air New Zealand oder Qantas zu begeben. Über eine größere und moderne Flugzeugflotte verfügen Air Pacific (Boeing), Air Tahiti Nui (Airbus) und Air Niugini (Airbus).

Einen der längsten Flüge innerhalb des Südpazifiks absolviert Air Marshall Islands mit einer Propellermaschine: von Guam über Truk, Pohnpei, Kwajalein, Majuro (Hauptstadt der Marshall-Inseln), Tarawa (Kiribati), Funafuti nach Fidschi. Das entspricht einer Distanz von Island über Polen und die Türkei nach Ägypten. Die Flugzeit, je nach Maschine, ist unterschiedlich lang.

Die Airlines vieler Inselstaaten bieten für Inlandflüge preiswertere Flug-Coupons an; staatenübergreifende Flugpässe (z. B. der *Polypass,* siehe Umschlagklappe) müssen in Deutschland gekauft werden. Auch die Coupons des *Visit South Pacific Pass* (Tarif je nach Sektor 175 bis 320 US$) müssen vor der Abreise in die Südsee gekauft werden. Der Paß umfaßt alle wichtigen Inseln (Infos: *Quantas, Tel. 0180-3-25 06 30*). Fragen Sie vor einer Buchung das Büro der Südpazifik-Informationen (S. 133) nach neuen Air-passes. Agent für Air Fiji, Air Tahiti, Solomon Airlines und Polynesien Airlines in Deutschland ist *Eest (Tel. 08 21/40 30 32)*.

Achten Sie darauf, daß einige Flüge 48 Stunden vor dem Abflug rückbestätigt werden müssen (nicht bei Air New Zealand) und daß der Transfer vom Flughafen zum Hotel und zurück gebucht ist. Auf Tahiti oder Fidschi landen Sie bei Flügen aus USA oder Australien meist mitten in der Nacht oder am frühen Morgen. Bei der Ausreise aus allen genannten Ländern sind meist umgerechnet 20 Mark an Gebühren zu bezahlen. Nicht überall werden Kreditkarten akzeptiert.

Der Einfachflug zwischen Fidschi und dem ca. 1200 km entfernten Samoa *(Air Pacific) kostet ca. 220 US $* und zwischen Samoa und den Cook-Inseln *(Polynesian Airlines) ca. 190 US $*. Einfachflüge von Fidschi nach Auckland sind für *ca. 210 US $*, nach Sydney für ca. *220 US $ zu haben.*

FOTOGRAFIEREN

Nehmen Sie genügend Diafilme mit, sie sind auf den Inseln kaum oder nur sehr teuer erhältlich. Kleinbild-Farbnegativfilme (aber keine Diafilme) werden fast überall innerhalb einer Stunde entwickelt und vergrößert.

GELD UND DEVISEN

Kreditkarten sind in der Südsee weit verbreitet, Traveller-Schecks werden überall von den Banken eingetauscht, auf den weniger touristisch erschlossenen Inseln hilft nur Bargeld (Landeswährung oder US $). Umtauschkurse Stand Januar 1999.

Cook-Inseln

Gleichberechtigt sind der *Cook-Island-Dollar* und der *Neuseeland-Dollar (NZ $)*, wobei nur letzterer außerhalb des Landes gegen eine andere Währung eingetauscht wird. Ungewöhnlich ist die Zwei-Dollar-Münze in Form eines Dreiecks. 1 DM = 0,87 Cent

Fast alle Inselstaaten besitzen eigene Fluggesellschaften

Fidschi

Bezahlt wird mit dem *Fiji-Dollar (100 Cent). 1 DM = 1,03 F$*

Französisch-Polynesien

Währung sind der *CFP (Cours de France Pacifique)* und der französische Franc. 1 DM = 55 CFP

Samoa

Der Dollar wird »Tala« genannt (vom deutschen Begriff »Taler«), unterteilt in *100 sene (Cents).* Viele Hotels und Mietwagenfirmen berechnen die Preise in US $. Mit der samoanischen Währung können Sie außerhalb des Landes nichts anfangen (auch nicht in Amerikanisch-Samoa). Kreditkarten sind sehr verbreitet. 1 DM = 0,80 Cent

Tonga

Bezahlt wird mit dem *pa'anga,* abgekürzt *T$ (gleich 100 seniti = cent).* Oft sind die Geldscheine leicht schmierig. Grund dafür ist die Sitte, den eingeölten Tänzerinnen Geldscheine auf den Körper zu kleben. Kreditkarten sind nicht in gewohnter Weise verbreitet. 1 DM = 1,20 T$

GEPÄCK

Wenn Sie »Inselhüpfen«, sollten Sie alles, was Sie etwa für einen Wochenendausflug einpacken würden, im Handgepäck dabeihaben. Es kommt nämlich vor, daß die Fluggesellschaften das eine oder andere Gepäckstück (das ohnehin je nach Größe des Flugzeugs meist nicht mehr als 10 bzw. 15 kg wiegen darf) zurücklassen, um möglichst viele Passagiere mitnehmen zu können. Ins Handgepäck gehören die Dinge, die Sie täglich brauchen, wie Medikamente, Zahnbürste und Kleidung zum Wechseln; Sonnenbrille, Sonnenhut und Sonnenschutz sollten auch dabeisein. Tip: Eine größere Reisetasche oder einen Rucksack mitnehmen und die restlichen Gepäckstücke am internationalen Flughafen der Insel oder im zuletzt besuchten Hotel deponieren.

GESUNDHEIT/IMPFUNGEN

Gesundheitsorganisationen rechnen damit, daß zehn Prozent der sechs Millionen Einwohner des Südpazifiks von den Hepatitis-Arten »A« und »B« befallen sind. Während Hepatitis »A« vor allem durch mangelnde Hygiene verursacht wird, verbreitet sich die gefährlichere Hepatitis »B«, die u. U. sogar zum Tode führen kann, bei Bluttransfusionen, aber auch beim Geschlechtsverkehr. Empfehlenswerte Schutzimpfungen vor einer Reise in die Südsee: Hepatitis »A«, Polio, Tetanus und Typhus (Schluckimpfung). Eine Malariaprophylaxe ist beim Besuch von Vanuatu, Papua-Neuguinea und den Salomonen unverzichtbar. Informationen erteilt das *Centrum für Reisemedizin gegen eine Schutzgebühr von 15 Mark (Oberratherstr. 10, 40472 Düsseldorf, Tel. 0211/90 42 90, Fax 0211/ 904 29 99).*

Das in der Südsee vorkommende Dengue-Fieber wird von Moskitos übertragen. Es tritt etwa zwei bis drei Wochen nach der Infektion wie ein schwerer, grippaler Effekt auf. Die ärztliche Versorgung in der Südsee ist eher schlecht, die hygienischen Verhältnisse in den Krankenhäusern (vor allem in Fidschi) lassen zu wünschen übrig, auf den Cook-

Eine Delikatesse: Fische aus der Lagune von Aitutaki, Cook-Inseln

Inseln und auf Tahiti trifft man auf meist gut ausgebildetes Arztpersonal. Bei ernsteren Erkrankungen sollten Sie sich nach Australien oder Neuseeland ausfliegen lassen. Schließen Sie zu Hause auf jeden Fall eine zusätzliche Reisekrankenversicherung ab, und lassen Sie sich vom Hausarzt eine kleine Reiseapotheke (z.B. Antibiotika und Desinfektionsmittel, vor allem Jod!) zusammenstellen. Nehmen Sie ein Moskitonetz mit, das Sie provisorisch über dem Bett befestigen können. Auf Tahiti wird das Gepäck von Fluggästen aus Fidschi oder Amerikanisch-Samoa ausgiebig desinfiziert (Dauer ca. zwei Stunden). Was Sie für die erste Nacht benötigen, sollten Sie deshalb, aus hygienischen Gründen, im Handgepäck haben.

INSELHÜPFEN

Nur das Flugzeug kommt dafür in Frage. Frachter und Fähren, die zwischen den Inseln verkehren, sind meist in einem erbärmlichen Zustand (Ausnahme: Französisch-Polynesien und teilweise Fidschi) und auch seefesten Naturen nicht zu empfehlen. Zudem gibt es keinen zuverlässigen Fahrplan.

KLIMA/REISEZEIT

Die beste Reisezeit für die Südsee liegt zwischen Mai und Oktober, im Südsee-»Winter«; allerdings kann man auf den Cook-Inseln, auf Tonga oder Französisch-Polynesien spätabends einen Pullover brauchen (auf jeden Fall, wenn Sie mit dem Moped unterwegs sind). Eine Weiterreise nach Neuseeland endet zu dieser Jahreszeit dann tatsächlich im kalten Winter. So läßt sich Südsee-Atmosphäre mit einer Skiabfahrt kombinieren. Im Juli und August flüchten Australier und Neuseeländer auf die Sonneninseln. In dieser Zeit wird es durch die Besucher aus Frankreich auf Tahiti etwas enger. Zwischen November und April, in der Regenzeit mit meist kurzen, aber heftigen Regenfällen, ist das Klima heiß und schwül (vor allem in Samoa und Fidschi), außerdem ist die Gefahr von Zyklonen groß. Im Winter liegen die Temperaturen tagsüber bei durchschnittlich 23–25 Grad.

KRIMINALITÄT

Auf allen Inseln ist die Kriminalitätsrate gering, steht die Gastfreundschaft hoch im Kurs. Dennoch nehmen auch hier Diebstähle, vor allem an Stränden, zu. Sie sollten auf keinen Fall unvorsichtiger als in Ihrem Heimatland sein.

LITERATUR/LANDKARTEN

Landkarten kauft man am besten auf den jeweiligen Inseln in größeren Buchläden (z.B. auf Tahiti im *Vaima Centre, Papeete).* Literatur u.a.: Georg Forster, »Entdeckungsreise nach Tahiti und die Südsee 1772–1775« (Edition Erdmann, Stuttgart), »Seeteufel« Graf Luckner (Koehlers Verlagsgesellschaft, Herford), James A.Michener, »Die Südsee« (Knaur Verlag, München), Somerset Maugham, »Betörende Südsee« (Ullstein Verlag, Berlin), Jack London, »Südsee-Abenteuer« (Diogenes Verlag, Zürich), »Der Papalagi, Die Reden des Südsee-Häuptlings Tuiavii aus Tiavea« (Klett-Verlag, Stuttgart). Den Südsee-Häuptling übrigens hat es nie gegeben, er ist die literarische Erfindung des Deutschen Erich Scheurmann, der 1914 nach Samoa kam. Romane der bekannten samoanischen Schriftsteller Albert Wendt und Sia Figiel sind in deutscher Sprache im Unionsverlag/Limmat Verlag, Zürich, erschienen.

MEDIEN

Der Fernseher gehört auch in der Südsee inzwischen zum beliebten Freizeitvergnügen, Videos stehen hoch im Kurs. Französisch-Polynesien und Neukaledonien haben ein eigenes Programm mit Unterstützung der Franzosen, die Cook-Inseln und sogar das kleine Niue unterhalten jeweils eine eigene Lokalstation und beziehen die restlichen Programme aus Neuseeland. Samoa empfängt die amerikanischen Programme aus Amerikanisch-Samoa, in Tonga sendet eine kirchliche Vereinigung, und in Papua-Neuguinea strahlen die Australier ihr Programm aus. Europäer werden wenig aus ihrer Heimat zu hören bekommen – es sei denn über einen Radio-Weltempfänger.

MIETWAGEN/TAXI/BUS

Cook-Inseln

Für *60 Mark (Budget* oder *Avis)* bekommt man auf *Rarotonga* schon einen offenen Jeep oder eine MG-Replica, ca. *25 Mark/Tag* kosten die populären *Klein-Motorräder (scooter),* für ca. *8 Mark gibt's ein Fahrrad (push-bike).* Wer ein Fahrzeug mieten will, muß zuvor bei der Polizei einen Insel-Führerschein abholen *(ca. 10 Mark).* Je nach Lust und Laune der Beamten wird eine – unkomplizierte – »Fahrprüfung« um den Block gemacht. *Busse* fahren im Halbstundentakt rund um *Rarotonga* und können überall angehalten werden. Ein *Tagespaß kostet ca. 6 NZ $.* Auch abends werden die Restaurants entlang der Inselstraße regelmäßig abgefahren.

Fidschi

Ein Mietwagen ohne Kilometerbegrenzung und Versicherung kostet ca. *100 Mark pro Tag.* Die *Taxifahrt* von Nadi Airport zum Regent Hotel (Denarau, *ca. 20 km* vom Flughafen entfernt) berechnet der Fahrer mit *ca. 19 Mark.* Gebührenzähler gibt es nicht. Klimatisierte Busse *(Fiji Express* und *Transport Pacific)* fahren täglich morgens von Suva entlang der Coral Coast nach Nadi Airport und zurück *(ab. ca. 1.30 Uhr).* Kostenpunkt *maximal 35 Mark.*

Französisch-Polynesien

Die Kosten für Taxifahrten, vor allem nachts, sind sehr hoch *(ca. 42 Mark für zehn Kilometer).* Auf Tahiti, vor allem im Umkreis von Papeete, kommen Sie preiswert mit »le truck« voran. Wenn Sie den Bus verlassen, bezahlen Sie ca. *1,80 Mark* für die Fahrt *(max. acht Mark).* Für eine Inselrundfahrt auf Tahiti ist ein *Mietwagen* sinnvoll (ab 100 Mark pro Tag ohne Kilometerbegrenzung), auf den übrigen Inseln kommt man mit Motor- und Fahrrädern bzw. dem Bus gut voran. Bei weiter entfernt liegenden Zielen sollten Sie sich erkundigen, wann der letzte Bus zurückfährt.

Samoa

Für die Strecke *Airport – Apia (ca. 30 km)* verlangt der Taxifahrer etwa *25 Mark,* der Busfahrer *sechs Mark.* Ein *Mietwagen* kostet *ab 70 Mark/Tag* und sollte über eine Klimaanlage verfügen. Für *70 Mark/Tag* vermietet *Tulei Ren-*

Preiswerte Transportmöglichkeit auf allen Inseln

tals, Beach Rd. Apia, Tel. 2 41 45, Geländemotorräder. Achten Sie in Dörfern auf aggressive Hunde! Taxis erkennt man am »T« auf dem Nummernschild. Der Busverkehr ist rege, die Fahrt in den hölzernen, fensterlosen Aufbauten hart gefederter Trucks ein Erlebnis, das durch laute Pop-Musik-Beschallung auch akustisch gesteigert wird. In den Dörfern fährt der letzte Bus meist gegen 14 Uhr nach Apia zurück, sonntags verkehren nur sehr wenige Busse. *Der Fahrpreis liegt zwischen 50 Pfennig und 3,50 Mark.*

Tonga
Für die 25-Kilometer-Strecke vom *Flughafen nach Nuku'alofa* zahlt man *ca. 14 Mark.* Ein *Mietwagen kostet ca. 80 Mark/Tag.* Busse fahren sehr unregelmäßig.

POST

Briefe/Postkarten aus der Südsee nach Europa sind meist ca. zwei Wochen unterwegs. Wollen Sie sich Briefe aus Europa nachsenden lassen, müssen diese mit Ihrem Namen versehen an das General Post Office des Landes geschickt werden und den Vermerk »Poste restante« tragen.

SPRACHE

Cook-Inseln
Die offizielle Sprache ist Englisch, außerdem ist die *Cook-Island-Maori-Sprache* stark verbreitet: *Kia orana* (Hallo), *meitaki* (Danke), *tapu* (Eintritt verboten).

Fidschi
Es gibt drei offizielle Sprachen: Fidschianisch, Indisch (Hindi) und Englisch. Die fidschianische Sprache ist gewöhnungsbedürftig. Ein »c« wird wie das englische »th« ausgesprochen *(Mamanuca = Mamanutha),* ein »b« wie »mb« (Ba = mBah) ein »q« wie »ng« *(Insel Beqa = mbenga),* ein »d« wie »nd« *(Nadi = Nandi)* und ein »g« wie »ng« *(Korotogo = Korotongo).* Auf fidschianisch sagt man:

Jede Schule in Fidschi hat ihre eigene Schulkleidung

Bula (Hallo), *Ni sa yadra* (Guten Morgen), *Vinaka* (Danke schön), *bure* (Haus), *ni sa moce* (Auf Wiedersehen), *lailai* (klein), auf indisch (Hindi): *Namaste* (Hallo/Auf Wiedersehen), *kaise?* (Wie geht es?), *accha* (gut).

Französisch-Polynesien
Französisch und Tahitianisch sind die offiziellen Sprachen, mit Englisch kommt man auf den touristisch erschlossenen Inseln aber auch leidlich voran. Auf tahitianisch sagt man: *Ia orana* (Hallo), *maeva* (Willkommen), *maruru roa* (Vielen Dank).

Samoa
Englisch ist die offizielle Sprache, Samoanisch ist der polynesischen Sprache auf Tahiti, den Cook-Inseln und in Tonga sehr ähnlich. *Talofa* (Hallo), *Afio mai* (Willkommen), *Tofa* (auf Wiedersehen), *Manuia* (viel Glück), *Fiafia* (Fest), *Palagi* (Weißhäutiger).

Tonga
Tongaisch, in der Schule wird Englisch gelernt. Auf tongaisch sagt man *Malo e lelei* (guten Tag), *malo àupito* (vielen Dank), *'Ofa atu* (Prost), *Fale* (Haus), *malo e lelei ki he efiafi ni* (guten Abend).

STROMSPANNUNG

Auf den Cook-Inseln, in Tonga, Samoa und Fidschi 240 Volt/50 Hertz – kein Problem für den mitteleuropäischen Haartrockner. Der Anschluß erfolgt, wie in Neuseeland, über einen dreipoligen Flachstecker. Nehmen Sie unbedingt einen Mehrfachadapter (Weltreisestecker) mit. In Französisch-Polynesien 220 Volt/50 Hertz.

TELEFON

Cook-Inseln
Die Vorwahl zu den Cook-Inseln lautet von Deutschland/Österreich/Schweiz aus 00682. Vorwahl nach Deutschland 0049 (»0« bei der Ortsvorwahl weglassen)
Vorwahl nach Österreich 0043
Vorwahl in die Schweiz 0041

Fidschi
Vorwahl 00679
Vorwahl nach Deutschland 05-49 (»0« bei der Ortsvorwahl weglassen)
Vorwahl nach Österreich 05-43
Vorwahl in die Schweiz 05-41

Franz.-Polynesien
Die Vorwahl ist 00689. Telefonieren ist sehr teuer (ca. 4 Mark pro Minute, bis zu 17 Mark/Minute in Hotels!), am komfortabelsten geht es noch mit Telefonkarten.
Vorwahl nach Deutschland 0049 (»0« bei der Ortsvorwahl weglassen)
Vorwahl nach Österreich 0043
Vorwahl in die Schweiz 0041

Samoa
Vorwahl 00685
Vorwahl nach Deutschland 0049 (»0« bei der Ortsvorwahl weglassen)
Vorwahl nach Österreich 0043
Vorwahl in die Schweiz 0041

Tonga
Die *Vorwahl ist 00676,* ein 3-Minuten-Gespräch nach Deutschland kostet ca. 12 Mark.
Vorwahl nach Deutschland 0049 (»0« bei der Ortsvorwahl weglassen)
Vorwahl nach Österreich 0043
Vorwahl in die Schweiz 0041

TRINKGELD

Trinkgelder sind in der Südsee weder im Restaurant noch im

Hotel üblich, teilweise sogar verpönt. Ausnahme: mikronesische Inseln mit vielen japanischen und amerikanischen Touristen.

UNTERKÜNFTE

Bungalows im Stil der traditionellen Hütten nennt man in Fidschi *bures,* in Polynesien heißen sie *fales,* sie bieten Platz für zwei bis vier, auf den Cook-Inseln bis zu sechs Personen. Generell kann man Geld sparen, wenn man Hotels durch die Fluggesellschaften in Australien oder Neuseeland bucht. Es lohnt sich auch immer, vor Ort nach besonderen Tarifen zu fragen. Rucksackreisende haben's mittlerweile etwas leichter in der Südsee. Auf Tahiti stehen einige Campingplätze, Jugendherbergen und preiswerte Unterkünfte zur Verfügung. Auch in Samoa, Cook Islands und Fidschi sind jetzt einige Schlafplätze für 18 Mark, wie sie in Australien und Neuseeland häufig zu finden sind, vorhanden.

Cook-Inseln

Weil Neuseeländer und Australier es so wollen, sind viele Zimmer und Bungalows auf den Cook-Inseln mit Küche ausgestattet, dagegen fehlt meist die Klimaanlage. Außerhalb der neuseeländischen Ferien werden Häuser (2–3 Schlafzimmer) für 200–500 NZ$ pro Woche vermietet *(z. B. Stars Travel, Avarua, Tel. 236 69, Fax 215 69).*

Fidschi

Unverhältnismäßig teuer sind die luxuriösen Insel-Resorts, aber die Auswahl an preiswerten Familienunterkünften (für den australischen und neuseeländischen Markt) ist groß. In Australien und Neuseeland können Sie auf jeden Fall einen Fidschi-Aufenthalt preiswerter buchen als in Mitteleuropa. *Backpacker* finden in Fidschi akzeptable Unterkünfte.

Französisch-Polynesien

Auf Tahiti verfügen nur die größeren Hotels über Klimaanlagen, sehr vereinzelt sind die Zimmer mit Küchen ausgestattet (was die Nebenkosten spürbar senkt). Ein gutes Hotelzimmer ist nicht unter 180 Mark zu erhalten. Auf Bora Bora kosten akzeptable Zimmer für Individualtouristen im Durchschnitt 250 Mark/Tag. Etwas preiswerter wird's, wenn man das Hotelzimmer (inkl. Frühstück!) schon in der Heimat bucht oder – für die Gesellschaftsinseln – sogenannte »Packages« auf Tahiti (Flug/Übernachtung/Transfer) bestellt.

Samoa

Außerhalb von Apia gibt es nur sehr wenige Hotels, die wenigsten verfügen über einen guten Strand. Wer campen will, muß den *Matai* (den Dorfhäuptling) um Erlaubnis fragen.

Tonga

Den meisten Hotels fehlt das Geld für Renovierungen, der Standard ist mäßig (bis auf die Insel-Resorts), die Preise allerdings auch. Für ca. 360 Mark pro Woche vermietet eine Agentur Häuser in Tonga *(House Rental Agency, P.O. Box 134, Nuku'alofa, Tel. 230 92, Fax 229 70).* Campingurlaub ist auf Tonga nicht vorgesehen. Auf den unbewohnten Inseln kann man nur mit einer Genehmigung übernachten *(Tonga Visitors Bureau).*

VERKEHR

Cook-Inseln
Linksverkehr, Gurtanlegepflicht, Höchstgeschwindigkeit beträgt 50 km/h, achten Sie auf Hunde und Schweine auf der Straße.

Fidschi
Linksverkehr, Gurtanlegepflicht, Höchstgeschwindigkeit auf Landstraßen: 80 km/h, in Dörfern 50 km/h, teilweise weniger, wenn die Strecke mit *road humps* verkehrsberuhigt wurde.

Französisch-Polynesien
Rechtsverkehr, Gurtanlegepflicht. Höchstgeschwindigkeit 40 km/h in Dörfern und 80 km/h auf Landstraßen.

Samoa
Rechtsverkehr. Die Straßen abseits der Rundstrecke sind bisweilen recht holperig, die Dörfer mit Straßenschwellen verkehrsberuhigt.

Tonga
Linksverkehr. Höchstgeschwindigkeit 65 km/h, in Dörfern 40 km/h. Wenn Ihnen der König im Kleinbus mit Motorradeskorte und Blaulicht entgegenkommt, müssen Sie anhalten. Trampen ist auf Tonga unerwünscht. Um ein Auto zu mieten, müssen Sie auf Tongatapu für ca. 10 Mark komplikationslos einen Führerschein beantragen (am Nachmittag ist es auf der *Central Police Station in Nuka'alofa, Salote Rd.* nicht so voll).

ZEIT

Die Datumsgrenze verläuft mitten durch den Südpazifik, d.h. wenn Sie von Westen nach Osten fliegen, kommen Sie einen Tag eher an, umgekehrt verlieren Sie einen Tag. Die mitteleuropäische Sommerzeit verschiebt die Zeitangaben um jeweils eine Stunde nach vorne.

Cook-Inseln
Elf Stunden nach mitteleuropäischer Zeit.

Fidschi
Elf Stunden vor mitteleuropäischer Zeit (gleiche Zeitzone wie Neuseeland).

Französisch-Polynesien
Elf Stunden nach mitteleuropäischer Zeit.

Samoa
12 Stunden nach mitteleuropäischer Zeit. 21 Uhr (Freitag, Winterzeit) in Deutschland ist 9 Uhr (Freitag) auf Samoa.

Tonga
Östlich von Tonga verläuft die Datumsgrenze: In Tonga erblickt man das erste Licht des neues Tages. Zeigt die Uhr in Tonga 9 Uhr an einem Samstag, ist es auf Samoa 9 Uhr Freitag (obwohl zwischen den beiden Inseln nur 1¼ Stunden Flug liegt). Zwölf Stunden vor mitteleuropäischer Zeit (s. Kasten S. 103).

ZOLL/STEUERN

Die kurze Wartezeit vor den »Immigrations« bei der Einreise kann man sich z.B. auf den Cook-Inseln und in Fidschi mit dem Kauf zollfreier Waren vertreiben. Erlaubt sind bei der Einreise 200 Zigaretten, 1 Liter hochprozentiger Alkohol oder zwei Liter Wein pro Person (jeweils die doppelte Menge auf Fidschi!). Frisches Gemüse und Früchte dürfen nicht eingeführt werden. In den Restaurants von Fidschi werden zehn Prozent Steuern aufgeschlagen, in den Hotels und Restaurants in Französisch-Polynesien sieben.

Rückreise: In die EU zollfrei eingeführt werden dürfen pro Person Souvenirs und andere Waren im Wert von bis zu 350 Mark, 2 l Wein oder andere Alkoholika unter 22 Prozent bzw. 1 l über 22 Prozent, 200 Zigaretten oder 100 Zigarillos oder 50 Zigarren, 500 g Kaffee, 50 g Parfüm oder 0,25 l Toilettenwasser.

Deutschland, Österreich und die Schweiz verbieten die Einfuhr von Produkten, deren Material von geschützen Tieren stammt.

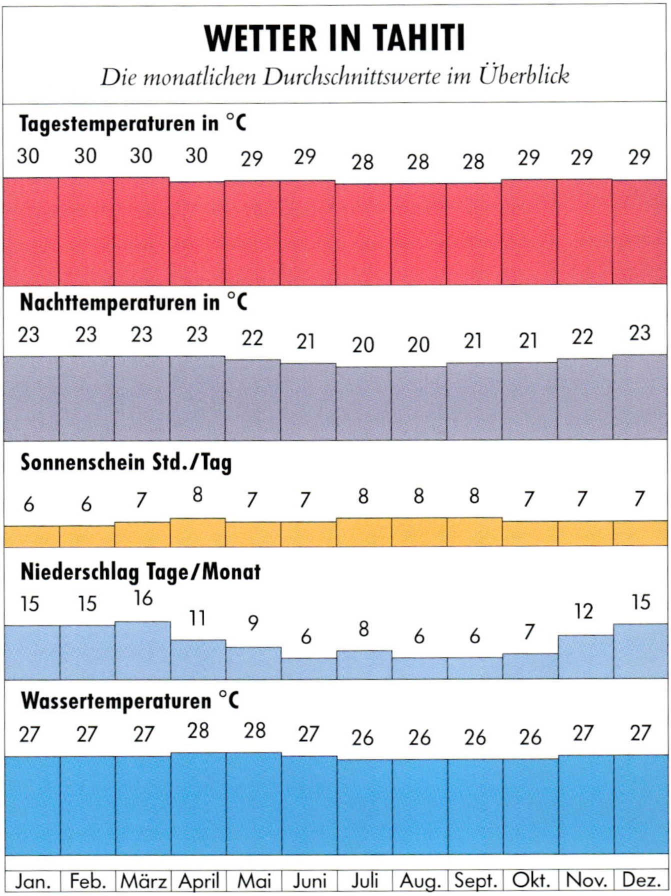

Bloß nicht!

Auch in der Südsee gibt es – wie in allen Reisegebieten – Touristenfallen oder Dinge, über die man informiert sein sollte

Ausgiebige Sonnenbäder
Auch die Südsee-Inseln sind vom Ozonloch über der Südhalbkugel betroffen. Sie sollten vor allem im Frühling, also September/Oktober, allzu ausgiebige Sonnenbäder meiden, auf eine Kopfbedeckung achten und eine UV-undurchlässige Sonnenbrille im Gepäck haben. Beim Schnorcheln wasserfeste Lotion benutzen und ein T-Shirt tragen, denn noch einen halben Meter unter Wasser sind die Sonnenstrahlen zu 60 Prozent wirksam.

Baden im Meer
So weich der Strand auch sein mag, wer sich ins Wasser begibt, sollte Bade-, Tauch- oder Sportschuhe tragen. Korallen sind ausgesprochen scharf und können böse, eiternde Verletzungen verursachen. Es versteht sich von selbst, daß man eine Riffwanderung ohne entsprechendes Schuhwerk gar nicht erst antreten darf. Wer mit bloßen Füßen in der Lagune auf einen Seeigel tritt, leidet ebenfalls. Zwei bis drei Wochen dauern die Schmerzen an, bis sich die abgebrochenen Kalkstacheln im menschlichen Gewebe auflösen. Da sich der tödlich giftige Steinfisch gern unter einer dünnen Sandschicht auf dem Grund aufhält, können gut geschützte Füße sogar das Leben retten.

In der Nähe einiger der Inseln leben Haie. Die Gefahr, die von ihnen ausgeht, wird meist übertrieben, aber Vorsicht ist dort geboten. Haie werden von hellen, leuchtenden Dingen wie Uhren oder Messern angezogen. Darauf sollten Sie beim Tauchen achten. Generell sollte man nicht an einem Strand baden, der von den Einheimischen wegen seiner gefährlichen Strömung, zumal in Riffnähe, gemieden wird. Auch die Südsee ist kein seichtes Planschbecken, sondern ein gewaltiger Ozean: Unterschätzen Sie beim Hinausschwimmen nicht die Entfernung und die Dünung, deren Wellen schnell meterhoch sein können.

Jet-Lag
Welche Route Sie für die Anreise in die Südsee auch wählen, der Weg ist lang und der *jet lag* unvermeidlich. Als *jet lag* bezeichnet man die Verzögerung, mit der sich der menschliche Körper auf einen neuen Tag-Nacht-Rhythmus umstellt. Es gibt wohl ebenso viele Theorien darüber, wie dem *jet lag* am wirkungsvollsten zu begegnen ist, wie es Flugreisende gibt.

Manche Menschen schwören darauf, schon vor der Abreise den Rhythmus des Reiselandes anzunehmen und entsprechend später aufzustehen oder ins Bett zu gehen. Andere empfehlen, auf keinen Fall während des Fluges viel zu essen oder Alkohol zu trinken. Air New Zealand rät, jede Menge nichtalkoholischer Getränke zu sich zu nehmen und während des Fluges leichte Übungen auf dem Gang zu machen. Des Rätsels Lösung ist es, dem Körper Zeit für die Umstellung zu geben. Tagesflüge machen meist weniger Probleme als Nachtflüge, aber wenn sich der Nachtflug nicht vermeiden läßt, helfen leichtes Essen, das eiweißarm sein sollte, und viel Flüssigkeit während des Fluges. Versuchen Sie in jedem Fall nach Ankunft an Ihrem Südsee-Ziel, erst in den Abendstunden nach einem leicht verdaulichen Essen schlafen zu gehen. So gewöhnen Sie sich leichter an den neuen Tagesrhythmus. Pillen helfen nicht gegen *jet lag,* der jeden zweiten Flugreisenden mehr oder weniger stark befällt.

Pacific Island Time
Es darf nicht verwundern, daß auf den Südsee-Inseln die Uhren langsamer gehen. Und vor allem hat es keinen Zweck, sich darüber aufzuregen. Die Insulaner quittieren westliche Hetze (zumeist) mit einem freundlichen Lächeln – und ändern an der Gangart nichts. Planen Sie die Aufenthaltsdauer nicht zu knapp – vor allem verspätete Inlandflüge mit den kleinen Insel-Fluggesellschaften können den sorgfältigsten *timetable* durcheinanderwirbeln. Deshalb gilt: Nehmen Sie sich pro Inselgruppe mindestens (!) eine Woche Zeit.

Sonntags nie (never on sunday)
Die Missionare haben vor über 100 Jahren ganze Arbeit geleistet: Am Sonntag ruht die Südsee. Auf Inseln wie Fidschi, Cook und Samoa werden so gut wie keine Ausflüge für Touristen angeboten, die Flughäfen bleiben geschlossen. In Tonga galt Baden im Meer am Sonntag bis vor kurzem als (zu unterlassende) »Tätigkeit«, in Samoa stellenweise heute noch. Auf Niue ist das Fischen unter Strafandrohung verboten. Zwar lockert der Tourismus die Sitten, doch sollten Sie sich am siebten Tag der Woche nichts Besonderes vornehmen.

Souvenirs
Verstoßen Sie nicht gegen das Artenschutzgesetz, indem Sie Schildpattprodukte (gefertigt aus dem Panzer der Meeresschildkröte) oder die in Tonga häufig angebotenen Walzähne kaufen und in die Heimat einführen. Berühren Sie bitte beim Schnorcheln und Tauchen die Korallengärten der Inseln nicht.

Stopover
Lassen Sie sich nicht verführen, allzu viele Stopps auf der Reise in die Südsee einzulegen. Es ist zwar (fast) eine Reise um die Welt, und die Zahl der lockenden Zwischenaufenthalte ist groß, aber die Zeit- und Klimasprünge bei Zwischenstopps ermüden meist stärker als der Langstreckenflug.

Taxifahren auf Tahiti
Vermeiden Sie nach Möglichkeit in Französisch-Polynesien horrend teure Taxifahrten, insbesondere nachts vom Flughafen in Papeete aus. Achten Sie darauf, daß mit der Übernachtung auch der Transfer gebucht wird.

Sprechen und Verstehen ganz einfach

Zur Erleichterung der Aussprache sind alle englischen Wörter mit einer einfachen Aussprache (in eckigen Klammern) versehen. Folgende Zeichen sind Sonderzeichen:

ə	nur angedeutetes »e« wie in bitte
θ	[s] gesprochen mit der Zungenspitze zwischen den Zähnen

AUF EINEN BLICK

Ja./Nein.	Yes. [jäs]/No. [nəu]
Vielleicht.	Perhaps. [pə'häps]/Maybe. ['mäibih]
Bitte.	Please. [plihs]
Danke.	Thank you. ['θänkju]
Vielen Dank!	Thank you very much. ['θänkju 'wäri 'matsch]
Gern geschehen.	You're welcome. [joh 'wälkəm]
Entschuldigung!	I'm sorry! [aim 'sori]
Wie bitte?	Pardon? ['pahdn]
Ich verstehe Sie/dich nicht.	I don't understand. [ai dəunt andə'ständ]
Ich spreche nur wenig …	I only speak a bit of … [ai 'əunli spihk ə'bit əw …]
Können Sie mir bitte helfen?	Can you help me, please? ['kən ju 'hälp mi plihs]
Ich möchte …	I'd like … [aid'laik]
Das gefällt mir (nicht).	I (don't) like it. [ai (dəunt) laik‿it]
Haben Sie …?	Have you got …? ['həw ju got]
Wieviel kostet es?	How much is it? ['hau'matsch is it]
Wieviel Uhr ist es?	What time is it? [wot 'taim is it]

KENNENLERNEN

Guten Morgen!	Good morning! [gud 'mohning]
Guten Tag!	Good afternoon! [gud ahftə'nuhn]
Guten Abend!	Good evening! [gud 'ihwning]
Hallo! Grüß dich!	Hello! [hə'ləu]/Hi! [hai]
Mein Name ist …	My name is … [mai näims …]
Wie ist Ihr/Dein Name?	What's your name? [wots joh 'näim]
Wie geht es Ihnen/dir?	How are you? [hau 'ah ju]
Danke. Und Ihnen/dir?	Fine thanks. And you? ['fain θänks, ənd 'ju]
Auf Wiedersehen!	Goodbye!/Bye-bye! [gud'bai/bai'bai]
Tschüs!	See you!/Bye! [sih ju/bai]
Bis bald!	See you soon! [sih ju 'suhn]
Bis morgen!	See you tomorrow! [sih ju tə'mərəu]

UNTERWEGS

Auskunft

links/rechts	left [läft]/right [rait]
geradeaus	straight on [sträit 'on]
nah/weit	near [niə]/far [fah]
Bitte, wo ist …?	Excuse me, where's …, please? [iks'kjuhs 'mih 'weəs … plihs]
Hauptbahnhof	main station ['mäin 'stäischn]
U-Bahn	underground ['andəgraund]
Flughafen	airport ['eəpoht]
Wie weit ist das?	How far is it? ['hau 'fahr‿is‿it]
Ich möchte … mieten.	I'd like to hire … [aid'laik tə 'haiə]
… ein Auto	… a car [ə 'kah]
… ein Fahrrad	… a bike [ə 'baik]
… ein Motorboot	… a motorboat [ə 'məutəbəut]

Panne

Ich habe eine Panne.	My car's broken down. [mai 'kahs 'brəukn 'daun]
Würden Sie mir bitte einen Abschleppwagen schicken?	Would you send a breakdown truck, please? ['wud ju sänd ə bräikdaun trak plihs]
Gibt es hier in der Nähe eine Werkstatt?	Is there a garage nearby? ['is θeə‿ə 'gärahdsch 'niərbai]

Tankstelle

Wo ist die nächste Tankstelle?	Where's the nearest petrol station? ['weəs θə 'niərist 'pätrəlstäischn]
Ich möchte … Liter …	… litres of … ['lihtəs əw]
… Normalbenzin.	… three-star, ['θrihstah]
… Super.	… four-star, ['fohstah]
… Diesel.	… diesel, ['dihsl]
… bleifrei/verbleit.	… unleaded/leaded, please. [an'lädid/'lädid plihs]
Volltanken, bitte.	Full, please. ['ful plihs]

Unfall

Hilfe!	Help! [hälp]
Achtung!	Attention! [ə'tänschn]
Vorsicht!	Look out! ['luk 'aut]
Rufen Sie bitte …	Please call … ['plihs 'kohl]
… einen Krankenwagen.	… an ambulance. [ən 'ämbjuləns]
… die Polizei.	… the police. [θə pə'lihs]
… die Feuerwehr.	… the fire-brigade. [θə 'faiəbri,gäid]
Es war meine Schuld.	It was my fault. [it wəs 'mai 'fohlt]
Es war Ihre Schuld.	It was your fault. [it wəs 'joh 'fohlt]
Geben Sie mir bitte Ihren Namen und Ihre Anschrift.	Please give me your name and address! [plihs giw mi joh 'näim ənd ə'dräs]

ESSEN/UNTERHALTUNG

Wo gibt es hier ...	Is there ... here? ['is θeər ... 'hiə]
... ein gutes Restaurant?	... a good restaurant [ə 'gud 'rästərɔhng]
... ein typisches Restaurant?	... a restaurant with local specialities [ə 'rästərohng wiθ 'ləukl ,späschi'älitis]
Gibt es hier eine gemütliche Kneipe?	Is there a nice pub here? ['is θeər‿ə nais 'pab hiə]
Reservieren Sie uns bitte für heute abend einen Tisch für 3 Personen.	Would you reserve us a table for three for this evening, please? ['wud ju ri'söhw əs ə 'täibl fə 'θrih fə θis 'ihwning plihs]
Auf Ihr Wohl!	Cheers! [tschiəs]
Bezahlen, bitte.	Could I have the bill, please? ['kud ai häw θə 'bil plihs]
Haben Sie einen Veranstaltungskalender?	Have you got a diary of events? [həw ju got‿ə 'daiəri‿əw i'wänts]

EINKAUFEN

Wo finde ich ...?	Where can I find ...? ['weə 'kən‿ai 'faind ...]
Apotheke	chemist's [kämists]
Bäckerei	baker's [bäikəs]
Fotoartikel	photographic materials [,fəutə'gräfik mə'tiəriəls]
Kaufhaus	department store [di'pahtmənt stɔh]
Lebensmittelgeschäft	food store ['fuhd stoh]
Markt	market ['mahkit]

ÜBERNACHTUNG

Können Sie mir bitte ... empfehlen?	Can you recommend ..., please? [kən ju ,räkə'mänd ... plihs]
... ein Hotel	... a hotel [ə həu'täl]
... eine Pension	... a guest-house [ə 'gästhaus]
Ich habe bei Ihnen ein Zimmer reserviert.	I've reserved a room. [aiw ri'söhwd‿ə 'ruhm]
Haben Sie noch ...	Have you got ... [həw ju got]
... ein Einzelzimmer	... a single room [ə 'singl ruhm]
... ein Doppelzimmer	... a double room [ə 'dabl ruhm]
... mit Dusche/Bad?	... with a shower/bath? [wiθ ə 'schauə/'bahθ]
... für eine Nacht?	... for one night? [fə wan 'nait]
... für eine Woche?	... for a week? [fə ə 'wihk]
Was kostet das Zimmer mit ...	How much is the room with ... ['hau 'matsch is θə ruhm wiθ]
... Frühstück?	... breakfast? ['bräkfəst]
... Halbpension?	... half board? ['hahf'bohd]
... Vollpension?	... full board? ['ful'bohd]

Arzt

Können Sie mir einen guten Arzt empfehlen?	Can you recommend a good doctor? [kən ju ‚räkə'mänd ə gud 'doktə]
Ich habe hier Schmerzen.	I've got pain here. [aiw got päin 'hiθ]

Bank

Wo ist hier bitte …	Where's the nearest … [weəs θə 'niərist]
… eine Bank?	… bank? [bänk]
… eine Wechselstube?	… exchange-office? [iks'tschäinsch‿ofis]
Ich möchte … DM (Schilling, Schweizer Franken) wechseln.	I'd like to change … Marks (Austrian shillings, Swiss francs). [aid laik tə tschäinsch … 'mahks ('ostriən 'schillings/ 'swis 'fränks)]

Post

Was kostet …	How much is … ['hau 'matsch is]
… ein Brief …	… a letter … [ə 'lätə]
… eine Postkarte …	… a postcard … [ə pəustkahd]
… nach Deutschland?	… to Germany? [tə 'dschöhməni]

Zahlen

0	zero, nought [siərəu, noht]	19	nineteen [‚nain'tihn]
1	one [wan]	20	twenty ['twänti]
2	two [tuh]	21	twenty-one [‚twänti'wan]
3	three [θrih]	30	thirty ['θöhti]
4	four [foh]	40	forty ['fohti]
5	five [faiw]	50	fifty ['fifti]
6	six [siks]	60	sixty ['siksti]
7	seven ['säwn]	70	seventy ['säwnti]
8	eight [äit]	80	eighty ['äiti]
9	nine [nain]	90	ninety ['nainti]
10	ten [tän]	100	a (one) hundred ['ə (wan) 'handrəd]
11	eleven [i'läwn]		
12	twelve [twälw]	1000	a (one) thousand ['ə (wan) 'θausənd]
13	thirteen [θöh'tihn]		
14	fourteen [‚foh'tihn]	10000	ten thousand ['tän 'θausənd]
15	fifteen [‚fif'tihn]		
16	sixteen [‚siks'tihn]	1/2	a half [ə 'hahf]
17	seventeen [‚säwn'tihn]	1/4	a (one) quarter ['ə (wan) 'kwohtə]
18	eighteen [‚äi'tihn]		

Menu
Speisekarte

BREAKFAST	FRÜHSTÜCK
coffee (with cream/milk) ['kofi (wiθ 'krihm/'milk)]	Kaffee (mit Sahne/Milch)
decaffeinated coffee [di'käfin,äitid 'kofi]	koffeinfreier Kaffee
hot chocolate ['hot 'tschoklit]	heiße Schokolade
tea (with milk/lemon) [tih (wiθ 'milk/'lämen)]	Tee (mit Milch/Zitrone)
scrambled eggs ['skrämbld 'ägs]	Rühreier
poached eggs ['pəutscht 'ägs]	verlorene Eier
bacon and eggs ['bäikn ən 'ägs]	Eier mit Speck
fried eggs ['fraid 'ägs]	Spiegeleier
hard-boiled/soft-boiled eggs ['hahdboild/'softboild ägs]	harte/weiche Eier
(cheese/mushroom) omelette [(tschihs/'maschrum/tə'mahtəu)'omlit]	(Käse-/Champignon-)Omelett
bread/rolls/toast [bräd/rəuls/təust]	Brot/Brötchen/Toast
butter ['batə]	Butter
honey ['hani]	Honig
jam/marmelade [dschäm/'mahməläid]	Marmelade/Orangenmarmelade
muffin ['məfin]	Küchlein
yoghurt ['jogət]	Joghurt
fruit ['fruht]	Obst

HORS D'ŒUVRES/SOUPS	VORSPEISEN/SUPPEN
ham [häm]	Schinken
onion rings ['ənjən rings]	fritierte Zwiebelringe
shrimp/prawn cocktail ['schrimp/'prohn 'koktäil]	Garnelen-/Krabbencocktail
smoked salmon ['sməukt 'sämən]	Räucherlachs
seafood salat [sifuhd säləd]	Meeresfrüchtesalat
clear soup/consommé [kliə suhp/kən'somäi]	Fleischbrühe
cream of chicken soup [krihm əw 'tschikin suhp]	Hühnercremesuppe
oxtail soup ['okstäil suhp]	Ochsenschwanzsuppe
cream of tomato soup [krihm‿əw tə'mahtəu suhp]	Tomatencremesuppe
vegetable soup ['wädschtəbl suhp]	Gemüsesuppe

FISH/SEAFOOD	FISCH/MEERESFRÜCHTE
cod [kod]	Kabeljau
crab [kräb]	Krebs
eel [ihl]	Aal
haddock ['hädək]	Schellfisch
herring ['häring]	Hering
lobster ['lobstə]	Hummer
mussels ['masls]	Muscheln
oysters ['oistəs]	Austern
perch [pöhtsch]	Barsch
plaice [pläis]	Scholle
salmon ['sämən]	Lachs
sole [səul]	Seezunge
squid [skwid]	Tintenfisch
trout [traut]	Forelle
tuna ['tjuhnə]	Thunfisch

MEAT AND POULTRY	FLEISCH UND GEFLÜGEL
barbequed spare ribs ['bahbəkjuhd 'speə ribs]	gegrillte Schweinerippchen
beef [bihf]	Rindfleisch
chicken ['tschikin]	Hähnchen
chop/cutlet [tschop/'katlit]	Kotelett
fillet (steak) ['filit (stäik)]	Filet(steak)
duck(ling) ['dak(ling)]	(junge) Ente
gammon ['gämən]	Schinkensteak
gravy ['gräivi]	Fleischsoße
ham [häm]	Schinken
hamburger ['hämböhgə]	Hamburger
kidneys ['kidnis]	Nieren
lamb (with mint sauce) [läm (wiθ 'mint 'sohs)]	Lamm (mit einer sauren Minzsoße)
liver (and onions) ['liwə(r ən 'anjəns)]	Leber (mit Zwiebeln)
minced beef ['minst 'bihf]	Hackfleisch vom Rind
mutton ['matn]	Hammelfleisch
pork [pohk]	Schweinefleisch
rabbit ['räbit]	Kaninchen
rissoles ['risəuls]	Frikadellen
rump steak ['ramp stäik]	Rumpsteak
sausages ['sosidschis]	Würstchen
sirloin steak ['söhloin stäik]	Lendenstück vom Rind
T-bone steak ['tihbəun stäik]	Rindersteak mit T-förmigem Knochen
turkey ['töhki]	Truthahn
veal [wihl]	Kalbfleisch
venison ['wänisn]	Reh oder Hirsch

VEGETABLES AND SALAD	GEMÜSE UND SALAT
baked beans ['bäikt 'bihns]	gebackene weiße Bohnen in Tomatensoße
baked potatoes [bäikt pə'täitəus]	gebackene Pellkartoffeln
beetroot ['bihtruht]	Rote Bete
cabbage ['käbidsch]	Kohl
carrots ['kärəts]	Karotten
cauliflower ['kolifl auə]	Blumenkohl
chef's salad ['schefs 'säləd]	Salat mit Schinkenstreifen, Tomaten, Käsestreifen, Oliven
chips/French fries [tschips/'fränsch 'frais]	Pommes frites
corn-on-the-cob ['kohn‿on θə 'kob]	Maiskolben
cucumber ['kjuhkamba]	Gurke
fritters/ hash browns ['fritəs/'häsch bräuns]	Bratkartoffeln
leek ['lihk]	Lauch
lentils ['läntils]	Linsen
lettuce ['letis]	Kopfsalat
mashed potatoes [mäscht pə'täitəus]	Kartoffelbrei
mushrooms ['maschrums]	Pilze
onions ['anjəns]	Zwiebeln
peas ['pihs]	Erbsen
peppers ['päpəs]	Paprika
pumpkin ['pampkin]	Kürbis
spinach ['spinidsch]	Spinat
sweetcorn ['swihtkohn]	Mais
tomatoes [tə'mahtəus]	Tomaten
turnips ['təhnips]	Rüben

DESSERT AND CHEESE	NACHSPEISEN UND KÄSE
apple pie ['äpl 'pai]	gedeckter Apfelkuchen
brownie ['bräuni]	Schokoladenplätzchen
Cheddar ['tschädə]	kräftiger Käse
Cottage cheese ['kotidsch 'tschihs]	Hüttenkäse
cream [krihm]	Sahne
custard ['kastəd]	Vanillesoße
fruit cake ['fruht käik]	Kuchen mit viel Korinthen, Rosinen usw.
fruit salad [fruht 'säləd]	Obstsalat
goat's cheese ['gəuts ,tschihs]	Ziegenkäse
ice-cream ['ais'krihm]	Eiscreme
pancakes ['pänkäiks]	Pfannkuchen
pastries ['päistris]	Gebäck
rice pudding ['rais 'puding]	Reisbrei
stewed fruit ['stjuhd 'fruht]	Kompott

FRUIT	OBST
apples ['äpls]	Äpfel
apricots ['äiprikots]	Aprikosen
blackberries ['bläkbris]	Brombeeren
cherries ['tschäris]	Kirschen
dates [däits]	Datteln
figs [figs]	Feigen
gooseberries ['gusbəris]	Stachelbeeren
grapes [gräips]	Weintrauben
lemon ['lämən]	Zitrone
melon ['mälən]	Melone
oranges ['orindschis]	Orangen
peaches ['pihtschis]	Pfirsiche
pears [peəs]	Birnen
pineapple ['pain,äpl]	Ananas
plums [plams]	Pflaumen
rhubarb ['ruhbahb]	Rhabarber
strawberries ['strohbris]	Erdbeeren

Beverages
Getränkekarte

ALCOHOLIC DRINKS	ALKOHOLISCHE GETRÄNKE
beer [biə]	Bier
brandy ['brändi]	Schnaps
champagne [schäm'pain]	Champagner
cider ['saidə]	Apfelwein
cognac ['konjäk]	Kognac
red/white wine [räd/wait wain]	Rot-/Weißwein
dry/sweet [drai/swiht]	trocken/lieblich
sparkling wine ['spahkling wain]	Sekt
table wine ['täibl wain]	Tafelwein

SOFT DRINKS	ALKOHOLFREIE GETRÄNKE
alcohol-free beer ['älkəhol,frih 'biə]	alkoholfreies Bier
fruit juice ['fruht dschuhs]	Fruchtsaft
lemonade [,lämə'näid]	Limonade
milk ['milk]	Milch
mineral water ['minrl ,wohtə]	Mineralwasser
root beer ['rut ,biə]	süße, dunkle Limonade
soda water ['səudə ,wohtə]	Selterswasser
tomato juice [tə'mahtəu dschuhs]	Tomatensaft

Sprechen und Verstehen ganz einfach

Zur Erleichterung der Aussprache sind alle französischen Wörter mit einer einfachen Aussprache (in eckigen Klammern) versehen.

AUF EINEN BLICK

Ja./Nein.	Oui. [ui]/Non. [nong]
Vielleicht.	Peut-être [pöhtätr]
Bitte.	S'il vous plaît. [sil wu plä]
Danke.	Merci. [märsi]
Gern geschehen.	De rien. [dö rjäng]
Entschuldigen Sie!	Excusez-moi! [äksküseh mua]
Wie bitte?	Comment? [kommang]
Ich verstehe Sie/dich nicht.	Je ne comprends pas. [schön kongprang pa]
Ich spreche nur wenig Französisch.	Je parle un tout petit peu français. [schparl äng tu pti pöh frangsä]
Können Sie mir bitte helfen?	Vous pouvez m'aider, s.v.p.? [wu puweh mehdeh sil wu plä]
Sprechen Sie Deutsch/ Englisch?	Vous parlez allemand/anglais? [wu parleh almang/anglä]
Ich möchte ...	J'aimerais ... [schämrä]
Das gefällt mir nicht.	Ça ne me plaît pas. [san mö plä pa]
Haben Sie ...?	Vous avez ...? [wus‿aweh]
Wieviel kostet es?	Combien ça coûte? [kongbjäng sa kut]
Wieviel Uhr ist es?	Quelle heure est-il? [käl‿ör ät‿il]

KENNENLERNEN

Guten Morgen/Tag!	Bonjour! [bongschur]
Guten Abend!	Bonsoir! [bongsuar]
Hallo!/Grüß dich!	Salut! [salü]
Wie ist Ihr Name, bitte?	Comment vous appelez-vous? [kommang wus‿apleh wu]
Wie heißt du?	Comment tu t'appelles? [kommang tü tapäl]
Wie geht es Ihnen/dir?	Comment allez-vous/vas-tu? [kommangt‿aleh wu/wa tü]
Danke. Und Ihnen/dir?	Bien, merci. Et vous-même/toi? [bjäng märsi. eh wu mäm/tua]
Auf Wiedersehen!	Au revoir! [oh röwuar]
Tschüs!	Salut! [salü]

UNTERWEGS

Auskunft

links/rechts	à gauche [a gohsch]/à droite [a druat]
geradeaus	tout droit [tu drua]
nah/weit	près [prä]/loin [luäng]
Bitte, wo ist …?	Pardon, où se trouve …, s.v.p.? [pardong, us truw … sil wu plä]
Wie weit ist das?	C'est à combien de kilomètres d'ici? [sät‿a kongbjängd kilomätrö disi]
Welches ist der kürzeste Weg nach/zu …?	Quel est le chemin le plus court pour aller à …? [käl‿äl schömäng lö plü kur pur aleh a]

Panne

Ich habe eine Panne.	Je suis en panne. [schö süis‿ang pan]
Würden Sie mir bitte einen Abschleppwagen schicken?	Est-ce que vous pouvez m'envoyer une dépanneuse, s.v.p.? [äs‿kö wu puweh mangwuajeh ün dehpanöhs sil wu plä]
Gibt es hier in der Nähe eine Werkstatt?	Est-ce qu'il y a un garage près d'ici? [äs‿kil‿ja äng garasch prä disi]
… ist defekt.	… est défectueux. […ä dehfäktüöh]

Tankstelle

Wo ist bitte die nächste Tankstelle?	Pardon, Mme/Mlle/M., où est la station-service la plus proche, s.v.p.? [pardong madam/madmuasäl/mösjöh u ä la stasjong särwis la plü prosch sil wu plä]
Ich möchte … Liter.	… litres, s'il vous plaît. [litrö sil wu plä]
Super.	Du super. [dü süpär]
Diesel.	Du gas-oil. [dü gasual]
bleifrei/mit … Oktan.	Du sans-plomb/… octanes. [dü sang plong/ … oktan]
Volltanken, bitte.	Le plein, s.v.p. [lö pläng sil wu plä]

Unfall

Hilfe!	Au secours! [oh skur]
Achtung!	Attention! [atangsjong]
Rufen Sie bitte schnell …	Appelez vite … [apleh wit]
… einen Krankenwagen.	… une ambulance. [ün‿angbülangs]
… die Polizei.	… la police. [la polis]
… die Feuerwehr.	… les pompiers. [leh pongpjeh]
Es war meine Schuld.	C'est moi qui suis en tort. [sä mua ki süis‿ang torr]
Es war Ihre Schuld.	C'est vous qui êtes en tort. [sä wu ki äts‿ang torr]
Geben Sie mir bitte Ihren Namen und Ihre Anschrift!	Vous pouvez me donner votre nom et votre adresse? [wu puweh mö donneh wottrö nong eh wottr‿adräs]

ESSEN/UNTERHALTUNG

Wo gibt es hier …	Vous pourriez m'indiquer… [wu purjeh mängdikeh]
… ein gutes Restaurant?	… un bon restaurant? [äng bong rästorang]
… ein nicht zu teures Restaurant?	… un restaurant pas trop cher? [äng rästorang pa troh schär]
Gibt es hier eine gemütliche Kneipe?	Y-a-t'il un café (bistrot) sympa, dans le coin? [jatihl äng kafeh (bistroh) sängpa dang lö kuäng]
Reservieren Sie uns bitte für heute abend einen Tisch für 4 Personen.	Je voudrais réserver une table pour ce soir, pour quatre personnes. [schwudrä räsehrweh ün tablö pur sö suar pur kat pärsonn]
Wo sind bitte die Toiletten?	Où sont les W.-C., s.v.p.? [u song leh wehseh sil wu plä]
Auf Ihr Wohl!	A votre santé!/A la vôtre! [a wottr sangteh/a la wohtr]
Bezahlen, bitte.	L'addition, s.v.p. [ladisjong sil wu plä]
Hat es geschmeckt?	C'était bon? [sehtä bong]
Das Essen war ausgezeichnet.	Le repas était excellent. [lö röpa ehtät‿äksälang]

ÜBERNACHTUNG

Können Sie mir bitte … empfehlen?	Pardon, Mme/Mlle/M., vous pourriez recommander …? [pardong madam/madmuasäl/mösjöh wu purjeh rökommangdeh]
… ein gutes Hotel	… un bon hôtel [äng bonn‿ohtäl]
… eine Pension	… une pension de famille [ün pangsjongd famij]
Haben Sie noch …?	Est-ce que vous avez encore …? [äs‿kö wus‿aweh angkorr]
… ein Einzelzimmer	… une chambre pour une personne [ün schangbr pur ün pärsonn]
… ein Zweibettzimmer	… une chambre pour deux personnes [ün schangbr pur döh pärsonn]
… mit Bad	… avec salle de bains [awäk sal dö bäng]
… für eine Nacht	… pour une nuit [pür ün nüi]
… für eine Woche	… pour une semaine [pur ün sömän]
Was kostet das Zimmer mit …	Quel est le prix de la chambre, … [käl‿ä lö prid la schangbr]
… Frühstück?	… petit déjeuner compris? [pti dehschöneh kongpri]
… Halbpension?	… en demi-pension? [ang dmi pangsjong]

Arzt

Können Sie mir einen guten Arzt empfehlen?	Vous pourriez recommander un bon médecin, s.v.p.? [wu purjeh rökommangdeh äng bong mehdsäng sil wu plä]
Ich habe hier Schmerzen.	J'ai mal ici. [scheh mal isi]

Bank

Wo ist hier bitte …	Pardon, je cherche … [pardong schö schärsch]
… eine Bank?	… une banque. [ün bangk]
… eine Wechselstube?	… un bureau de change. [äng bürohd schangsch]
Ich möchte … DM (Schilling, Schweizer Franken) in Francs wechseln.	Je voudrais changer … marks (schilling, francs suisses) en francs. [schwudrä schangscheh … mark (schiling, frang süis) ang frang]

Post

Was kostet …	Quel est le tarif pour affranchir … [käl‿ä lö tarif pur afrangschir]
… ein Brief …	… des lettres … [deh lätr]
… eine Postkarte …	… des cartes postales … [deh kart postal]
… nach Deutschland?	… pour l'Allemagne? [pur lalmanj]

Zahlen

0	zéro [sehroh]	20	vingt [wäng]
1	un, une [äng, ühn]	21	vingt et un, une [wängt‿eh äng, ühn]
2	deux [döh]		
3	trois [trua]	22	vingt-deux [wängt döh]
4	quatre [katr]	30	trente [trangt]
5	cinq [sängk]	40	quarante [karangt]
6	six [sis]	50	cinquante [sängkangt]
7	sept [sät]	60	soixante [suasangt]
8	huit [üit]	70	soixante-dix [suasangt dis]
9	neuf [nöf]	80	quatre-vingt [katrö wäng]
10	dix [dis]	90	quatre-vingt-dix [katrö wäng dis]
11	onze [ongs]		
12	douze [dus]	100	cent [sang]
13	treize [träs]	200	deux cents [döh sang]
14	quatorze [kators]	1000	mille [mil]
15	quinze [kängs]	2000	deux mille [döh mil]
16	seize [säs]	10000	dix mille [di mil]
17	dix-sept [disät]		
18	dix-huit [disüit]	1/2	un demi [äng dmi]
19	dix-neuf [disnöf]	1/4	un quart [äng kar]

Carte
Speisekarte

PETIT DEJEUNER	FRÜHSTÜCK
café noir [kafeh nuar]	schwarzer Kaffee
café au lait [kafeh oh lä]	Kaffee mit Milch
décaféiné [dehkafäineh]	koffeinfreier Kaffee
thé au lait/au citron [teh oh lä/oh sitrong]	Tee mit Milch/Zitrone
tisane [tisan]	Kräutertee
chocolat [schokola]	Schokolade
jus de fruit [schüd früi]	Fruchtsaft
œuf mollet [öf mollä]	weiches Ei
œufs brouillés [öh brujeh]	Rühreier
œufs au plat avec du lard [öh oh pla awäk dü lar]	Eier mit Speck
pain/petits pains/toasts [päng/pti päng/tohst]	Brot/Brötchen/Toast
croissant [kruasang]	Hörnchen
beurre [bör]	Butter
fromage [frommasch]	Käse
charcuterie [scharkütri]	Wurst
jambon [schangbong]	Schinken
miel [mjäl]	Honig
confiture [kongfitür]	Marmelade
yaourt [jaur]	Joghurt
fruits [früi]	Obst

SOUPES ET HORS-D'ŒUVRES	SUPPEN UND VORSPEISEN
bisque d'écrevisses [bisk dehkröwis]	Krebssuppe
bouchés à la reine [buscheh a la rän]	Königinpastete
bouillabaisse [bujabäs]	südfranzösiche Fischsuppe, scharf gewürzt
consommé de poulet [kongsommehd pulä]	Hühnersuppe
crudités variées [krüditeh warjeh]	Rohkostteller
pâté de campagne [patehd kangpanj]	Bauernpastete
pâté de foie [patehd fua]	Leberpastete
salade niçoise [salad nisuas]	grüner Salat, Tomaten, Ei, Käse, Oliven, Thunfisch
saumon fumé [sohmong fümeh]	Räucherlachs
soupe à l'oignon [sup a luanjong]	Zwiebelsuppe
soupe de poisson [sup dö puasong]	Fischsuppe

VIANDES — FLEISCH

VIANDES	FLEISCH
agneau [anjoh]	Lammfleisch
bifteck [biftäk]	Steak
bœuf [böf]	Rindfleisch
côte de bœuf [koht dö böf]	Rindskotelett
escalope de veau [äskalopp dö woh]	Kalbschnitzel
filet de bœuf [filäd böf]	Rinderfilet
foie [fua]	Leber
gigot d'agneau [schigoh danjoh]	Lammkeule
grillades [grijad]	Grillplatte
mouton [mutong]	Hammelfleisch
porc [porr]	Schweinefleisch
rognons [ronnjong]	Nieren
rôti [roti]	Braten
sauté de veau [sohtehd woh]	Kalbsragout
steak au poivre [stäk‿oh puawr]	Pfeffersteak
steak tartare [stäk tartar]	Tatar
veau [woh]	Kalbfleisch

VOLAILLES ET GIBIER — GEFLÜGEL UND WILD

VOLAILLES ET GIBIER	GEFLÜGEL UND WILD
canard à l'orange [kanar a lorangsch]	Ente mit Orange
cuissot de chevreuil [küisohd schöwröj]	Rehkeule
coq au vin [kokoh wäng]	Hahn im Rotwein gedünstet
lapin chasseur [lapäng schasör]	Kaninchen nach Jägerart
oie aux marrons [ua oh marong]	Gans mit Maronenfüllung
poulet rôti [puleh rotti]	Brathähnchen
sanglier [sanglijeh]	Wildschwein

POISSONS, CRUSTACES ET COQUILLAGES — FISCHE, KRUSTEN- UND SCHALTIERE

POISSONS, CRUSTACES ET COQUILLAGES	FISCHE, KRUSTEN- UND SCHALTIERE
cabillaud [kabijoh]	Kabeljau
calamar frit [kalamar fri]	gebratener Tintenfisch
daurade [dorrad]	Goldbrasse
lotte (de mer) [lott (dö mär)]	Seeteufel
loup de mer [lu dö mär]	Seewolf
maquereau [makroh]	Makrele
morue [morrü]	Stockfisch
perche [pärsch]	Barsch
petite friture [pötit fritür]	gebratene kleine Fische
rouget [ruscheh]	Rotbarbe
sandre [sangdr]	Zander
sole au gratin [soll oh gratäng]	überbackene Seezunge
truite meunière [trüit möhnjär]	Forelle Müllerin
turbot [türboh]	Steinbutt

coquilles Saint-Jacques [kokij sängschak]	Jakobsmuscheln
crevettes [kröwät]	Garnelen, Krabben
homard [ommar]	Hummer
huîtres [üitr]	Austern
moules [mul]	Miesmuscheln
plateau de fruits de mer [platoh dö früi dö mär]	verschiedene Meeresfrüchte

LEGUMES/PATES	GEMÜSE/BEILAGEN
artichaut [artischoh]	Artischocke
choucroute [schukrut]	Sauerkraut
chou farci [schu farsi]	Kohlroulade
chou-fleur [schuflör]	Blumenkohl
épinards [ehpinar]	Spinat
fenouil [fönuj]	Fenchel
haricots (verts) [arikoh (währ)]	(grüne) Bohnen
nouilles [nuj]	Nudeln
oignons [uanjong]	Zwiebeln
petits pois [pti pua]	Erbsen
poivrons [puawrong]	Paprika
pommes dauphine/duchesse [pom dohfin/düschäs]	Kartoffelkroketten
pommes de terre [pomm dö tähr]	Kartoffeln
pommes de terre sautées [pom dö tär sohteh]	Bratkartoffeln
pommes natures [pomm natür]	Salzkartoffeln
riz au curry [ri oh küri]	Curryreis
tomates [tomat]	Tomaten

DESSERTS ET FROMAGES	NACHSPEISEN UND KÄSE
charlotte [scharlott]	Süßspeise aus Löffelbiskuits mit Früchten und Vanillecreme
crème Sabayon [kräm sabajong]	Weinschaumcreme
flan [flang]	Karamelpudding
fromage blanc [frommasch blang]	feiner Quark
fromage de chèvre [frommasch dö schäwr]	Ziegenkäse
gâteau [gatoh]	Kuchen
glace [glas]	Eis
pâtisserie maison [patisri mäsong]	Gebäck nach Art des Hauses
profiteroles [profitroll]	mit Eis gefüllte kleine Windbeutel an warmer Schokoladensoße
tarte aux pommes [tart oh pomm]	Apfelkuchen
tarte tatin [tart tatäng]	umgestürzter, karamelisierter Apfelkuchen
yaourt [jaurt]	Joghurt

FRUITS	OBST
abricots [abrikoh]	Aprikosen
cerises [söris]	Kirschen
fraises [fräs]	Erdbeeren
framboises [frangbuas]	Himbeeren
macédoine de fruits [masehduan dö früi]	Fruchtsalat
pêches [päsch]	Pfirsiche
poires [puar]	Birnen
pommes [pomm]	Äpfel
prunes [prün]	Pflaumen
raisin [räsäng]	Trauben

Liste des Consommations

Getränkekarte

VIN	WEIN
un (verre de vin) rouge [äng (wär dö wäng) rusch]	ein Glas Rotwein
un quart de vin blanc [äng kar dö wäng blang]	ein Viertel Weißwein
un pichet de rosé [äng pischäd rohseh]	ein Krug (20 bis 50 cl) Roséwein

BIERE	BIER
bière pression [bjär prehsjong]	Bier vom Faß
blonde [blongd] ~	~ helles
brune [brühn] ~	~ dunkles
bière bouteille [bjär butäj]	Flaschenbier

SANS ALCOOL	ALKOHOLFREI
bière sans alcool [bjär sangs‿alkol]	alkoholfreies Bier
eau minérale [oh minehral]	Mineralwasser
jus de fruits [schüd früi]	Fruchtsaft
jus d'orange [schü dorangsch]	Orangensaft
lait [lä]	Milch
limonade [limonad]	Limonade
petit-lait [ptilä]	Buttermilch

Reiseatlas Südsee

Die Seiteneinteilung für den Reiseatlas finden Sie auf dem hinteren Umschlag dieses Reiseführers

A
B
C
1
2
3
4
5
6
Okino-Tori (Japan)
Philippinensee
Farallon de Pajaros
Maug Islands
Asuncion
Agrihan
Pagan
Alamagan
Guguan
Anatahan
NÖRDLIC
MARIANE
(USA)
Garapan
Saipan
Tinian
Rota
Agana
GUAM (USA)
FÖDERIERTE STAATEN VON MIKRONESIEN
Ulithi
Fais
Yap
Ngulu
Sorol
Faraulep
Gaferut
Olimarao
Woleai
Ifalik
Elato
Eauripik
Lamotrek
Satawal
Namonuito
Pulap
Fayu
Hall-Inseln
Oroluk
Chuuk
Pulusuk
Losap
Namoluk
Kayangel Islands
Babelthuap
Koror
Angaur
Sonsorol Islands
Pulo Anna
Merir
PALAU
Karolinen
Tobi
Helen
Morota
Halmahera
Asia
Aju
Mapia
Waigeo
Kapingamarangi
Manowari
Biak
Salawati
Sorong
Yapen
Misool
Ceram
Bawe
Ambon
Sarmi
Jayapura
Wewak
Neuguinea
INDONESIEN
Kai-Inseln
Aru-Inseln
Agats
Babar
Moa
Tanimbar-Inseln
Dolak
Merauke
Ninigo Group
Kaniet Islands
Admiralitäts-inseln
Saint Matthias Group
Neuhannover
Tabar Islands
Lihir Group
Bismarck-
Neuirland
Tanga Is.
Feni Is.
Purdy Islands
Archipel
Rabaul
Green Is.
Long
Umboi
Pomio
Dumpu
Lae
Neubritannien
Kieta
Kikori
PAPUA-NEUGUINEA
Papua-golf
Trobriand Islands
Woodlark
Tufi
D'entrecasteaux Islands
Port Moresby
Samarai
Louisiade Archipelago
Tagula
Arufurasee
Torresstraße
Cape York
Melville
Bathurst
Darwin
Wessel Islands
Nhulunbuy
Cape Arnhem
Weipa
Kap-York-Halbinsel
Arnhemland
Groote Eylandt
Große Barriereriff
Adelaide River
Katherine
Daly
Carpentariagolf
Cooktown
Korallen
Wyndham
Victoria
Wellesley Islands
Mitchell
Borroloola
Cairns
Newcastle Waters
Normanton
Halls Creek
Townsville
Tennant Creek
Große Sandwüste
Tanamiwüste
Mount Isa
Hughenden
Mackay
AUSTRALIEN
Rockhampton
Lake Mackay
Longreach

Übersicht Südsee Westteil
D
E
F
1
2
3
4
5
6
PAZIFISCHER OZEAN
Wake (USA)
Taongi
MARSHALL-INSELN
Enewetok
Bikini
Rongerik
Bikar
Ailinginae
Rongelap
Utirik
Ratakgruppe
Ujelang
Wotho
Likiep
Ailuk
Kwajalein
Ralikgruppe
Wotje
Ujae
Lae
Erikob
Maloelap
Namu
Aur
Pohnpei
Mokil
Pingelap
Kosrae
Alinglapalap
Majuro
Arno
Dalap Uliga Darrit
Namorik
Jaluit
Mili
Kili
Ebon
Butaritari
Abaiang
Marakei
Tarawa
Bairiki
Maiana
Abemama
Gilbert-Inseln
Howland (USA)
Baker (USA)
Äquator
Kuria
Aranuka
NAURU
Banaba
Nonouti
Beru
Tabiteuea
Nikunau
Onotoa
Arorae
Tamana
TUVALU
Ellice-Inseln
Nanumea
Niutao
Nanumanga
Nui
Vaitupu
Nukufetau
Vaiaku
Funafuti
Nukulaelae
Niulakita
Polynesien
Ontong Java
Roncador
SALOMONEN
Stewart Islands
Buala
Auki
Malaita
Reef-Islands
Duff Islands
San Cristóbal
Kirakira
Santa-Cruz
Nendo
Utupua
Rennell
Anuta
Vanikolo Islands
Tikopia
Fataka
Indispensable Reefs
Rotuma
Mata-Utu
WALLIS UND FUTUNA (FRANKREICH)
Futuna
Wallis
Alofi
Iles Torres
Vétaundé
Vanua Lava
Iles Banks
Lakon
VANUATU
Santo
Maévo
Pentecote
Luganville
Malékoula
Ambrym
Epi
Port-Vila
Efaté
Erromango
Aniwa
Tanna
Aneytioum
Neue Hebriden
FIDSCHI
Vanua Levu
Yasawa-gruppe
Koro
Viti Levu
Kadavu
Niuafo'ou
Lau Gruppe
Vatoa
TONGA
Tongatapu Gruppe
Ceva-I-Ra
Ono-I-Lau-Islands
Ata
Minerva Reefs
Récifs d'Entrecasteaux
Huon
Récifs de l'Astrolabe
Ile de sable
Iles Belep
Iles Chesterfield
Ouvéa
Lifou
Récifs Bellona
Koumac
Maré
Grande Terre
Nouméa
Matthew
Hunter
Ile des Pins
NEUKALEDONIEN (FRANKREICH)
Norfolk (Australien)
Kingston
1000 km

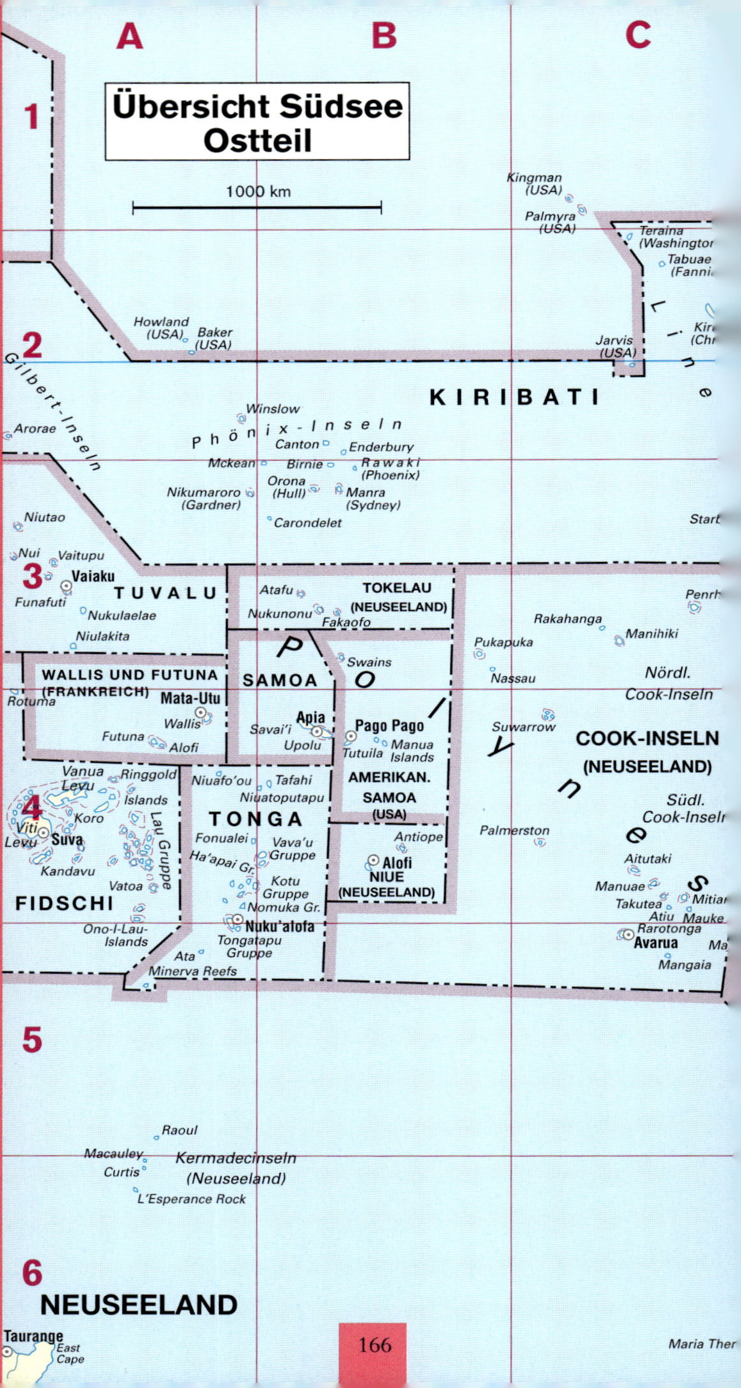
Übersicht Südsee Ostteil
1000 km
Kingman (USA)
Palmyra (USA)
Teraina
Tabuae
Howland (USA)
Baker (USA)
Jarvis (USA)
KIRIBATI
Gilbert-Inseln
Arorae
Winslow
Phönix-Inseln
Canton
Enderbury
Mckean
Birnie
Rawaki (Phoenix)
Orona (Hull)
Nikumaroro (Gardner)
Manra (Sydney)
Carondelet
Niutao
Nui
Vaitupu
Vaiaku
TUVALU
Funafuti
Nukulaelae
Niulakita
Atafu
Nukunonu
Fakaofo
TOKELAU (NEUSEELAND)
Rakahanga
Manihiki
Pukapuka
Nassau
Nördl. Cook-Inseln
WALLIS UND FUTUNA (FRANKREICH)
Rotuma
Mata-Utu
Wallis
Futuna
Alofi
SAMOA
Swains
Savai'i
Apia
Upolu
Pago Pago
Tutuila
Manua Islands
AMERIKAN. SAMOA (USA)
Suwarrow
COOK-INSELN (NEUSEELAND)
Südl. Cook-Inseln
Vanua Levu
Ringgold Islands
Lau Gruppe
Koro
Viti Levu
Suva
Kandavu
Vatoa
FIDSCHI
Ono-I-Lau-Islands
Niuafo'ou
Tafahi
Niuatoputapu
TONGA
Fonualei
Vava'u Gruppe
Ha'apai Gr.
Kotu Gruppe
Nomuka Gr.
Nuku'alofa
Tongatapu Gruppe
Ata
Minerva Reefs
Antiope
Alofi
NIUE (NEUSEELAND)
Palmerston
Aitutaki
Manuae
Takutea
Atiu
Mauke
Rarotonga
Avarua
Mangaia
Raoul
Macauley
Curtis
Kermadecinseln (Neuseeland)
L'Esperance Rock
NEUSEELAND
Taurange
East Cape

D
E
F
1
2
3
4
5
6
PAZIFISCHER
OZEAN
Äquator
Millenium Island
Flint
Eiao
Nuku Hiva
Ua Huka
Ua Pou
Hiva Oa
Tahuata
Fatu Hiva
Marquesas-Inseln
Roi Georges Inseln
Desappointement-Inseln
Manihi
Mataiva
Rangiroa
Pukapuka
Takumé
Aratika
Fangatau
Fakahina
Bora Bora
Huahine
Tetiaroa
Fakarava
Makemo
Raiatea
Marutea
Moorea
Tatakoto
Papeete
Tahiti
Amanu
Ravahere
Hao
Pukarua
Manuangi
Vahitahi
Réao
Héréhérétué
Ahunui
Tuamotu-Inseln
Duc de Glou-cester Inseln
Turéia
Actéon Gruppe
Rurutu
Tematangi
Mururoa
Marutea
Tubuai
Fagataufa
Maria
Raivavae
Morane
Mangareva
Gambier-Inseln
Temoe
FRANZÖSISCH POLYNESIEN
Oeno
Henderson
Ducie
Pitcairn
Adamstown
PITCAIRN (BRIT.)
Bass
Sala Y Gomez (Chile)
Osterinsel/ Rapa-Nui (Chile)
Ernest Legouvé

A
B
C
1
2
3
4
5
6
FIDSCHI
Yasawa Island Resort
Yasawa
Teci
Saunimolilevu Point
Sawa-i-lau
Nacula
Nacula
Sisili
Tavewa
Matacawa Levu
Nanuya Lailai
Nanuya Levu (Turtle Is.)
Vuake
Yaqeta
Yasawa-Gruppe
Naivalavala Passage
Naviti
Soso
Marou
Drawaqa
Naukacuvu
Nanuya Balavu
Narara
Bligh Water
Viti Levu
Waya
Wayalevu
Wayasewa
Kuata
Ba Passage
Cakau Na Sasi
Vatia Point
Tavua Bay
Mamanuca-Gruppe
Vanualevu
Vomo
Nacilau Point
Nailaga
Tavua
Rabulu
Vatukoula
Nadarivatu
Kings Road
Ba
Mt. Victor
1424
Tokoriki
Monu
Yanuya
Treasure I.
Lautoka
Monu-Riki
Tavua
Beach-comber I.
Koroyanitu
1195
Navala
Nadrau
Ba Riv.
Vuda Point
Viseisei
Mana
Vuda Lookout
Garden of the Sleeping Giant
Castaway I.
Nadi Bay
Malolo
Denarau I.
Bukuya
Nadi Riv.
Malolo Lailai Plantation
Nadi
Tavarua
Koroba
1075
Korolevu
Momi
Momi Bay
Vunamoli
Sigatoka Riv.
Monavatu
1130
Queens Road
Tuva Riv.
Lomawai
Natadola Beach
Pottery Village
Nawamagi
Kalevu Cultural Centre
Sigatoka
Kula Bird Park
Hideaway Resort
Yanuca
Covu
Korotogo
Korolevu
Sovi Bay
Coral Coast
Queens Road
Pacific Harbour (Deumba)
Vunanu Bay
Serua I.
Serua Scenic Lookout
Deuba
Yanuca
Serua Reef
Ravira

D
E
F
DSCHI-
NSELN
1
2
3
4
5
6
Vanua Levu
Labasa
Nasavu
Natewa Bay
Rabi
Yaoaga
Hot Springs
Nasorolevu
1031
Qamea
Yadua
Savusavu
Cousteau
Fiji Is. Resort
Laucala
Somosomo
Bligh Water
Naboulawo
Taveuni
Naitaba
Namena Lala
Lomaiviti Gruppe
Koro
Kanacea
Vanua Balavu
Viti Levu
Rakiraki
Tavua
Makogai
Yacata
Lautoka
Mt. Victoria
1424
Wakaya
Vatu Vara
Mago
Levuka
Tuvuka
Nadi
Ovalau
Cicia
Lau-Gruppe
Moturiki
Nairai
Rewa
Batiki
Sigatoka
Suva
Navua
Gau
Nayau
Korolevu
Koro See
Lakeba
Beqa
Oneata
Vatulele
Moala
Moce
Ono
Waqava
Namuko-i-lau
Vunisea
Astrolabe Reef
Totoya
Kabara
Kadavu
Matuku
Fulaga
PAZIFISCHER OZEAN
100 km
Vatoa
anunu-i-Ra
Nanunu-i-cake
Viti Levu Bay
Nanukuloa
Naiserelagi
Namarai
Tanavuso Point
Naigani
Tailevu Point
Ovalau
Nailega
Naivovi
Lodoni
Levuka
Wainibuka Riv.
Wailotua
Yanuca Levu
Moturiki
Korovou
Vunidawa
Viria
Viwa
Bau
Toberua
Kaba Point
Rewa
Nausori
Tholo-i-Suva Forest Park
PAZIFISCHER
Tholo-i-Suva Travelodge
Riv.
Orchid Island
SUVA
Laucala Bay
Suva Point
Nukulau
Makuluva
OZEAN
Koro Sea
25 km

A
B
C
1
2
3
4
5
6
Niu'aunofo Point
Christianity Landing Place
Ha'atafu Beach Motel
Ha'atafu Beach
Ha'atafu
Ha'akili
Kolovai
flying foxes
Good Samaritan Inn Motel
Maria Bay
Atata Island
Royal Sunset Island Resort
Fahina Beach
Monotapu Beach
Nukunuku
Fatai
Hihifo Road
Fahefa
Fahefa Beach
Mormon College "Liahona"
Houma
Blow Holes
Liku Road
Loto Road
Pea
Tokomololo
'Utulau
Vava'u
Likuone Bay
Mata'utuliki
127
Houmafakalele
Lupepau'u
Holonga
Leimatu'a
Vaofakalaua
Ta'anea
Ha'alaufuli
'Onetale Bay
Vai'utukakau Bay
Feletoa
Mataika
Ha'akio
Tu'anekivale
Tefisi
Mangia
Muitoulo
179
Taoa
Faleona
Nukumalolo Pt.
Lougomapu
Vaimalo
Tulie
Holeva
Lake Ano
Neiafu
Koloa
Tu'ungasika
Faihava Passage
Utulei
Port of Refugee
Makave
Okoa
Hunga
Tu'anuku
'Utangake
Toula
Olo'ua
Faioa
Kitu
Swallows Cave
Nga'unoho
Mafana
'Umuna
Nuapapu
Otea
Pangai
Pangai-motu
Kenutu
Fofoa
Ava Pulepulekai
Mariners Cave
'Oto
Falevai
Ofu
A'a
Kapa
Tapana
Foelifuka
Foeata
Lape
Vaka'eitu
Langito'o
Sisia
Taunga
Tauta
Ovaka
Avalau
'Euakafa
Totokafonua
Ancient Tomb
Euaiki
Fonua'unga
Lua'ui
Fonuafo'ou
Mu'omu'a
Fua'amotu
Luahiapo
Kahifehifa
Fangasito
Ponua'one'one
Luatefito
Lualoli
Taula
Maninita
10 km

D
E
F
TONGA
1
2
3
4
5
6
Fafa Island Resort
Fafá I.
'Onevai I.
Motutapu I.
'Onevao I.
Fukave I.
ongatapu
The Narrows
Piha Passage
Pangaimotu Island Resort
Pangaimotu Island
ALOFA
International Dateline Hotel
Friendly Islander
Queen Salote Wharf
Moana Hotel
Kahana Lagoon Resort
Nukunukumotu Island
Talakite I.
anatea I.
Fanga Kakau Lagoon
Talafo'ou
Kolonga
Afa
Ha'amonga Trilithon
Niutoua
Hoi
Folaha
Talasiu
Lapaha
Ancient Tombs
Ha'amalo Beach
Longoteme
Mu'a
Langi
Captain Cook's Tree
Captain Cook's Landing Place
Liku Road
Malapo
Haveluliku
'Anahulu Cave
Anahulu Beach
Tuku'aho Rd.
Pelehake
Fatumu
Methodist College "Tupou"
Lavengatonga
Oholei Beach
Fua'amotu Airport
Ha'asini
Fua'amotu
Maka'akiu Beach
Houma Toloa (Cook Point)
PAZIFISCHER
OZEAN
6 km

A
B
C
1
2
3
4
5
6
SAMOA
Savai'i
Lesolo Point
Puapua
Main North Coast Road
Utumalama Point
Saipipi
Faga
Safotulafai
Safua
Salelologa
Salelologa Wharf
Apolima Strait
Apolima
Apolima Island
Manono Island
Apai
Grave of 99 Stones
Laulelo Point
Fatuasofia Cape
Faleolo International Airport
Mulifanua Wharf
Satapuala Beach Resort
Satapuala
Fasitoouta
Fasitootai
Utualii
Tuanai
Main West Coast Road
Lalovi
Samoan Village Resorts
Manono-uta
Cape Tulivae
Samatau
Falelatai
Falevai River
Mt. Tafua Upolu
669
Cross Island Road
Tanumapu
Tropical Plantation
Alafaalava Road
Aleisa
Mt. Sigaele
868
Safaatoa
Matafaa
Cape Mulitapuili
Lefaga Bay
Savaia
Matautu
Lefaga-Beach
Lefaga
Main South Coast Road
Saanapu
Salamumu
Slamumu Beach
Lotofaga
Fausaga
PAZIFISCHER

D
E
F
1
2
3
4
5
6
Matauta Point
Fagamalo
Saleaula Lava Field
Virgins Grave
Tanu Beach Fales
Sasina
Matavai
Samalaeulu
Lava Field
Mt. Matavanu
Fagalele Bay
Falealupo
Cape Mulinuu
Tufu-tafoe
Papa
Vaisala
Asau Bay
Asau
Main North Coast Road
Aopo
Neiafu
Lesolo Point
Puapua
Main North Cost Road
Vaiaata Road
Falelima
Mt. Maugaloa
1181
Mt. Silisili
1858
Mt. Tojavea
1090
"Lovers Leap"
Samata-i-tai
Tuasivi Ridge
Saipipi
Siufaga Beach Resort
Vai'a'ata
Sagone
Main South Coast Road
Safua
Safotulafai
Safua Hotel
Afu Aauu Waterf.
Maota Airstrip
Pulemelei Pyramid
Salailua
Salelologa
Salelologa Wharf
Savai'i
Sili
Vailoa
Palauli
Tafua Pen.
Upolu
Papa
Gataivai
Palauli Bay
Taga
Tafua
Cape Asuisui
Blowholes
Apolima Strait
20 km
Mulinuu Point
Apia Harbour
APIA
Vailele
Upolu
Vaea
Vailima
350
Leusoalii
Cape Utumauu
Black Sand Beach
Solosolo
Piula Cave Pool
Faleapuna
Main East Coast Road
Stevenson Museum
Bahai Temple
Leafe Beach
Tapuivi Point
Falefa Waterfall
Namo River
Le Mafa Pass Road
Saletele
Le Fale O Le Fee
Sauniatu
Falevao
Falefa River
Fagaloa Bay
East Point
Samamea
Mt Le Pue
840
Mt Fito
1100
Woodcarving of Samoan Legends
Taelefaga
Lake Olomaga
O Le Pupu-Pu'e National Park
Mafa Pass
Uafato
Cape Tulaele
Cross Island Road
Tiavea
Tafaga Beach
Amaile
Fuipisia Waterfall
Mt. Seuga
Peapea Cave
Togitogiga Waterfall
Lake Olomaga
Richardson Road
Fanuatapu I.
Visitors Centre
Sopoaga Waterfall
Siumu
Siuniu
Malalea
Namua
Aleipata Islands
Iliili
Poutasi
Matautu
Salani
Lotofaga
Lalomanu
Tafatafa
Satalo
Matatufu
Vavau
Aufaga
Beach Fales
Cape Tapaga
Vaiula Beach
Vavau Beach Fales
Sienis Beach Fales
Nuutele Island
Sea bird Nesting Grounds
Nuulua Island
OZEAN
10 km

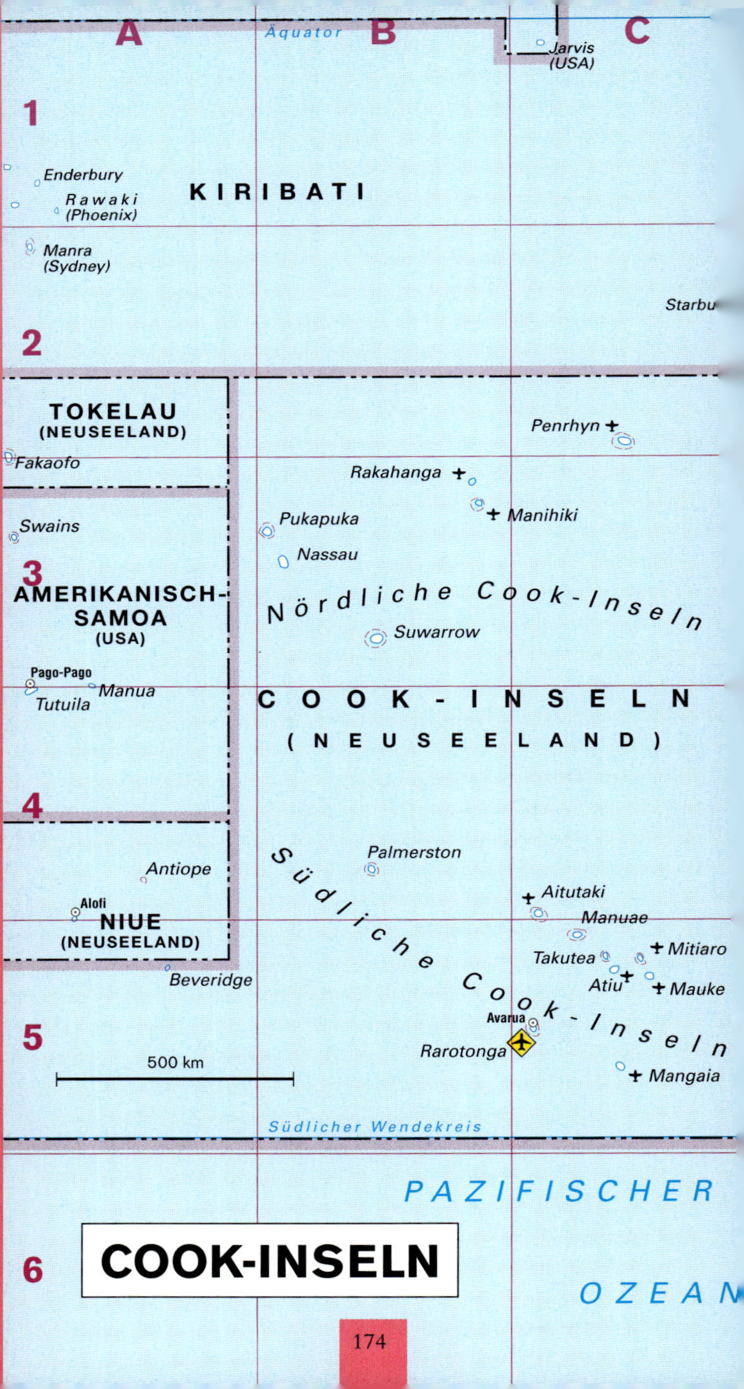
A
B
C
Äquator
Jarvis (USA)
1
Enderbury
KIRIBATI
Rawaki (Phoenix)
Manra (Sydney)
Starbu
2
TOKELAU (NEUSEELAND)
Fakaofo
Penrhyn
Rakahanga
Manihiki
Swains
Pukapuka
Nassau
3
AMERIKANISCH-SAMOA (USA)
Nördliche Cook-Inseln
Suwarrow
Pago-Pago
Manua
Tutuila
COOK-INSELN (NEUSEELAND)
4
Antiope
Palmerston
Südliche Cook-Inseln
Aitutaki
Alofi
NIUE (NEUSEELAND)
Manuae
Takutea
Mitiaro
Atiu
Mauke
Beveridge
Avarua
Rarotonga
5
500 km
Mangaia
Südlicher Wendekreis
PAZIFISCHER OZEAN
6
COOK-INSELN

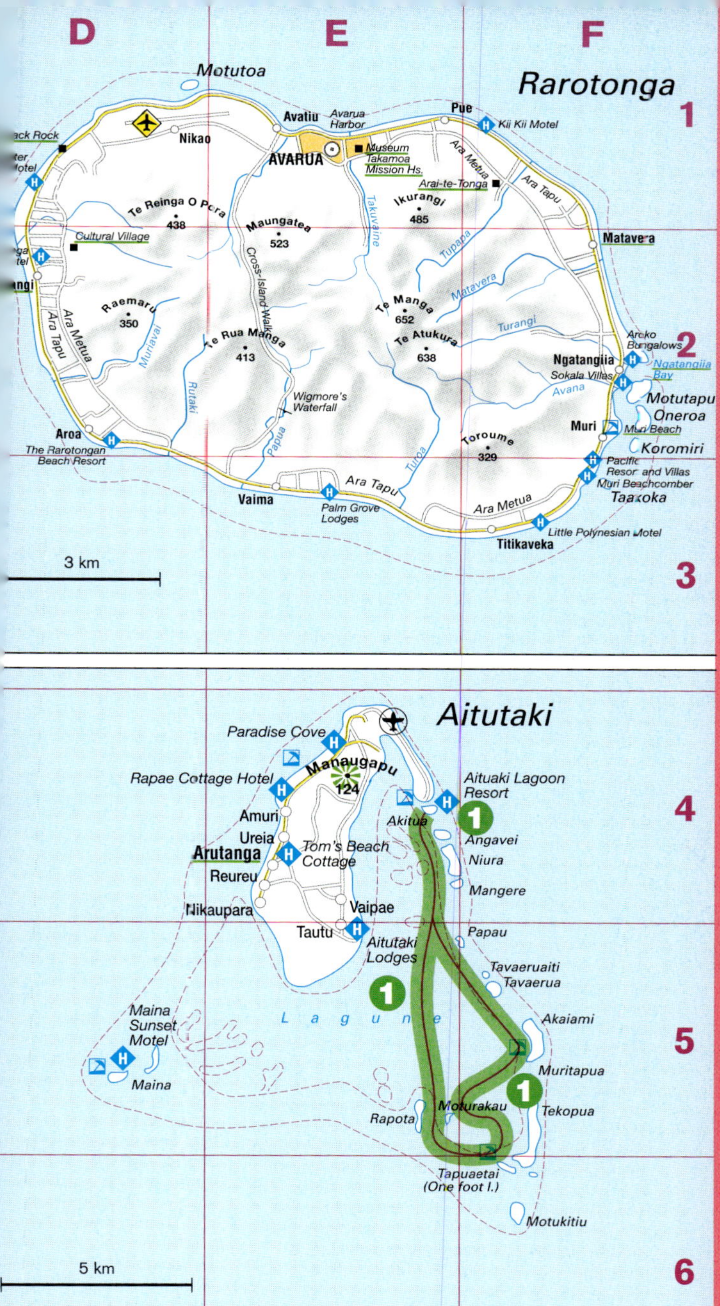

D
E
F
Rarotonga
1
2
3
Motutoa
Avatiu
Avarua Harbor
Pue
Kii Kii Motel
Nikao
AVARUA
Museum
Takamoa Mission Hs.
Ara Metua
Arai-te-Tonga
Ara Tapu
Te Reinga O Pora
438
Maungatea
523
Ikurangi
485
Takuvaine
Tupapa
Matavera
Cultural Village
Cross-Island Walk
Raemaru
350
Te Manga
652
Matavera
Turangi
Te Rua Manga
413
Te Atukura
638
Arenko Bungalows
Ngatangiia
Ngatangiia Bay
Sokala Villas
Avana
Muriavai
Rutaki
Wigmore's Waterfall
Motutapu
Oneroa
Muri
Muri Beach
Koromiri
Aroa
The Rarotongan Beach Resort
Papua
Turoa
Toroume
329
Pacific Resort and Villas
Muri Beachcomber
Taakoka
Vaima
Ara Tapu
Palm Grove Lodges
Ara Metua
Little Polynesian Motel
Titikaveka
3 km
Aitutaki
4
5
6
Paradise Cove
Manaugapu
124
Rapae Cottage Hotel
Aituaki Lagoon Resort
Amuri
Ureia
Arutanga
Akitua
Angavei
Tom's Beach Cottage
Niura
Reureu
Mangere
Nikaupara
Vaipae
Tautu
Aitutaki Lodges
Papau
Tavaeruaiti
Tavaerua
L a g u n e
Akaiami
Maina Sunset Motel
Maina
Muritapua
Moturakau
Tekopua
Rapota
Tapuaetai (One foot I.)
Motukitiu
5 km

A
B
C
FRANZÖSIS
1
Moorea
Motu Tiahura
Les Tipaniers
Baie d'Opunohu
Baie de Cook
Bali Hai
Pointe Aroa
Maharepa
Aquarium
Temae
Pointe Faaupo
Pointe Hauru
Hauru
Papetoai
Mt. Rotui
899m
Mt. Tearai
770
Teavaro
Hibiscus
Mt. Tautuapae
769
Pao Pao
Vaiare
Vaiare Bucht
Club Med
Tiki Theatre Village
Opunohu Tal
Belvédère, Roto Nui
Toata Pass
Motu Ahi
Haapiti
Mt. Tohivea
1207
Afareaitu
Tupapaurau Pass
2
Matauvau Pass
Haumi
Atiha
Maatea
Pointe Nuupere
Atiha Bucht
10 km
Monument de James Cook
Musée de la Découverte
Matavai Bucht
Mausolé du Roi Pomare
Papeete Pass
Pirea
Arué
PAPEETE
Le Mandarin
Noa Noa
Tahiti Country Club
Fare Rau Ape
Tuauru
Beachcomber Parkroyal Hotel
Faaa
Fautaua Tal
Tahi
3
Sofitel Maeva Beach Hotel
Lagoonarium
Punaauia
Hotel Le Méridien
Plateau Tamanu
Musée de Tahiti et des Iles
Centre Artisanal
Mt. Tahiti
1368
Paea
Marae Arahurahu
Plate Orofe
Toetoe
Mt. Ivirairai
1696
4
Paharire Point
Motu Mute
Motu Ome
Bora Bora
Maraa
La Grotte de Paroa
Port de Pahiorepo
Teavaroa Pass
Apomaro
Atimao
La Petit Mousse Hotel
Papara
Faarearea Pass
Musée de Coquillage
Ferry
Taihi Point
Paorie Bucht
Motu Tofari
Paoeo Point
Tereia Point
Talmoo Bucht
Revatua Hotel
Tevairoa
Faanui
Faanui Bucht
Tuivahora Point
5
Ahuna
Faripiti Point
Marae Marotetini
Marae
Teavanui Pass
Pahua Point
Vairau Bucht
Hotel le Méridien
Marae Taianapa
660
Pahia
Otemanu
727
Anau
Motu Tapu
Vaitape
Nunue
Motu Piti Aau
Mt. Toopua
148
Pofai Bucht
Aponapu Bucht
Toopua
Hotel Bora-Bora
Paoaoa Point
Club Med
PAZ
Sofitel Marara Beach Club Bora Bora
Raititi Point
Hotel Matira
Matira Point
6
Taurere
5 km

D
E
F
1
2
3
4
5
6
LYNESIEN
Huahine
Pointe Manua
Huahine Nui
Lac Fauna Nui
Maeva
Motu Pappiti
Hotel Bali Hai
Mata'ire'a-rahi
Hotel Sofitel
Fare
Motu Mahare
Chez Guynette
Avapeihi Pass
Mt. Turi
669
Fitii
Motu Vavaratea
Faie
Hotel Bellevue
Motu Murimaora
Maroe Bucht
Maroe
Mt. Pohuerahi
462
Tefarerii
Vaiorea
Huahine Iti
Haapu
Mahut Bucht
Parea
Motu Araara
5 km
Auea Bucht
Marae Anini
Pointe Tiva
Papenno
Onohena Pass
Trou du Souffleur
Tiarei
Cascades de Faaruumai
Motu Taaupiri
Mahaena
Motu Puuru
Ilot Variararu
Ilot Oputotara
Mt. Aramaoro
1530
Mouillage de Bougainville
Hitiaa
Mt. Mauru
1361
Relais de la Maroto
Plateau Viriviriterai
Papeiha
Tamotoe Pass
Mt. Tevaitoi
1368
Faaone
Lac Vaihiria
Vaite
Fare Nana'o
Isthme de Taravao
Taravao
Afaahiti
Vairei
Taravao B.
Rautea Pass
Paatotara
Le Jardin Botanique
Pueu
Tautira
Papeari
Otiaroa
Toahotu
Musée Paul-Gauguin
Mataiea
Plateau de Taravao
Vaionifa Pass
Aifa Pass
Vairao
Tahiti-Iti
Vaitepiha
Récif Teayatia
Tapuaeraha Pass
Mt. Mairenui
1306
Matiti
Mt. Ronui
1332
Vaiarava Tal
Motu Fenua i No
Pierres Gravées
Teahupoo
Tahiti
Vaipoiri Grotte
Te Pari-Klippen
Hotopuu
ISCHER OZEAN
10 km

LEGENDE REISEATLAS

	Hauptstraße
	Sonstige Straße
	Piste
	Fußweg
	Eisenbahn
	Fähre
	Staatsgrenze
	Provinzgrenze
1	Marco Polo Route
Nationalpark	Nationalpark, Naturpark, Naturschutzgebiet
	Fluß
	Süßwassersee
	Meer
	Korallenriff linienhaft
	Korallenriff flächig
	Mangroven
	Lavafeld

SUVA	Hauptstadt/ Provinzhauptort
Nadi	Hauptort
Korolevu	Ort
Navua	Dorf
SUVA	Sehenswerter Ort
Marae	Sehenswertes Objekt
Mt. Viktoria 1424	Bergbeschriftung
	Internationaler Flughafen
	Flugplatz
	Landepiste
	Objekt
	Leuchtturm
	Wasserfall
	Staumauer
	Höhle
	Paß
	Badestrand
H	Hotel
	Aussichtspunkt

REGISTER

In diesem Register finden Sie alle erwähnten Inseln und Orte. Halbfette Ziffern verweisen auf Haupteinträge, kursiv gesetzte Ziffern auf Abbildungen.

Inseln

Orte

Was bekomme ich für mein Geld?

Die Südsee gehört sicher nicht zu den preiswerten Ferienregionen dieser Welt. Doch weil die Lebenshaltungskosten auf den meisten Inseln niedriger sind als in Mitteleuropa, wachsen die Urlaubsausgaben nicht in den Himmel. Die Cook-Inseln und Samoa bieten das beste Preis-Leistungs-Verhältnis in der Südsee. In Fidschi gibt es teure Strandresorts vor Ort manchmal preiswerter: Fragen Sie an der Rezeption ausdrücklich nach der »local rate« oder »best available rate« bzw. »stand-by-rate«, die bis zu 40 Prozent unter dem offiziellen Tarif liegen kann. Sehr viel kostengünstiger lebt man außerhalb der Ferienresorts (die aber meist weitab jeglicher Infrastruktur liegen). Auch damit müssen Sie rechnen: In Samoa wird an einigen Stränden Eintritt (ca. 3 Mark pro Auto) verlangt.

In Fidschi wird allen Preisen eine zehnprozentige Mehrwertsteuer (VAT) hinzugerechnet, in Tonga und Samoa müssen zu den Hotelpreisen 7,5 Prozent bzw. 10 Prozent Mehrwertsteuer (Cook Islands 12,5 Prozent) addiert werden. Kalkulieren Sie in Französisch-Polynesien großzügig, sonst ist der Ärger über die Unverhältnismäßigkeit der Preise groß. Die rollenden Imbißstuben »Les Roulottes« schonen das Urlaubsbudget: Pommes frites kosten ca. 4 Mark, ein Steak ca. 7 Mark, das Hühnchen mit Pommes frites ca. 8 Mark.

Tauchen ist im Südpazifik ein erschwingliches Vergnügen (ca. 90 bis 120 Mark für zwei Tauchfüllungen).

Die Urlaubskasse wird auch durch die Tatsache geschont, daß Trinkgelder in der Südsee nicht üblich sind. Für Ausflüge oder Eintrittsgebühren müssen keine großen Summen einkalkuliert werden: Vieles läßt sich auf eigene Faust unternehmen.

Fliegen ist in der Südsee, wenn Sie die Tickets dort kaufen, nicht preiswert. Deshalb sollten Sie versuchen, so viele Ziele wie nur möglich in ihr internationales Ticket zu integrieren oder einen Air-Paß kaufen. So sparen Sie viel Geld!

	Cook-Inseln	**Fidschi**	**Franz.-Polyn.**	**Samoa**	**Tonga**
Zimmer im Mittelklasse-Hotel	120,–	140,–	220,–	120,–	100,–
Softdrink	2,00	1,80	5,–	1,50	1,60
1 Glas Bier	3,50	2,50	6,–	2,50	3,–
Menü (3 Gänge) mittlere Preislage/ pro Person	23,–	25,–	45,–	23,–	25,–
Mietwagen (Kleinwagen)	70,–	90,–	100,–	80,–	70,–